क्या आप सच में जानते हैं कि पवित्र आत्मा कैसे कार्य करता है?

वह आपके भीतर, आपके द्‌वारा, और आपके चारों ओर कैसे कार्य करता है

लेखक

डॉ. अरविंद एप्रैम
(M.Th, MSS, DSS, D.TH)

विषय-सूची (Table of Contents)

1: ब्रह्मांडीय इंक्यूबेटर (Cosmic Incubator) – उथल-पुथल के ऊपर रूआह (The Ruach Over the Chaos)

तीसरे विकल्प से परे: पहले प्रकटीकरण की ओर लौटना

आधुनिक मसीही समाज अक्सर पवित्र आत्मा के बारे में इस तरह बात करता है मानो वह त्रिएक (Trinity) का सबसे कम समझा जाने वाला और दुर्भाग्य से, कभी-कभी सबसे कम शामिल किया जाने वाला सदस्य हो। कई विश्वासी पिता को सृष्टि (Creation) के कारण समझते हैं, वे पुत्र को उद्धार (Redemption) के कारण समझते हैं, लेकिन जब बातचीत पवित्र आत्मा की ओर मुड़ती है, तो भाषा अक्सर अनिश्चित हो जाती है। उसे केवल भावनात्मक अनुभवों, आराधना के दौरान रोंगटे खड़े होने, या वेदी पर बुलाहट (Altar call) के समय प्रकट होने वाली एक रहस्यमयी सामर्थ्य तक सीमित कर दिया जाता है। फिर भी पवित्रशास्त्र हमें उसे पृष्ठभूमि में रखने की अनुमति देने से इनकार करता है। पवित्र आत्मा मसीही जीवन का कोई अतिरिक्त सामान (Accessory) नहीं है। वह त्रिएक के भीतर कोई

सहायक अभिनेता नहीं है। वह पूरी तरह से परमेश्वर है–सनातन, व्यक्तिगत, सक्रिय, बुद्धिमान, और सृष्टि तथा उद्धार दोनों में गहराई से शामिल। उसे ठीक से समझने के लिए, हमें पिन्तेकुस्त (Pentecost) से पहले, भविष्यद्वक्ताओं से पहले, राजाओं से पहले, वाचाओं से पहले, और स्वयं मानव इतिहास से पहले पीछे की यात्रा करनी होगी।

उत्पत्ति की किताब एक अप्रत्याशित तरीके से शुरू होती है। यदि मनुष्य इस कहानी को लिख रहे होते, तो हममें से अधिकांश लोग सुंदरता के साथ शुरुआत करते। परमेश्वर उथल-पुथल (Disorder) के साथ शुरुआत करता है। पवित्रशास्त्र हमें एक ऐसी दुनिया से परिचित कराता है जो मौजूद तो है लेकिन अभी तक व्यवस्थित नहीं की गई है। इसके पास संरचना के बिना पदार्थ है। कार्य के बिना क्षमता (Potential) है। अर्थ के बिना तत्व है। इब्रानी पाठ पृथ्वी का वर्णन 'तोहू वा-बोहू' (*Tohu va-bohu*) के रूप में करता है–जो बेडौल और सूनसान (Formless and void) है।

यह वाक्यांश भ्रम, खालीपन, उजाड़, बंजर भूमि और अपूर्णता के विचार को वहन करता है। कई विश्वासी गलत तरीके से यह मान लेते हैं कि परमेश्वर केवल

व्यवस्थित स्थानों में प्रवेश करना पसंद करता है, फिर भी ईश्वरीय गतिविधि का पहला प्रकटीकरण उथल-पुथल में दिखाई देता है। यह बात अकेले ही हर उस विश्वासी को प्रोत्साहित करनी चाहिए जो वर्तमान में खुद को भ्रम से घिरा हुआ महसूस करता है।

पवित्रशास्त्र कहता है:
"आदि में परमेश्वर ने आकाश और पृथ्वी की सृष्टि की। और पृथ्वी बेडौल और सूनसान पड़ी थी; और गहरे जल के ऊपर अन्धियारा था: और परमेश्वर का आत्मा जल के ऊपर मँडराता था।"
– उत्पत्ति 1:1-2 (हिंदी बाइबिल)

ध्यान से देखें कि वचन क्या नहीं कहता है। यह यह नहीं कहता कि परमेश्वर ने कार्य करने से पहले परिस्थितियों के सुधरने की प्रतीक्षा की। यह यह नहीं कहता कि व्यवस्था आने के बाद आत्मा प्रकट हुई। आत्मा पहले से ही चल रही है जब अभी भी अंधकार का राज है। सागरों को उनकी सीमाएं मिलने से पहले, आकाश में तारों के सजने से पहले, पृथ्वी पर जानवरों के घूमने से पहले, और मानवता के अस्तित्व में आने से पहले, पवित्र आत्मा उपस्थित था। पवित्रशास्त्र में उसका पहला परिचय पूर्णता से नहीं बल्कि अपूर्णता

(Incompletion) से जुड़ा है। यह प्रकट करता है कि अधूरे माहौल उसे डराते नहीं हैं।

कई विश्वासी उथल-पुथल को परित्याग (Abandonment) समझ लेते हैं। उत्पत्ति इसके विपरीत सिखाती है। पवित्र आत्मा द्वारा जानबूझकर घेरा गया पहला माहौल वह था जिसकी विशेषता अंधकार और उथल-पुथल थी। इसलिए, भ्रम को स्वचालित रूप से ईश्वरीय अनुपस्थिति के रूप में नहीं समझा जा सकता है। कभी-कभी भ्रम केवल वह माहौल होता है जहाँ परमेश्वर निर्माण करना शुरू करता है। पवित्र आत्मा टूटे हुए स्थानों में प्रवेश करता है क्योंकि परिवर्तन के लिए कच्चे माल की आवश्यकता होती है। वह अपूर्णता से बचता नहीं है। वह इसमें महारत रखता है।

प्राचीन पाठक गहरे जल को अस्थिरता, खतरे, अनिश्चितता और अनियंत्रित अस्तित्व के प्रतीक के रूप में पहचानते थे। फिर भी उन अस्थिर जलों के ऊपर, पवित्रशास्त्र आत्मा को रखता है। उथल-पुथल बड़ी दिखाई देती है, लेकिन आत्मा हमेशा उससे ऊँची रहती है। अंधकार गहरा दिखाई देता है, लेकिन आत्मा उपस्थित रहती है। इससे पहले कि सृष्टि ने ईश्वरीय

वाणी पर प्रतिक्रिया दी, आत्मा पहले से ही समस्या के ऊपर खुद को स्थापित कर चुकी थी। पवित्रशास्त्र हमें पवित्र आत्मा का जो पहला चित्र देता है, वह आग, चमत्कार या अन्य भाषाएँ नहीं है। वह उथल-पुथल के ऊपर मँडराती हुई उपस्थिति (Hovering presence) है।

रूआह का अर्थ: सांस, हवा, और ईश्वरीय उपस्थिति

आत्मा के लिए इस्तेमाल किया गया इब्रानी शब्द 'रूआह' (*Ruach*) है। इस शब्द को किसी एक हिंदी अनुवाद में पूरी तरह नहीं समेटा जा सकता क्योंकि इसका एक ही समय में अर्थ सांस (Breath), हवा (Wind) और आत्मा (Spirit) होता है। ये अर्थ जानबूझकर एक-दूसरे के ऊपर आते हैं क्योंकि इब्रानी भाषा चित्रों के माध्यम से संवाद करती है। सांस जीवन देती है। हवा गति (Movement) पैदा करती है। आत्मा अदृश्य उपस्थिति का संचार करती है। 'रूआह' का उपयोग करके, उत्पत्ति हमें पवित्र आत्मा से परमेश्वर की चलती हुई, जीवन देने वाली उपस्थिति के रूप में परिचित कराती है जो स्वयं सृष्टि के भीतर है।

पूरे पवित्रशास्त्र में, सांस लगातार सौंपी गई जीवन शक्ति को दर्शाती है। उत्पत्ति की किताब बाद में कहती है:

"और यहोवा परमेश्वर ने आदम को भूमि की मिट्टी से रचा और उसके नथनों में जीवन का श्वास फूंक दिया; और आदम जीवित प्राणी बन गया।"

– उत्पत्ति 2:7 (हिंदी बाइबिल)

क्रम पर ध्यान दें। मिट्टी पहले से मौजूद थी। संरचना पहले मौजूद थी। ढांचा पहले मौजूद था। फिर भी सांस के बिना ढांचा निर्जीव रहा। मानवता जटिलता के कारण जीवित नहीं हुई। मानवता इसलिए जीवित हुई क्योंकि परमेश्वर ने सांस फूंकी। यह एक बुनियादी सत्य को प्रकट करता है: आत्मा के बिना संरचना अंततः खाली धर्म बन जाती है। आत्मा के बिना ज्ञान जानकारी (Information) तो पैदा करता है लेकिन परिवर्तन (Transformation) नहीं। आत्मा के बिना सेवा जीवन के बिना गतिविधि का निर्माण करती है। हवा भी कुछ महत्वपूर्ण प्रकट करती है। हवा को आमतौर पर सीधे नहीं देखा जा सकता, लेकिन उसके प्रभाव अकाट्य हैं। पेड़ झुकते हैं। लहरें चलती हैं। धूल उठती है। यीशु ने इसी यूनानी चित्र 'न्यूमा'

(*Pneuma*) का उपयोग किया था जिसे यहाँ दर्ज किया गया है:
"हवा जिधर चाहती है उधर चलती है, और तू उसका शब्द सुनता है, परन्तु नहीं जानता कि वह कहाँ से आती और कहाँ को जाती है? जो कोई आत्मा से जन्मा है वह ऐसा ही है।"
– यूहन्ना 3:8 (हिंदी बाइबिल)

पवित्र आत्मा अक्सर दिखाई देने वाले रूप में काम करने से पहले अदृश्य रूप से काम करती है। यह लोगों को निराश करता है क्योंकि मनुष्य तुरंत सबूत पसंद करते हैं। फिर भी पवित्रशास्त्र बार-बार दिखाता है कि अनदेखी तैयारी अक्सर दिखाई देने वाले प्रकटीकरण (Visible manifestation) से पहले होती है। बीज जमीन के ऊपर दिखने से पहले जमीन के नीचे बढ़ते हैं। बच्चे जन्म से पहले छिपे हुए स्थानों में विकसित होते हैं। इसी तरह, आत्मा का अधिकांश कार्य सतहों के नीचे होता है।

रूआह घनिष्ठता (Intimacy) भी सिखाती है। परमेश्वर केवल दूरी से सृष्टि को आज्ञा नहीं देता। वह इसके भीतर सांस फूंकता है। पवित्र आत्मा ईश्वरीय निकटता का प्रतिनिधित्व करती है। वह

परमेश्वर है जो अपनी बनाई हुई चीज़ों में सक्रिय रूप से शामिल है। उत्पत्ति से लेकर आगे तक, आत्मा को कभी भी अलग-थलग नहीं दिखाया गया है। वह माहौल में प्रवेश करती है। वह लोगों को भरती है। वह कमजोरी को सामर्थ्य देती है। वह निकट आती है।

रूआह को समझना आत्मिक सूखे (Spiritual dryness) को देखने के हमारे तरीके को बदल देता है। कई विश्वासी अधिक अवसरों, अधिक संसाधनों, अधिक अनुग्रह, या बेहतर परिस्थितियों के लिए मांगते हैं। फिर भी अक्सर जो वास्तव में गायब होता है, वह सांस है। सूखापन हमेशा गतिविधि की अनुपस्थिति नहीं होता है। कभी-कभी सूखापन केवल ईश्वरीय हवा के बहे बिना जीवन का अस्तित्व होना है।

रचफ का भेद: मँडराती हुई उपस्थिति

उत्पत्ति केवल यह नहीं कहती कि आत्मा जल के ऊपर मौजूद थी। यह कहती है कि वह मँडरा रही थी। इब्रानी शब्द 'रचफ' (*Rachaph*) है। यह शब्द पुराने नियम (Old Testament) में केवल कुछ ही बार दिखाई देता है, जिससे इसका हर बार आना अत्यंत महत्वपूर्ण

बन जाता है। यह कंपन करती हुई गति, फड़फड़ाने, सेने (Brooding), रखवाली करने, रक्षा करने और पोषण करने वाली गतिविधि को दर्शाता है। यह कोई निष्क्रिय अवलोकन नहीं था। आत्मा सक्रिय रूप से सृष्टि को तैयार कर रही थी।

इसके सबसे स्पष्ट समांतरों में से एक मूसा द्वारा परमेश्वर की देखरेख के वर्णन में दिखाई देता है:
"जैसे उकाब अपने घोंसले को हिला हिलाकर अपने बच्चों के ऊपर मँडराता है, वैसे ही उसने अपने पंख फैलाकर उसको ले लिया, और अपने परों पर उठा रखा।"
– व्यवस्थाविवरण 32:11 (हिंदी बाइबिल)

यह चित्र गहराई से व्यक्तिगत है। उकाब इसलिए मँडराते हैं क्योंकि विकास अधूरा होता है। उकाब इसलिए करीब रहते हैं क्योंकि बच्चे नाज़ुक (Vulnerable) होते हैं। उकाब इसलिए रक्षा करते हैं क्योंकि विकास के लिए निकटता आवश्यक है। पवित्रशास्त्र जानबूझकर यहाँ माता जैसी भाषा चुनता है। पवित्र आत्मा केवल सृष्टि की देखरेख नहीं कर रही थी। वह क्षमता का पोषण कर रही थी।

यह इस बात को बदल देता है कि विश्वासियों को प्रतीक्षा के समय (Waiting seasons) को कैसे देखना चाहिए।

कई लोग मान लेते हैं कि निष्क्रियता का अर्थ परियाग है। फिर भी सेने (Incubation) की प्रक्रिया बाहर से शायद ही कभी नाटकीय दिखती है। जमीन के नीचे बीज निष्क्रिय दिखाई देते हैं। अंडे फूटने से पहले निर्जीव दिखाई देते हैं। गर्भावस्था अक्सर विकास को छिपा कर रखती है। पवित्र आत्मा अक्सर दिखाई देने वाले परिणामों के प्रकट होने से पहले छिपी हुई प्रक्रियाओं के माध्यम से कार्य करती है।

ज्योति के अस्तित्व में आने से पहले आत्मा मँडरा रही थी। यह बहुत गहरा है क्योंकि इसका अर्थ है कि तैयारी घोषणा से पहले आई थी। इससे पहले कि परमेश्वर ने कहा, "उजियाला हो," आत्मा ने वचन को प्राप्त करने के लिए सृष्टि को तैयार किया था। आत्मा माहौल को संवेदनशील बना रही थी। यह पैटर्न आज भी मौजूद है। आत्मा अक्सर सत्यों के प्रवेश करने से पहले हृदयों को तैयार करती है।

कई विश्वासी तब निराश हो जाते हैं जब प्रार्थनाओं में देरी लगती है। फिर भी देरी का अर्थ हमेशा इनकार

नहीं होता। कभी-कभी परमेश्वर क्षमता को से रहा होता है। यदि आशीष क्षमता के विकसित होने से पहले आ जाती है, तो आशीष विनाश बन जाती है। आत्मा का मँडराना धीरज सिखाता है क्योंकि ईश्वरीय तैयारी अक्सर दिखाई देने वाली वास्तविकताओं के नीचे होती है।

पूरे पवित्रशास्त्र में सृष्टि और नई सृष्टि का पैटर्न
उत्पत्ति एक ऐसा पैटर्न स्थापित करती है जो बाइबिल के इतिहास में बार-बार दोहराया जाता है। जब भी परमेश्वर नई सृष्टि की शुरुआत करता है, आत्मा जल के आस-पास, परिवर्तनों के बीच, और असंभव माहौल में प्रकट होती है।

जलप्रलय के बाद, पृथ्वी फिर से जलमग्न उथल-पुथल में लौट आई थी। सब कुछ फिर से डूबा हुआ दिखाई दे रहा था। फिर भी उत्पत्ति दर्ज करती है:
«...और परमेश्वर ने पृथ्वी पर हवा चलाई, और जल घटने लगा।«
– उत्पत्ति 8:1 (हिंदी बाइबिल)

यहाँ फिर से इस्तेमाल किया गया शब्द 'रूआह' है। आत्मा न्याय के जलों के ऊपर चली और पुनर्स्थापना

(Restoration) को तैयार किया। सृष्टि के पैटर्न खुद को दोहराते रहे क्योंकि परमेश्वर के तरीके सुसंगत (Consistent) बने रहते हैं।

लाल समुद्र पर, इस्राएल पीछे खड़ी मृत्यु और सामने फैली उथल-पुथल के बीच फंसा हुआ था। फिर भी पवित्रशास्त्र कहता है:
"...और यहोवा ने रात भर प्रचण्ड पुरवाई चलाई, और समुद्र को हटाकर दो भाग कर दिया, और जल ऐसा घट गया कि बीच में सूखी भूमि हो गई।"
– निर्गमन 14:21 (हिंदी बाइबिल)

एक बार फिर, आत्मा असंभव परिस्थितियों के बीच से होकर चली। जो एक बाधा की तरह दिखाई देता था, वह एक जन्म का मार्ग बन गया। इस्राएल ने गुलामी के कब्रिस्तान में प्रवेश किया और एक राष्ट्र के रूप में बाहर निकला। आत्मा उन स्थानों पर मार्ग बनाने में माहिर है जहाँ मनुष्य केवल दीवारें देखते हैं।

यहेजकेल बाद में सूखी हड्डियों से भरी एक घाटी में खड़ा हुआ। परमेश्वर ने पूछा:

"हे मनुष्य के सन्तान, क्या ये हड्डियां जी सकती हैं?"
– यहेजकेल 37:3 (हिंदी बाइबिल)

उत्तर सांस के माध्यम से आया:
"हे सांस, चारों दिशाओं से आकर इन घात किए हुए लोगों में समा जा कि ये जी उठें।"
– यहेजकेल 37:9 (हिंदी बाइबिल)

फिर से, रूआह प्रकट होता है। फिर से, उथल-पुथल मौजूद है। फिर से, जीवन उभरता है।
पवित्र आत्मा और आपकी व्यक्तिगत उथल-पुथल
यह पैटर्न देहधारण (Incarnation) में अपने शिखर पर पहुँचता है। जिब्राईल मरियम से कहता है:
"पवित्र आत्मा तुझ पर उतरेगा, और परमप्रधान की सामर्थ्य तुझ पर छाया करेगी..."
– लूका 1:35 (हिंदी बाइबिल)

यह भाषा जानबूझकर उत्पत्ति की गूंज दोहराती है। मरियम एक और सृष्टि का दृश्य बन जाती है। मानवीय असंभवता ईश्वरीय मँडराने से मिलती है। आत्मा वहाँ जीवन को सेती है जहाँ केवल जीव विज्ञान (Biology) परिणामों की व्याख्या नहीं कर सकता।

यह बदल देता है कि विश्वासी अपनी खुद की कहानियों को कैसे समझते हैं। कई लोग सोचते हैं कि परमेश्वर ने उनके जीवन में केवल उद्धार के समय प्रवेश किया। पवित्रशास्त्र किसी गहरी चीज़ की ओर संकेत करता है। आत्मा अक्सर पहचान से पहले ही रक्षा कर रही थी। समझ से पहले ही मँडरा रही थी। जागरूकता से पहले ही रखवाली कर रही थी।

आपके प्रार्थना करने से बहुत पहले, वह कार्य कर रही थी। अनुग्रह (Grace) को समझने से बहुत पहले, वह संभावनाओं को सुरक्षित रख रही थी। आपके समर्पण करने से बहुत पहले, वह आपके अधूरे स्थानों के ऊपर मँडरा रही थी।

शायद आपका जीवन वर्तमान में उत्पत्ति अध्याय 1 की तरह महसूस हो रहा है—अंधकारमय, खाली, और अव्यवस्थित। याद रखें: उत्पत्ति उथल-पुथल में समाप्त नहीं होती क्योंकि उथल-पुथल को कभी भी अंतिम वाक्य प्राप्त नहीं होता। परमेश्वर को प्राप्त होता है। जो आत्मा सृष्टि के ऊपर मँडराती थी, वह आज भी टूटे हुए स्थानों के ऊपर मँडराती है।

पवित्र आत्मा व्यवस्था का वास्तुकार (Architect of order) और क्षमता का रक्षक है। वह अंधकारमय हुए बिना अंधकारमय स्थानों में प्रवेश करता है। वह अराजक हुए बिना उथल-पुथल में प्रवेश करता है। वह खाली छोड़े बिना खालीपन में प्रवेश करता है। जहाँ कहीं भी वह काफी समय तक मँडराता है, वहाँ अंततः जीवन उभर आता है।

पवित्रशास्त्र हमें पवित्र आत्मा का जो पहला चित्र देता है, वह सरल परंतु शक्तिशाली है: उथल-पुथल के ऊपर फैले हुए पंख, संभावनाओं की रखवाली करते हुए, सृष्टि को तैयार करते हुए, और पिता की आवाज़ की प्रतीक्षा करते हुए। वही आत्मा आज भी कार्य कर रही है।

2: निशमत चयीम (Nishmat Chayim) – ईश्वरीय श्वास और धूल की संरचना (The Divine Breath and the Architecture of Dust)

शून्य का मानवविज्ञान: परमेश्वर ने धूल को क्यों चुना (Why God Chose Dust)

सृष्टि के शुरुआती आंदोलनों में, हमने पवित्र आत्मा को आकाशगंगाओं, जलों, अंधकार और ब्रह्मांडीय अव्यवस्था के पार कार्य करते देखा। उत्पत्ति अध्याय 1 (Genesis 1) उसे एक वैश्विक पैमाने पर कार्य करते हुए प्रस्तुत करता है–सृष्टि के ऊपर मँडराते हुए। फिर भी उत्पत्ति अध्याय 2 (Genesis 2) अचानक कैमरे को छोटा (narrow) कर देता है। जो परमेश्वर पहले वचनों के द्वारा संसार को अस्तित्व में लाता था, वह अब पृथ्वी की ओर झुकता है। जिसने आकाश को फैलाया था, वह अब मिट्टी में हाथ डालता है। यह दृश्य अत्यधिक व्यक्तिगत (personal) बन जाता है। कहानी समष्टि से व्यष्टि (macrocosm to microcosm) की ओर बदल जाती है–संसार की सृष्टि से एक मनुष्य की सृष्टि की ओर।

मनुष्य की सृष्टि उत्पत्ति की किताब में हर दूसरे सृजनात्मक कार्य से बिल्कुल अलग है। उजियाले को बोलने से अस्तित्व मिला। समुद्रों को आज्ञा दी गई। जानवर ईश्वरीय आदेश से प्रकट हुए। फिर भी मनुष्य के साथ अलग व्यवहार किया गया। मनुष्य को रचा (Formed) गया। पवित्रशास्त्र जानबूझकर गति को धीमा कर देता है क्योंकि कुछ अनोखा घटित हो रहा है। सृष्टिकर्ता एक मूर्तिकार (sculptor) बन जाता है। असीम परमेश्वर अपने हाथों को मिट्टी में डालता है। उत्पत्ति दर्ज करती है:

"और यहोवा परमेश्वर ने आदम को भूमि की मिट्टी से रचा और उसके नथनों में जीवन का श्वास फूंक दिया; और आदम जीवित प्राणी बन गया।"

– उत्पत्ति 2:7 (हिंदी बाइबिल)

जिस शब्द का अनुवाद "रचा" (Formed) किया गया है, वह अपने भीतर एक कुम्हार द्वारा मिट्टी को आकार देने का चित्र वहन करता है। इसका अर्थ यह है कि मानवता को अचानक ही इकट्ठा नहीं कर दिया गया था। मानवता को जानबूझकर तैयार किया गया था। मनुष्य की संरचना का हर एक भाग योजना (Design) को दर्शाता है। हड्डियाँ, फेफड़े, लहू, नसें, भावनाएँ, चेतना और आत्मा कोई अकारण हुए विकास

नहीं थे। वे ईश्वरीय वास्तुकला (Divine architecture) थे।

जो बात इसे असाधारण बनाती है, वह वह सामग्री है जिसे परमेश्वर ने चुना। धूल (Dust) कोई प्रभावशाली चीज़ नहीं है। धूल साधारण, कमजोर, नाजुक और अस्थायी होती है। अब्राहम ने बाद में स्वीकार किया था:

"उसने फिर कहा, 'देख, मैं जो केवल धूल और राख हूँ, तौभी मैं ने प्रभु से बातें करने का साहस किया है;'"

– उत्पत्ति 18:27 (हिंदी बाइबिल)

परमेश्वर ने जानबूझकर अनंत उद्देश्य को रखने के लिए कमजोर सामग्री को चुना। यह राज्य के एक बार-बार आने वाले सिद्धांत (Kingdom principle) को प्रकट करता है: परमेश्वर साधारण बर्तनों के भीतर असाधारण खजाना रखने में आनंद लेता है।

इसलिए मानवीय पहचान का पहला पाठ नम्रता (Humility) है। उपाधियों, वरदानों, सेवा, शिक्षा, प्रभाव या सफलता से पहले, मानवता धूल है। घमंड की समस्या तब शुरू होती है जब धूल अपनी उत्पत्ति को भूल जाती है। हर एक सांस हमें याद दिलानी चाहिए

कि हम खुद को बनाए रखने वाले प्राणी नहीं बल्कि संभाले जाने वाले प्राणी (Sustained creatures) हैं। फिर भी मानवता केवल धूल नहीं है। केवल धूल आराधना नहीं कर सकती। केवल धूल तर्क नहीं कर सकती। केवल धूल परमेश्वर के साथ संगति नहीं कर सकती। कुछ और घटित होना था। संरचना को एक निवासी (Occupation) की आवश्यकता थी।

ईश्वरीय श्वास: निशमत चयीम को समझना (Understanding Nishmat Chayim)

उत्पत्ति एक और वाक्यांश का परिचय देती है जो मानवीय योजना को खोलता है: 'निशमत चयीम' (*Nishmat Chayim*) – जीवन का श्वास (Breath of life)। यहाँ पवित्रशास्त्र शब्दावली को बदल देता है। उत्पत्ति 1 ने 'रूआह' (*Ruach*) पर ज़ोर दिया था। उत्पत्ति 2 'नशामह' (*Neshamah*) का परिचय देती है, एक ऐसा शब्द जो घनिष्ठता और व्यक्तिगत होने के भाव को वहन करता है।

रूआह (*Ruach*) अक्सर परमेश्वर के व्यापक आंदोलन का वर्णन करता है–हवा, चलती हुई आत्मा, पूरी सृष्टि में ईश्वरीय गतिविधि। नशामह (*Neshamah*) अधिक निकट महसूस होता है। अधिक व्यक्तिगत। अधिक

प्रत्यक्ष। यदि रूआह परमेश्वर की सामर्थ्य का एक विशाल वातावरण (Atmosphere) है, तो नशामह मानव अस्तित्व में परमेश्वर की घनिष्ठ श्वास (Exhalation) है।

इस दृश्य की ध्यान से कल्पना करें। आदम शारीरिक रूप से मौजूद है। बाहें मौजूद हैं। आँखें हैं। हड्डियों की संरचना है। हृदय बन चुका है। शरीर पूर्ण है। फिर भी कुछ भी हिलता नहीं है। कोई धड़कन नहीं। कोई वाणी नहीं। कोई जागरूकता नहीं। मानवता संरचनात्मक रूप से तो मौजूद थी लेकिन कार्यात्मक (Functionally) रूप से नहीं।

फिर परमेश्वर सांस फूंकता है।
यह क्षण केवल जीवित करने (Animation) से बढ़कर है। यह जीवन को सौंपना (Impartation) है।
वचन कहता है कि परमेश्वर ने उसके नथनों में श्वास फूंक दिया। यह भाषा गहराई से रिश्ते को दर्शाती है (Relational)। पवित्रशास्त्र जानबूझकर पाठक की गति को धीमा करता है ताकि वह निकटता (Proximity) को देख सके। परमेश्वर दूर खड़ा नहीं रहा। वह निकट झुका। मानव जीवन की शुरुआत दूरी से नहीं बल्कि घनिष्ठता (Intimacy) से हुई।

अय्यूब बाद में इस भेद पर विचार करता है:
"परमेश्वर के आत्मा ने मुझे बनाया, और सर्वशक्तिमान के श्वास से मुझे जीवन मिलता है।"
– अय्यूब 33:4 (हिंदी बाइबिल)

इसलिए जीवन स्वयं के द्वारा उत्पन्न नहीं किया गया है। हर एक सांस लेना ईश्वरीय उदारता की चुपचाप गवाही देता है। हर एक सांस उधार ली गई सांस है।

एक और अद्भुत बात पर ध्यान दें: आदम को केवल जैविक कार्य (Biological function) नहीं मिला। वह एक "जीवित प्राणी" (Nephesh chayah) बन गया। मानवता आत्म-जागरूक, रिश्ते में रहने वाली, आत्मिक, भावनात्मक और नैतिक रूप से सचेत बन गई। परमेश्वर की सांस ने तत्व को एक व्यक्तित्व (Personhood) में बदल दिया।

यही कारण है कि पवित्रशास्त्र में पवित्र आत्मा को एक विकल्प के रूप में नहीं माना जा सकता। वह जीवन के लिए केवल सहायक नहीं है। वह स्वयं जीवन है।

सांस के रिसाव की त्रासदी: जब सांस का सामना विद्रोह से हुआ (When Breath Meets Rebellion)

ईश्वरीय सांस और मानव शरीर के बीच का यह सामंजस्य केवल कुछ ही समय के लिए रहा। उत्पत्ति अध्याय 3 ने विद्रोह को पेश किया, और विद्रोह ने अलगाव पैदा किया। पाप ने केवल कानूनी समस्याएँ ही खड़ी नहीं कीं; इसने आत्मिक संरचना (Spiritual architecture) को भी नुकसान पहुँचाया।

जब मानवता ने पाप किया, तो आंतरिक रूप से कुछ विनाशकारी घटित हुआ। मनुष्य जैविक रूप से तो कार्य करता रहा लेकिन आत्मिक रूप से टूट (Fractured) गया। ईश्वरीय सांस और मानव अस्तित्व के बीच का संबंध बाधित हो गया।

उत्पत्ति अध्याय 6 प्रकट करता है कि यह गिरावट कितनी गंभीर हो गई थी:

"तब यहोवा ने कहा, 'मेरा आत्मा मनुष्य से सदा लौ लगाता न रहेगा, क्योंकि मनुष्य भी शरीर ही है; उसकी आयु एक सौ बीस वर्ष की होगी।'"

– उत्पत्ति 6:3 (हिंदी बाइबिल)

जिस शब्द का अनुवाद "लौ लगाता" (Strive) किया गया है, वह अपने भीतर रहने, शासन करने या विवाद करने के विचारों को वहन करता है। मानवता तेजी से शरीर-केंद्रित (Flesh-centered) होती जा रही थी। पवित्रशास्त्र यहाँ भौतिक शरीरों की निंदा नहीं कर रहा है; यह उनकी दिशा (Orientation) का वर्णन कर रहा है। लोग अब आत्मा-निर्देशित नहीं रहे। वे इच्छाओं, हिंसा, प्रवृत्तियों और स्व-शासन के अधीन हो गए।

यह पाप की त्रासदी है: धूल ने सांस से स्वतंत्र होकर कार्य करना शुरू कर दिया।

परमेश्वर कहता है कि मानवता शरीर बन गई क्योंकि मानवीय प्राथमिकताएँ नीचे की ओर बदल गईं। परमेश्वर की ओर ऊपर मुड़कर जीने के लिए बनाई गई मानवता, भीतर की ओर खुद पर सिमट गई। यह स्पष्ट करता है कि आत्मिक मृत्यु शारीरिक जीवन के साथ कैसे बनी रह सकती है। एक व्यक्ति परमेश्वर के साथ संगति खोकर भी ऑक्सीजन ले सकता है। कोई शिक्षा, सफलता, धन, रिश्ते और प्रभाव रख सकता है, फिर भी आत्मिक रूप से उसका दम घुट (Suffocated) सकता है।

जलप्रलय की कहानी यह प्रदर्शित करती है कि भ्रष्टाचार अंततः सब कुछ प्रभावित करता है। जब परमेश्वर की सांस का लंबे समय तक विरोध किया जाता है, तो संस्कृतियाँ सड़ जाती हैं। परिवार सड़ जाते हैं। नैतिकता सड़ जाती है। राष्ट्र सड़ जाते हैं। अदन की वाटिका के बाद मानवता ने अस्तित्व में रहना बंद नहीं किया।

मानवता ने अपनी मूल योजना (Design) के अनुसार कार्य करना बंद कर दिया।

सूखी हड्डियाँ और खाली संरचनाएँ: सांस के बिना ढांचे का संकट (The Crisis of Form Without Breath)

यहेजकेल का दर्शन मानवता की इस निरंतर बनी रहने वाली समस्या को प्रकट करता है। भविष्यद्वक्ता हड्डियों से भरी एक घाटी में प्रवेश करता है।

ताजा शरीर नहीं।

सोते हुए लोग नहीं।

सूखी हड्डियाँ।

बहुत ही सूखी हड्डियाँ।

परमेश्वर पूछता है:

"हे मनुष्य के सन्तान, क्या ये हड्डियां जी सकती हैं?"

– यहेजकेल 37:3 (हिंदी बाइबिल)

यह दर्शन और भी आकर्षक बन जाता है क्योंकि पुनर्स्थापना चरणों में होती है। यहेजकेल भविष्यवाणी करता है और हड्डियाँ आपस में जुड़ जाती हैं। संरचना लौट आती है। व्यवस्था दिखाई देती है। चमड़ी शरीरों को ढांप लेती है।

फिर भी पवित्रशास्त्र कहता है:

"और मैं ने देखा कि उनमें नसें और मांस उपज आया और उन पर चमड़ा भी चढ़ गया; तौभी उन में श्वास कुछ न था।"

– यहेजकेल 37:8 (हिंदी बाइबिल)

यह आधुनिक मसीही समाज के लिए सबसे डरावने वचनों में से एक हो सकता है।

क्योंकि यह प्रमाणित करता है कि केवल संरचना (Structure) ही पर्याप्त नहीं है।

कलीसिया की इमारतें सांस के बिना भी हो सकती हैं।

धर्मविज्ञान सांस के बिना भी हो सकता है।

प्रणालियाँ सांस के बिना भी हो सकती हैं।

कार्यक्रम सांस के बिना भी हो सकते हैं।

लोग आत्मिक जीवंतता के बिना भी धार्मिक भाषा में माहिर हो सकते हैं।

परमेश्वर तब आज्ञा देता है:

"हे सांस, चारों दिशाओं से आकर इन घात किए हुए लोगों में समा जा कि ये जी उठें।"

– यहेजकेल 37:9 (हिंदी बाइबिल)

यह क्रम मायने रखता है।

पहले ढांचा (Formation)।

फिर सांस (Breath)।

आत्मा आज भी इसी तरह कार्य करती है।

ऊपरी कोठरी का पुनरुज्जीवन: अदन की वाटिका का दोबारा खुलना (Eden Reopened)

बाइबिल की पूरी कहानी पुनरुत्थान (Resurrection) के बाद एक विस्मयकारी क्षण पर पहुँचती है।

चेले डरे हुए हैं, भ्रमित हैं, बंद दरवाजों के पीछे छिपे हैं। बाहरी रूप से उनके पास ज्ञान है। वे यीशु के साथ चले थे। उपदेश सुने थे। चमत्कारों के गवाह बने थे। फिर भी आंतरिक रूप से कुछ अधूरा था।

तब यीशु कुछ असाधारण करता है:

"यह कहकर उसने उन पर फूंक दिया और उनसे कहा, 'पवित्र आत्मा लो।'"

– यूहन्ना 20:22 (हिंदी बाइबिल)

यहाँ इस्तेमाल किया गया यूनानी शब्द 'एम्फ्युसाओ' (*Emphysao*) विशिष्ट और जानबूझकर लाया गया है। यीशु उत्पत्ति की घटना को दोबारा दोहराता है।
पहले आदम को सांस मिली और वह मानवता को सृष्टि में लेकर आया।
अंतिम आदम (Last Adam) सांस जारी करता है और नई सृष्टि (New creation) की शुरुआत करता है।

यह कोई दुर्घटनावश बना प्रतीक नहीं है।
यह ईश्वरीय पुनर्स्थापना है।
अदन की वाटिका में जो क्षतिग्रस्त हुआ था, वह ऊपरी कोठरी (Upper Room) में चंगा होना शुरू हो जाता है।

वह रिसाव बंद होने लगता है।
धूल की उस संरचना को फिर से उसका निवासी मिल जाता है।
पौलुस बाद में समझाता है:
"शास्त्र में भी लिखा है, 'प्रथम मनुष्य, अर्थात् आदम, जीवित प्राणी बना;' अन्तिम आदम जीवनदायक आत्मा बना।"
– 1 कुरुन्थियों 15:45 (हिंदी बाइबिल)

इसलिए पवित्र आत्मा केवल सृष्टि को जारी नहीं रख रही है।
वह मानवता का पुनर्निर्माण (Recreating) कर रही है।

धूल जो अनंत काल को लेकर चलती है
मनुष्य एक अजीब तनाव के साथ जीता है। हम धूल हैं फिर भी अनंत (Eternal) हैं। नाजुक हैं फिर भी मूल्यवान हैं। अस्थायी हैं फिर भी सदा रहने वाले उद्देश्य को लेकर चलते हैं।
पवित्र आत्मा के बिना, मानवता अंततः केवल धूल में लौट जाती है।

पवित्र आत्मा के साथ, धूल एक पवित्र स्थान (Sanctuary) बन जाती है।
आत्मा इस नाजुक इंसान को याद दिलाती है कि स्वर्ग ने कभी पृथ्वी के भीतर सांस फूंकी थी और वह आज भी इसके भीतर वास करने की इच्छा रखती है।
हर एक सांस लेना चुपचाप धर्मविज्ञान का प्रचार करता है।
आप इसलिए जीवित हैं क्योंकि परमेश्वर लगातार सांस की अनुमति दे रहा है।

आप इसलिए बने हुए हैं क्योंकि अनुग्रह लगातार सांस ले रहा है।

पवित्र आत्मा मानव अस्तित्व का कोई अतिरिक्त सामान नहीं है। वह सांसारिक बर्तनों के भीतर स्वर्ग की ऑक्सीजन है। वह 'निशमत चयीम' है–परमेश्वर की वह घनिष्ठ श्वास जो धूल को याद दिलाती है कि इसे हमेशा महिमा (Glory) को लेकर चलने के लिए ही बनाया गया था।

3: चमड़ी का पवित्र स्थान (The Sanctuary of Skin) – मिलापवाले तम्बू की संरचना और साथ चलने वाली उपस्थिति (The Tabernacle Architecture and the Mobile Presence)

महिमा का स्थान बदलना: जब स्वर्ग ने एक पता माँगा (When Heaven Asked for an Address)

पवित्रशास्त्र में पवित्र आत्मा की कहानी ईश्वरीय निकटता की कहानी है। उत्पत्ति अध्याय 1 (Genesis 1) में, हमने उसे ब्रह्मांडीय जलों के ऊपर 'रूआह' (*Ruach*) – परमेश्वर की विशाल, सामर्थ्यशाली आत्मा के रूप में वैश्विक उथल-पुथल के ऊपर मँडराते देखा। उत्पत्ति अध्याय 2 (Genesis 2) में, हमने उसे घनिष्ठ श्वास – 'निशमत चयीम' (*Nishmat Chayim*) – बनते देखा, जो धूल को ईश्वरीय जीवन से भर देती है। फिर भी जैसे-जैसे मानवता बढ़ती गई और विद्रोह फैलता गया, बाइबिल के इतिहास में एक और प्रश्न उभरा: एक पवित्र परमेश्वर पापी लोगों के बीच उन्हें नष्ट किए बिना कैसे रह सकता है? असीम पवित्रता सीमित प्राणियों के बीच कैसे रह सकती है? ईश्वरीय निकटता और ईश्वरीय पवित्रता के बीच का

यह तनाव पवित्रशास्त्र के मुख्य विषयों में से एक बन जाता है।

मिस्र से इस्राएल के नाटकीय छुटकारे (Deliverance) के बाद, परमेश्वर ने एक क्रांतिकारी बात पेश की। इस बिंदु तक, मानवता ने परमेश्वर का सामना अस्थायी प्रकटीकरणों, वेदियों, स्वप्नों, स्वर्गदूतों के आगमन और अलग-थलग मुलाकातों के माध्यम से किया था। लेकिन सीनै पर्वत पर, परमेश्वर ने एक नया विचार पेश किया: निरंतर बनी रहने वाली निकटता (Sustained proximity)। वह चाहता था कि उसके लोग उसकी उपस्थिति में केवल कभी-कभार आना बंद करें। वह चाहता था कि उसकी उपस्थिति उनके साथ यात्रा करे।

परमेश्वर ने मूसा से कहा:

"और वे मेरे लिये एक पवित्र स्थान बनाएँ कि मैं उनके बीच में निवास करूँ।"

– निर्गमन 25:8 (हिंदी बाइबिल)

ध्यान से देखें कि परमेश्वर ने क्या नहीं कहा। उसने यह नहीं कहा, "मेरे लिए एक पवित्र स्थान बनाओ ताकि मैं कभी-कभार मिलने आ सकूं।" उसने कहा कि वह उनके बीच में निवास (Dwell) करना चाहता है।

यह भाषा अपने आप में रिश्ते को दर्शाती है (Relational)। परमेश्वर केवल धर्म की स्थापना नहीं कर रहा था; वह निवास स्थान (Residence) बना रहा था। इसलिए मिलापवाला तम्बू (Tabernacle) वास्तुकला से कहीं बढ़कर बन जाता है। यह दिखाई देने वाला धर्मविज्ञान (Theology made visible) बन जाता है।

एक साधारण पाठक को मिलापवाला तम्बू जानवरों की खाल से ढके हुए एक प्राचीन तम्बू और सोने के बर्तनों से सजे हुए एक स्थान जैसा दिखता है। लेकिन पवित्रशास्त्र लगातार यह प्रकट करता है कि मिलापवाले तम्बू ने एक भविष्यद्वाणी की परछाई (Prophetic shadow) के रूप में कार्य किया। हर एक तख्ता, हर एक पर्दा, हर एक नाप, हर एक रंग, हर एक बलिदान, और हर एक बर्तन अपने से परे किसी चीज़ की ओर संकेत करता था। मिलापवाला तम्बू कभी भी मुख्य रूप से तम्बुओं के बारे में नहीं था। यह हमेशा लोगों के बारे में था।

पवित्र आत्मा ने मिलापवाले तम्बू को प्रेरित किया क्योंकि पवित्र आत्मा का उद्देश्य अंततः इसका स्थान लेना था। मूसा की मरुस्थल वाली पीढ़ी में जो बाहरी

रूप से मौजूद था, वह अंततः छुड़ाए गए मानव जीवन के भीतर आंतरिक रूप से आ जाएगा। परमेश्वर घनिष्ठता प्रकट करने से पहले इस्राएल को भूगोल (Geography) सिखा रहा था।

मरुस्थल (Wilderness) स्वयं इस बात को और भी अद्‌भुत बनाता है। परमेश्वर ने अपने निवास स्थान को प्रकट करने के लिए इस्राएल के प्रतिज्ञा के देश (Promised Land) में प्रवेश करने की प्रतीक्षा नहीं की। उसने बंजर स्थानों में अपनी उपस्थिति का परिचय दिया। यह पवित्र आत्मा के बारे में कुछ गहरा प्रकट करता है: वह निकट आने के लिए परिपूर्ण वातावरण की प्रतीक्षा नहीं करता। वह मरुस्थल के समय में भी पवित्र स्थानों (Sanctuaries) का निर्माण करता है।

बशलेल और पहला आत्मा से भरा हुआ राजमिस्त्री (Bezalel and the First Spirit-Filled Builder)

मिलापवाले तम्बू के निर्माण के लिए प्राकृतिक प्रतिभा से कहीं अधिक की आवश्यकता थी। केवल मानवीय कौशल स्वर्गीय वास्तविकताओं की नकल नहीं कर सकता था। मूसा ने पहाड़ पर प्रतिरूप (Patterns) देखे थे, लेकिन उन स्वर्गीय प्रतिरूपों को सांसारिक

सामग्रियों में अनुवाद करने की आवश्यकता थी। सोने को बर्तन बनना था। लकड़ी को संरचना बनना था। कपड़े को पवित्र वास्तुकला बनना था।

इसलिए परमेश्वर ने बशलेल (*Bezalel*) नाम के एक व्यक्ति को खड़ा किया।

"देख, मैं ने यहूदा के गोत्र का, जो ऊरी का पुत्र और हूर का पोता है, उस बशलेल को नाम लेकर बुलाया है। और मैं ने उसको परमेश्वर के आत्मा से, जो बुद्धि, प्रवीणता, ज्ञान, और सब प्रकार के शिल्प कर्म की आत्मा है, परिपूर्ण किया है।"

– निर्गमन 31:2-3 (हिंदी बाइबिल)

यह क्षण ध्यान देने योग्य है क्योंकि इसमें एक चौंकाने वाला पहला उल्लेख शामिल है। पवित्रशास्त्र में परमेश्वर की आत्मा से भरा हुआ पहला स्पष्ट रूप से बताया गया व्यक्ति कोई भविष्यद्वक्ता नहीं था। कोई राजा नहीं। कोई याजक नहीं। कोई सैन्य नेता नहीं।

एक कारीगर (Craftsman)।

यह तुरंत आत्मिकता के संकीर्ण (छोटे) दृष्टिकोण को नष्ट कर देता है। पवित्र आत्मा केवल वेदियों (Pulpits) तक सीमित नहीं है। वह रचनात्मकता को

सामर्थ्य देता है। वह कारीगरी को प्रेरित करता है। वह निर्माण की परवाह करता है। वह साधारण सामग्रियों को उन स्थानों में बदलने के लिए लोगों को भरता है जहाँ स्वर्ग पृथ्वी को छूता है।

यहाँ इस्तेमाल किए गए इब्रानी शब्द बहुत महत्वपूर्ण हैं। बुद्धि – 'चोखमा' (*Chochmah*) – कुशल अनुप्रयोग (Skilled application) की ओर संकेत करती है। समझ – 'तेवूना' (*Tevoonah*) – परख और संरचना की ओर संकेत करती है। ज्ञान – 'दाअत' (*Da'at*) – घनिष्ठ समझ की ओर संकेत करता है। दिलचस्प बात यह है कि नीतिवचन की किताब कहती है कि परमेश्वर ने स्वयं ब्रह्मांड का निर्माण करते समय इन्हीं आयामों का उपयोग किया था।
"यहोवा ने पृथ्वी की नेव बुद्धि ही से डाली; और आकाश को समझ ही के द्वारा स्थिर किया; उसी के ज्ञान के द्वारा गहरे समुद्र फूट निकले..."
– नीतिवचन 3:19-20 (हिंदी बाइबिल)

जिस आत्मा ने बशलेल को भरा था, वह एक छोटे पैमाने पर उत्पत्ति (Genesis) की घटना को दोबारा दोहरा रही थी। मिलापवाला तम्बू केवल एक निर्माण

नहीं था; यह मरुस्थल के बीच में एक नई सृष्टि (New creation) थी।

इसका अर्थ यह है कि पवित्र आत्मा अक्सर इंसानी हाथों के माध्यम से काम करता है। कई विश्वासी आत्मा से प्रेरित कारीगरी की उपेक्षा करते हुए अलौकिक हस्तक्षेपों की प्रतीक्षा करते हैं। फिर भी पूरे पवित्रशास्त्र में, परमेश्वर बार-बार मानवीय भागीदारी के साथ ईश्वरीय सामर्थ्य की साझेदारी करता है।

मानव योजना का भूगोल: बाहरी आंगन, पवित्र स्थान, और परमपवित्र स्थान (Outer Court, Holy Place, and Holy of Holies)

मिलापवाला तम्बू स्वयं तीन मुख्य क्षेत्रों में विभाजित था। यह विभाजन जानबूझकर किया गया था क्योंकि परमेश्वर अक्सर भौतिक संरचनाओं के माध्यम से आत्मिक वास्तविकताओं को सिखाता है।

बाहरी आंगन (Outer Court) सार्वजनिक था। दिखाई देने वाला। जहाँ पहुँचा जा सकता था। यहाँ बलिदान की वेदी और धोने का हौज़ (Laver) खड़ा था। जानवर वहाँ मरते थे। लहू वहाँ बहता था। धोना वहाँ होता था। यह पूरी सुंदरता के साथ मानव शरीर (Body)

से मेल खाता है–जो मानव अस्तित्व का दिखाई देने वाला पहलू है।

पौलुस बाद में लिखता है:

"...कि अपने शरीरों को जीवित, और पवित्र, और परमेश्वर को भावता हुआ बलिदान करके चढ़ाओ..."
– रोमियों 12:1 (हिंदी बाइबिल)

शरीर परमेश्वर के लिए मायने रखते हैं क्योंकि शरीरों को हमेशा आराधना में भाग लेने के लिए ही बनाया गया था।

भीतर की ओर बढ़ते हुए, हम पवित्र स्थान (Holy Place) में प्रवेश करते हैं। बाहरी आंगन के विपरीत, प्राकृतिक सूर्य का प्रकाश इस कमरे को रोशन नहीं करता था। उजियाला पूरी तरह से सोने के दीवट (Lampstand) से आता था। भेंट की रोटी लगातार मौजूद रहती थी। सुगन्धित धूप लगातार ऊपर उठती थी।

यह प्राण (Soul) को दर्शाता है–मन, इच्छा, भावनाएँ, तर्क, यादें, लालसाएँ और निर्णय। मानव प्राणों को आत्मिक प्रकाश की आवश्यकता होती है क्योंकि केवल प्राकृतिक समझ आत्मिक जीवन को बनाए नहीं रख

सकती। आत्मा लगातार उसे रोशन करती है जिसे केवल मानवीय समझ नहीं देख सकती।

दाऊद इस गतिशीलता को समझता था:

"तेरा वचन मेरे पाँव के लिये दीपक, और मेरे मार्ग के लिये उजियाला है।"

– भजन संहिता 119:105 (हिंदी बाइबिल)

फिर आता है परमपवित्र स्थान (Most Holy Place / Holy of Holies)।

कोई खिड़की नहीं।

कोई प्राकृतिक प्रकाश नहीं।

कोई सार्वजनिक पहुँच नहीं।

केवल महिमा (Glory)।

वाचा का सन्दूक (Ark) वहाँ रखा था। प्रायश्चित का ढकना (Mercy seat) वहाँ न्याय को ढांपता था। उपस्थिति वहाँ केंद्रित थी।

यह मानव आत्मा (Spirit) से मेल खाता है–वह सबसे गहरा स्थान जहाँ परमेश्वर के साथ संगति (Communion) होती है।

जो बात आकर्षक है वह यह है कि मिलापवाले तम्बू का सबसे गहरा स्थान सबसे व्यस्त स्थान नहीं था।

वह सबसे शांत स्थान था। आत्मा अक्सर छिपे हुए स्थानों में सबसे गहराई से कार्य करती है।

साथ चलने वाली उपस्थिति: परमेश्वर ने एक जगह रुकने से मना कर दिया (God Refused to Stay Still)

प्राचीन मंदिर आमतौर पर स्थिर संरचनाएँ होते थे। मिस्र के मंदिर शहरों में टिके रहे। अन्य जातियों के पवित्र स्थान भौगोलिक केंद्रों से जुड़े रहे। फिर भी इस्राएल का मिलापवाला तम्बू जानबूझकर साथ ले जाने योग्य (Portable) बनाया गया था।

क्यों?

क्योंकि परमेश्वर ने खुद को सीमाओं में सीमित करने से मना कर दिया।

तम्बू में डंडों के लिए कड़े थे। लेवीय बर्तनों को उठाते थे। पर्दे मुड़ जाते थे। संरचनाएँ चलती थीं। पवित्र स्थान स्वयं यात्रा करता था।

फिर पवित्रशास्त्र का सबसे नाटकीय क्षण आया:

"तब बादल मिलापवाले तम्बू पर छा गया, और यहोवा का तेज निवास में भर गया।"

– निर्गमन 40:34 (हिंदी बाइबिल)

उपस्थिति दिखाई देने वाले रूप में प्रकट हुई।

दिन में बादल।
रात में आग।
चलना उपस्थिति के द्वारा निर्धारित होता था।
जब बादल उठता, तो इस्राएल आगे बढ़ता।
जब बादल ठहरता, तो इस्राएल डेरा डालता।
यह पवित्र आत्मा के बारे में एक अत्यंत महत्वपूर्ण बात को प्रकट करता है। उसका यह उद्देश्य कभी नहीं था कि उसके लोग केवल धार्मिक प्रणालियों के मालिक बने रहें। उसका उद्देश्य था कि वे उपस्थिति का अनुसरण करें।

यहूदी परंपरा ने बाद में 'शकान' (*Shakan*) जड़ से 'शकीना' (*Shekinah*) शब्द का उपयोग किया– जिसका अर्थ है निवास करना, रहना, या तम्बू लगाना। यहाँ पूरा ज़ोर रिश्ते की निकटता पर है।
आत्मा का लक्ष्य कभी भी केवल कभी-कभार आना नहीं रहा है।
उसका लक्ष्य हमेशा निवास स्थान (Habitation) बनना रहा है।

चमड़ी का पवित्र स्थान: जब तम्बू देह बन गया (When the Tent Became Flesh)

नए नियम (New Testament) में सब कुछ बदल जाता है।

यूहन्ना लिखता है:

"और वचन देहधारी हुआ; और अनुग्रह और सच्चाई से परिपूर्ण होकर हमारे बीच में डेरा किया, और हम ने उसकी ऐसी महिमा देखी..."

– यूहन्ना 1:14 (हिंदी बाइबिल)

जिस शब्द का अनुवाद "डेरा किया" (Dwelt) किया गया है, उसका शाब्दिक अर्थ तम्बू लगाना (Tabernacled) है।

यीशु चलता-फिरता मिलापवाला तम्बू बन गया।

जो महिमा कभी पर्दों के पीछे रहती थी, वह अब धूल भरी सड़कों पर चलती थी।

जो उपस्थिति कभी तम्बुओं के भीतर रहती थी, वह अब कोढ़ियों को छूती थी।

परमपवित्र स्थान के पास अब चमड़ी (Skin) थी।

फिर क्रूस की घटना हुई।

मत्ती दर्ज करता है:

"और देखो, मन्दिर का पर्दा ऊपर से नीचे तक फटकर दो टुकड़े हो गया..."

– मत्ती 27:51 (हिंदी बाइबिल)

ध्यान दें कि स्वर्ग ने इसे ऊपर से नीचे की ओर फाड़ा।
पहुँच हमेशा के लिए बदल गई।
परमेश्वर यह घोषणा कर रहा था कि उसकी उपस्थिति अब अलगाव की परतों के पीछे नहीं रहेगी।
पौलुस बाद में समझाता है:
"क्या तुम नहीं जानते कि तुम्हारी देह पवित्र आत्मा का मन्दिर है; जो तुम में बसा हुआ है..."
– 1 कुरुन्थियों 6:19 (हिंदी बाइबिल)

पौलुस यहाँ 'नाओस' (*Naos*) शब्द का उपयोग करता है–जिसका अर्थ आंतरिक पवित्र स्थान (Inner sanctuary) है।
आंगन नहीं।
बाहरी इमारत नहीं।
परमपवित्र स्थान (Holy of Holies)।
इसका अर्थ यह है कि विश्वासी केवल धर्म को लेकर नहीं चलते।
वे जीवित उपस्थिति को लेकर चलते हैं।

रोजमर्रा के स्थानों में जीवित सन्दूक (Living Arks in Everyday Places)

यह बदल देता है कि विश्वासियों को खुद को कैसे देखना चाहिए।
आप केवल इतिहास में जीवित रहने की कोशिश करने वाली जैविक सामग्री नहीं हैं।
आप पवित्र स्थान की वास्तुकला (Sanctuary architecture) हैं।
पवित्र आत्मा ने नाजुक मानवता को अपना निवास स्थान चुना है।
आप जहाँ कहीं भी जाते हैं, पवित्र स्थान वहाँ जाता है।

जब आप कार्यस्थलों में प्रवेश करते हैं, तो उपस्थिति कार्यस्थलों में प्रवेश करती है।
जब आप दुख के बीच चलते हैं, तो उपस्थिति दुख के बीच प्रवेश करती है।
जब आप प्रार्थना करते हैं, तो परमपवित्र स्थान भीतर से बोलता है।
बशलेल की तरह, आत्मा आज भी पवित्र स्थानों का निर्माण जारी रखती है।
अंतर केवल इतना है कि अब वह अंदर से बाहर की ओर निर्माण करती है।
मिलापवाला तम्बू कभी भी परमेश्वर का अंतिम पता नहीं था।

आप थे।

वही आत्मा जो जलों के ऊपर मँडराती थी, धूल में सांस फूंकती थी, मरुस्थल के पवित्र स्थान को भरती थी, मरियम पर छाया करती थी, और मसीह को मरे हुओं में से जिलाती थी, वह अब चमड़ी के पवित्र स्थानों को चुनती है।

साथ चलने वाली उपस्थिति ने चलना कभी बंद नहीं किया।

वह बस भीतर आ गई।

4: तेल का अभिषेक – अधिकार का तरल संचार (The Anointing of Oil – The Liquid Transmission of Authorization)

स्वर्ग की तरल मुद्रा: परमेश्वर ने तेल को क्यों चुना (Why God Chose Oil)

जैसे-जैसे पवित्रशास्त्र उत्तरोत्तर पवित्र आत्मा के मंत्रालय (सेवा) को प्रकट करता है, उसके प्रकटीकरण (Manifestations) तेजी से व्यक्तिगत और प्रत्यक्ष (tangible) होते जाते हैं। सबसे पहले हमने उसका सामना उथल-पुथल के ऊपर मँडराते हुए रूआह (*Ruach*) के रूप में किया। फिर हमने उसे आदम के नथनों में एक घनिष्ठ श्वास बनते देखा और बाद में चमड़ी और कपड़े के तम्बुओं के भीतर वास करने वाली एक प्रज्वलित उपस्थिति के रूप में देखा। फिर भी, बाइबिल की कहानी एक और प्रकटीकरण का परिचय देती है जो लगभग अजीब रूप से शारीरिक (physical) दिखाई देता है: अर्थात् तेल (Oil)। आधुनिक संस्कृति में, तेल साधारण है। यह इंजनों को ईंधन देता है, भोजन पकाता है, त्वचा को नमी देता है, और मशीनों को सुचारू करता है। हालाँकि, पवित्रशास्त्र में, तेल पूरी बाइबिल में सबसे भारी धर्मविज्ञानी प्रतीकों (Theological symbols) में से

एक बन जाता है क्योंकि परमेश्वर अदृश्य वास्तविकताओं को संप्रेषित करने के लिए एक भौतिक तरल को चुनता है।

आधुनिक मन अक्सर अभिषेक (Anointing) को केवल एक रस्म या समारोह तक सीमित कर देता है। हम कलीसिया की वेदियों पर रखी छोटी बोतलों, माथे को छूते हुए पादरियों, या दीक्षा सेवाओं के दौरान किए जाने वाले प्रतीकात्मक कार्यों की कल्पना करते हैं। लेकिन पवित्रशास्त्र में, अभिषेक का तेल वाचा संबंधी (Covenantal) महत्व रखता था। यह स्वामित्व (Ownership) को दर्शाता था। यह अधिकार (Authorization) स्थापित करता था। यह अलगाव (Separation) को सूचित करता था। यह यह दर्शाता था कि स्वर्ग ने किसी चीज़ या किसी व्यक्ति पर अपना हाथ रखा है। तेल अपने आप में कभी जादुई नहीं था, फिर भी इसने परमेश्वर द्वारा नियुक्त किए गए एक ऐसे माध्यम (Conductor) के रूप में कार्य किया जिसके द्वारा अदृश्य वास्तविकताओं को सार्वजनिक रूप से पहचाना जाता था।

परमेश्वर द्वारा बार-बार भौतिक तत्वों का उपयोग करने का एक कारण यह है कि मनुष्य स्पर्श, दृष्टि,

गंध और स्मृति के माध्यम से सीखता है। तेल ने एक बहु-संवेदी (Multi-sensory) मुलाकात का निर्माण किया। लोग इसे अपने सिर से नीचे गिरते हुए महसूस कर सकते थे। वे इसकी सुगंध को सूंघ सकते थे। वे इसकी चमक को देख सकते थे। वे समारोह समाप्त होने के लंबे समय बाद भी इसकी सुगंध को अपने साथ रख सकते थे। परमेश्वर चाहता था कि पवित्रीकरण (Consecration) का अनुभव किया जाए, न कि केवल बौद्धिक रूप से समझा जाए।

इसका अर्थ यह है कि अभिषेक कभी भी मुख्य रूप से भावनात्मक उत्तेजना के बारे में नहीं था। यह स्थानांतरण (Transfer) के बारे में था। जब भी परमेश्वर की आज्ञा के तहत तेल किसी व्यक्ति को छूता था, तो स्वर्ग यह घोषणा कर रहा होता था कि साधारण उपयोग समाप्त हो चुका है और पवित्र कार्य (Sacred assignment) शुरू हो चुका है। तेल इस बात की सार्वजनिक घोषणा बन जाता था कि जो चीज़ पहले साधारण थी, वह अब विशेष रूप से परमेश्वर की है।

भजन संहिता 89:20 इसे सुंदरता से प्रकट करता है:

"मैं ने अपने दास दाऊद को पा लिया है; अपने पवित्र तेल से मैं ने उसका अभिषेक किया है।"
– भजन संहिता 89:20 (हिंदी बाइबिल)

ध्यान दें कि परमेश्वर इसे 'मेरा पवित्र तेल' (My holy oil) कहता है। स्वामित्व परमेश्वर के पास ही रहता है। तेल उसका है क्योंकि अधिकार उसी से उत्पन्न होता है। मनुष्य वास्तविक अभिषेक का निर्माण नहीं करते। वे इसे प्राप्त करते हैं।

पवित्र यौगिक की शारीरिक संरचना: सांसारिक रूप में स्वर्ग की सुगंध (The Anatomy of the Holy Compound)

निर्गमन अध्याय 30 (Exodus 30) पवित्रशास्त्र में सबसे विस्तृत विधियों (Recipes) में से एक प्रदान करता है। परमेश्वर ने मूसा को पवित्र अभिषेक के तेल के संबंध में सटीक निर्देश दिए। साधारण तेलों के विपरीत, यह यौगिक (Compound) पवित्र था क्योंकि इसकी हर एक सामग्री धर्मविज्ञानी सत्य को संप्रेषित करती थी।

इस तेल में मूर, दालचीनी, तज, तेजपात और जैतून का तेल शामिल था। ये बाज़ार से इकट्ठा की गई

कोई भी साधारण सामग्रियां नहीं थीं। परमेश्वर ने जानबूझकर ऐसे पदार्थों को चुना जो भविष्यद्वाणी का महत्व (Prophetic significance) रखते थे।

मूर (Myrrh) घायल पेड़ों से आता था। इसका रस छेदने और काटने के माध्यम से बहता था। मसीह के दुखों को समझने से पहले ही, पवित्रशास्त्र चुपचाप यह सिखाता है कि वास्तविक अभिषेक अक्सर टूटेपन (Brokenness) से होकर गुज़रता है। परमेश्वर अक्सर दबाव (Pressure) की अनुमति देता है क्योंकि दबाव उसे उजागर करता है जो पहले से भीतर मौजूद है।
दालचीनी (Cinnamon) सुगंध और गर्माहट लाती थी। यह हमें याद दिलाती है कि पवित्र आत्मा कभी भी ठंडा धर्म पैदा नहीं करता। जहाँ कहीं भी आत्मा वास्तव में कार्य करता है, वहाँ आत्मिक सुगंध पीछे चलती है। प्रेम दिखाई देने लगता है। करुणा बढ़ती है। आराधना गहरी होती है। अभिषेक माहौल (Atmosphere) का निर्माण करता है।

तज (Calamus) इसलिए आकर्षक है क्योंकि यह अक्सर दलदली, कठिन वातावरण में उगता है। यह लचीलापन (Resilience) सिखाता है। परमेश्वर बार-बार अप्रत्याशित स्थानों से अभिषिक्त लोगों को खड़ा

करता है। मरुस्थल अक्सर वह पैदा करते हैं जो आराम कभी नहीं कर सकता।

तेजपात (Cassia) ऊँचे स्थानों पर उगता था और नीचे की ओर झुकता था। कई विद्वानों और शिक्षकों ने देखा है कि यह कितनी सुंदरता से नम्रता (Humility) को दर्शाता है। परमेश्वर लोगों को जितना ऊँचा उठाता है, उन्हें उतना ही गहराई से झुकना चाहिए।

फिर स्वयं जैतून का तेल (Olive oil) आया–वह आधार जो हर दूसरी सामग्री को अपने साथ रखता था। जैतून के तेल के लिए कुचले जाने (Crushing) की आवश्यकता होती थी। तेल बहने से पहले जैतून को दबाया जाता था। पूरे पवित्रशास्त्र में, दबाया जाना बार-बार उंडेलने (Outpouring) से पहले आता है।
परमेश्वर ने तब सख्त चेतावनी दी:
"वह किसी मनुष्य की देह पर न मला जाए, और उसके तोल के अनुसार और कुछ वैसा न बनाया जाए; वह पवित्र है..."
– निर्गमन 30:32 (हिंदी बाइबिल)

यह वचन गंभीर है।

परमेश्वर स्पष्ट रूप से शरीर (Flesh) को अभिषेक से अलग करता है।
पवित्र आत्मा घमंड का अभिषेक नहीं करता।
वह शारीरिकता (Carnality) को सामर्थ्य नहीं देता।
वह स्व-प्रचार (Self-promotion) को प्रमाणित नहीं करता।

तेल पवित्र था क्योंकि उसका उद्देश्य पवित्र था।

तीन पद: आत्मा ने नेतृत्व को कैसे सशक्त किया (The Three Offices)

पुराना नियम (Old Testament) लगातार तीन मुख्य पदों के लिए अभिषेक को आरक्षित रखता है: याजक (Priests), भविष्यद्वक्ता (Prophets), और राजा (Kings)। प्रत्येक पद लोगों के बीच ईश्वरीय गतिविधि के एक अलग आयाम का प्रतिनिधित्व करता था।
याजक संगति (Communion) का प्रतिनिधित्व करते थे।

भविष्यद्वक्ता प्रकटीकरण (Revelation) का प्रतिनिधित्व करते थे।
राजा शासन (Government) और देखरेख का प्रतिनिधित्व करते थे।

याजक की भूमिका निकटता की थी। याजक परमेश्वर और लोगों के बीच खड़े होते थे। वे बलिदान, प्रार्थना, मध्यस्थता और आराधना को लेकर चलते थे। उनका अभिषेक उन्हें पवित्रता के निरंतर करीब बने रहने के लिए सुसज्जित करता था।

जब हारून का पवित्रीकरण किया गया, तो तेल उसके सिर पर बहा।

भजन संहिता 133 बाद में विचार करता है:

"वह तो उस उत्तम तेल के समान है जो सिर पर ढाला गया था, और बहकर दाढ़ी पर, अर्थात् हारून की दाढ़ी पर पहुंच कर उसके वस्त्र के छोर तक बह गया।"

– भजन संहिता 133:2 (हिंदी बाइबिल)

दिशा पर ध्यान दें।

सिर से नीचे की ओर।

अभिषेक बह निकला।

परमेश्वर के पैटर्न में हमेशा बहुतायत (Overflow) शामिल रही है।

भविष्यद्वक्ता अलग तरह से कार्य करते थे। उनका कार्य प्रकटीकरण के इर्द-गिर्द केंद्रित था। आत्मा ने आत्मिक परख को तेज किया ताकि भविष्यद्वक्ता सांसारिक भ्रम के भीतर स्वर्ग के दृष्टिकोण को पहचान सकें।

राजाओं को एक और आयाम की आवश्यकता थी। शासन के लिए दबाव की आवश्यकता होती है। नेतृत्व टकराव पैदा करता है। जिम्मेदारी कमजोरी को उजागर करती है। राजाओं को अलौकिक सशक्तिकरण की आवश्यकता थी क्योंकि लोगों पर शासन करना प्राकृतिक क्षमता से परे था।

ये तीनों पद मिलकर कुछ गहरा प्रकट करते हैं: पवित्र आत्मा एक ही समय में घनिष्ठता, परख और देखरेख को सामर्थ्य देता है।

दाऊद और क्षमता का सामर्थ्यशाली आगमन (David and the Violent Arrival of Capacity)

बाइबिल की कुछ ही कहानियाँ अभिषेक को दाऊद की कहानी से अधिक नाटकीय रूप से दर्शाती हैं।

जब शमूएल बेतलेहेम पहुँचता है, तो दाऊद की उपेक्षा की जाती है। भूले हुए बेटे शायद ही कभी राज्याभिषेक समारोहों में दिखाई देते हैं। फिर भी स्वर्ग अक्सर मनुष्यों की तुलना में अलग चुनाव करता है।

शमूएल तेल उंडेलता है।

तब पवित्रशास्त्र कहता है:

"तब शमूएल ने तेल का सींग लेकर उसके भाइयों के मध्य में उसका अभिषेक किया; और उस दिन से

लेकर आगे को यहोवा का आत्मा दाऊद पर बड़े वेग से उतरता रहा..."

– 1 शमूएल 16:13 (हिंदी बाइबिल)

यहाँ भाषा बल (Force) को सूचित करती है। आत्मा दाऊद पर बड़े वेग से उतरी।

परिस्थितियों के बाहरी रूप से बदलने से पहले दाऊद तुरंत आंतरिक रूप से बदल गया।

वह भेड़ों के पास लौट आया।

अनाम रहने की स्थिति (Obscurity) में लौट आया।

प्रतीक्षा में लौट आया।

फिर भी क्षमता (Capacity) पहले ही बदल चुकी थी। यह अभिषेक के बारे में सबसे बड़ी गलतफहमियों में से एक है। कई लोग परिस्थितियों में तुरंत बदलाव की अपेक्षा करते हैं। पवित्रशास्त्र अक्सर पहले आंतरिक परिवर्तन पर ज़ोर देता है।

सिंहासन प्राप्त करने से पहले, दाऊद ने क्षमता प्राप्त की।

सार्वजनिक उन्नति से पहले व्यक्तिगत विस्तार आया।

फिर गोलियथ आता है।

दूसरों ने सैन्य संकट देखा।

दाऊद ने वाचा का अवसर देखा।

स्थिति बदलने से पहले अभिषेक ने दृष्टिकोण को बदल दिया था।
यह आज भी सच है।

मसीहा: जहाँ सारी धाराएँ मिलती हैं (The Mashiach: Where All Streams Converge)

पुराने नियम की हर चीज़ आगे की ओर इशारा करती है।
तेल।
याजक।
राजा।
भविष्यद्वक्ता।
सारी धाराएँ एक ही व्यक्ति में आकर मिलती हैं।
इब्रानी शब्द 'मशीआह' (*Mashiach*) का अर्थ है अभिषिक्त जन (Anointed One)।
यूनानी में यह 'क्रिस्टोस' (*Christos*) बन जाता है।
'मसीह' (Christ) यीशु का उपनाम (Last name) नहीं है।
यह उनकी पदवी (Title) है।
यरदन नदी पर, स्वर्ग सार्वजनिक रूप से इस वास्तविकता को प्रकट करता है।
"और यीशु बपतिस्मा लेकर तुरन्त पानी में से ऊपर आया, और देखो, उसके लिये आकाश खुल गया; और

उसने परमेश्वर के आत्मा को कबूतर के समान उतरते और अपने ऊपर आते देखा।"
– मत्ती 3:16 (हिंदी बाइबिल)

पिछले नेताओं के विपरीत, यीशु ने केवल प्रतीकात्मक तेल प्राप्त नहीं किया।
उन्होंने सीधे आत्मा का अभिषेक प्राप्त किया।
पतरस बाद में संक्षेप में बताता है:
"अर्थात परमेश्वर ने किस रीति से यीशु नासरी को पवित्र आत्मा और सामर्थ्य से अभिषिक्त किया..."
– प्रेरितों के काम 10:38 (हिंदी बाइबिल)

यीशु हर एक पद को अपने भीतर समेटे हुए हैं।
वह परमेश्वर को प्रकट करने वाले भविष्यद्वक्ता हैं।
मानवता का मेल-मिलाप कराने वाले याजक हैं।
सृष्टि पर शासन करने वाले राजा हैं।
वह पूर्ण अभिषेक लेकर चलते हैं क्योंकि वह पूर्ण अधिकार लेकर चलते हैं।

ख्रिश्मा: तेल मसीह पर क्यों नहीं रुका (The Chrisma: Why the Oil Did Not Stop at Christ)

नए नियम के सबसे आश्चर्यजनक सत्यों में से एक यह है कि अभिषेक यीशु पर ही समाप्त नहीं हो गया। यह उनकी देह (Body) में बहता है।

यूहन्ना लिखता है:

"और तुम्हारा तो उस पवित्र से अभिषेक हुआ है, और तुम सब कुछ जानते हो।"

– 1 यूहन्ना 2:20 (हिंदी बाइबिल)

बाद में:

"और तुम्हारा वह अभिषेक जो उसकी ओर से किया गया, तुम में बना रहता है..."

– 1 यूहन्ना 2:27 (हिंदी बाइबिल)

यहाँ इस्तेमाल किया गया यूनानी शब्द 'ख्रिश्मा' (*Chrisma*) है।

लगाया गया पदार्थ।

लेप।

बना रहने वाला आवरण।

इसका अर्थ यह है कि विश्वासी आत्मिक रूप से त्यागे हुए लोग नहीं हैं जो केवल अपनी इच्छाशक्ति के बल पर जीवित रहने की कोशिश कर रहे हैं।

आप पर निशान लगाया गया है।

अधिकृत किया गया है।

ढाँपा गया है।

सामर्थ्य दी गई है।

वही आत्मा जो भविष्यद्वक्ताओं, याजकों, राजाओं, न्यायियों, कारीगरों और प्रेरितों पर ठहरती थी, वह अब विश्वासियों के भीतर स्थायी रूप से रहती है।

जो तेल कभी बाहरी रूप से बहता था, वह अब आंतरिक रूप से बना रहता है।

जब स्वर्ग सींग को झुकाता है

मनुष्य स्वाभाविक रूप से अपनी अपर्याप्तता (Inadequacy) पर ध्यान केंद्रित करते हैं।

मूसा ने बोलने की सीमाओं पर ध्यान केंद्रित किया।

यिर्मयाह ने अपनी जवानी पर ध्यान केंद्रित किया।

गिदोन ने अपनी कमजोरी पर ध्यान केंद्रित किया।

दाऊद ने भेड़ों पर ध्यान केंद्रित किया।

फिर भी परमेश्वर बार-बार अपर्याप्तता का उत्तर अभिषेक से देता है।

अभिषेक स्वर्ग की यह घोषणा है कि ईश्वरीय कार्य पूरी तरह से मानवीय क्षमताओं पर निर्भर नहीं रहेगा। पवित्र आत्मा दुख को पवित्र करता है, कमजोरी को मजबूत करता है, और क्षमता की आपूर्ति करता है।

आपसे यह अपेक्षा नहीं की जाती कि आप केवल प्राकृतिक शक्ति के बल पर ईश्वरीय उद्देश्यों को पूरा करें।

स्वर्ग का सींग पहले ही झुकाया जा चुका है।

और जहाँ कहीं भी वह तेल बहता है, स्वर्ग का अधिकार उसके पीछे चलता है।

5: आग की जीभ (The Tongue of Fire) – भस्म करने वाली उपस्थिति और वाणी की वेदी (The Consuming Presence and the Altar of Speech)

आत्मा की दिखाई देने वाली भाषा: परमेश्वर ने आग को क्यों चुना (Why God Chose Fire)

जैसे-जैसे बाइबिल की कहानी आगे बढ़ती है, पवित्र आत्मा उत्तरोत्तर खुद को दिखाई देने वाले और अदृश्य प्रकटीकरणों (manifestations) के माध्यम से प्रकट करता है जो उसके चरित्र के विभिन्न आयामों को संप्रेषित करते हैं। सबसे पहले हमने उसका सामना उथल-पुथल के पार चलती हुई हवा के रूप में किया। फिर वह नथनों में प्रवेश करने वाली सांस, पवित्र स्थानों में निवास करने वाली महिमा, और अभिषिक्त बर्तनों पर बहने वाले तेल के रूप में प्रकट हुआ। फिर भी पवित्र आत्मा से जुड़े सभी बाइबिल के चित्रों में से, कोई भी आकर्षण, भय, सुंदरता और खतरे का वैसा मिश्रण लेकर नहीं चलता जैसा आग (Fire) लेकर चलती है। आग ध्यान आकर्षित करती है क्योंकि आग जिसे भी छूती है, उसे बदल देती है।

मानव सभ्यता ने हमेशा आग के साथ एक जटिल संबंध बनाए रखा है। आग घरों को गर्म करती है और

शहरों को नष्ट भी करती है। यह भोजन पकाती है और जंगलों को भस्म करती है। यह रक्षा करती है और न्याय भी करती है। यह धातु को शुद्ध करती है और संरचनाओं को राख में बदल देती है। आग की उपेक्षा नहीं की जा सकती क्योंकि आग हमेशा वातावरण को बदल देती है। पवित्रशास्त्र जानबूझकर इस चित्र का उपयोग करता है क्योंकि पवित्र आत्मा केवल मानव जीवन में मिलने नहीं आता–वह उन्हें बदल (transform) देता है।

इब्रानियों का लेखक घोषणा करता है:

"क्योंकि हमारा परमेश्वर भस्म करने वाली आग है।"

– इब्रानियों 12:29 (हिंदी बाइबिल)

इस वाक्यांश को केवल काव्यात्मक भाषा तक सीमित नहीं किया जाना चाहिए। परमेश्वर अपनी उपस्थिति को प्रकट करने के लिए बार-बार लौ (Flame) को चुनता है क्योंकि आग एक ही समय में गति, पवित्रता, शुद्धि, प्रकाश और सामर्थ्य को संप्रेषित करती है। जब मूसा का सामना परमेश्वर से हुआ, तो एक झाड़ी के भीतर आग जल रही थी लेकिन वह भस्म नहीं हो रही थी। जब इस्राएल ने मरुस्थल में यात्रा की, तो रात में आग ने उनका मार्गदर्शन किया। जब एलिय्याह ने झूठे भविष्यद्वक्ताओं का सामना किया, तो आग

ने स्वर्ग के फैसले का उत्तर दिया। पूरे पवित्रशास्त्र में, ईश्वरीय आग लगातार वहाँ प्रकट होती है जहाँ कहीं भी स्वर्ग सांसारिक क्षेत्र पर आक्रमण करता है।

जो बात पवित्र आत्मा की आग को अनोखी बनाती है वह यह है कि यह कभी भी पूरी तरह से प्राकृतिक आग की तरह काम नहीं करती। प्राकृतिक आग ईंधन को तब तक भस्म करती है जब तक कुछ भी शेष न रहे। ईश्वरीय आग उद्‌देश्य को सुरक्षित रखते हुए अशुद्धियों को भस्म करती है। प्राकृतिक आग बिना किसी भेद के नष्ट करती है। ईश्वरीय आग उसमें अंतर करती है जिसे मरना चाहिए और जिसे बने रहना चाहिए। यह अंतर अत्यंत महत्वपूर्ण बन जाता है क्योंकि कई विश्वासी परमेश्वर की आग से डरते हैं जबकि वास्तव में उन्हें इसका स्वागत करना चाहिए। आग की भाषा हमें यह भी याद दिलाती है कि परमेश्वर ठंडे धर्म (cold religion) को खारिज करता है। पूरे पवित्रशास्त्र में, आत्मिक गिरावट का वर्णन अक्सर ठंडे होने वाली भाषा के माध्यम से किया जाता है–ठंडे हृदय, कठोर हृदय, गुनगुनी भक्ति, बहता हुआ प्रेम। पवित्र आत्मा केवल भावनात्मक उत्तेजना पैदा करने के लिए माहौल में प्रवेश नहीं करता बल्कि पवित्र जुनून (holy passion) को बनाए रखने के

लिए आता है। वह जलता है क्योंकि जीवित चीजें गर्मी पैदा करती हैं।
इस प्रकटीकरण को गहराई से समझने के लिए, हमें वेदी की प्रणाली (altar system) में पीछे जाना होगा क्योंकि पवित्रशास्त्र पहली बार ईश्वरीय आग का परिचय जागृति की सभाओं (revival meetings) में नहीं बल्कि बलिदान की प्रणालियों में देता है।

वेदी पर आग: बलिदान के प्रति स्वर्ग की प्रतिक्रिया (Heaven's Response to Sacrifice)

इस्राएल की आराधना प्रणाली की शुरुआत ने ईश्वरीय आग के संबंध में सबसे महत्वपूर्ण सिद्धांतों में से एक का परिचय दिया। परमेश्वर की आज्ञा के अनुसार बलिदानों को व्यवस्थित करने के बाद, कुछ असाधारण घटित हुआ।
"और यहोवा के सम्मुख से आग निकलकर वेदी पर के होमबलि और चर्बी को भस्म कर दिया; इसे देखकर सब लोग जयजयकार कर उठे और मुंह के बल गिर पड़े।"
– लैव्यव्यवस्था 9:24 (हिंदी बाइबिल)

यह घटना एक ऐसे सिद्धांत को स्थापित करती है जो बाइबिल के इतिहास में बार-बार दोहराया जाता

है: सच्ची आत्मिक आग परमेश्वर से उत्पन्न होती है, मानवता से नहीं।

याजकों ने बलिदान तैयार किया।

लोग इकट्ठा हुए।

वेदी तैयार खड़ी थी।

लेकिन स्वर्ग ने लौ की आपूर्ति की।

यह अंतर बहुत मायने रखता है क्योंकि मनुष्य लगातार ईश्वरीय गतिविधि को अपने द्वारा बनाए गए विकल्पों से बदलने का प्रयास करते हैं। कलीसिया के इतिहास में, लोगों ने अक्सर भावनात्मक तीव्रता को आत्मिक आग, शोर को सामर्थ्य, और उत्तेजना को उपस्थिति समझ लेने का भ्रम पाला है। पवित्रशास्त्र हमें बार-बार याद दिलाता है कि वास्तविक आग उतरती है (genuine fire descends); इसका निर्माण नहीं किया जाता।

परमेश्वर ने इस वेदी की आग के संबंध में सख्त निर्देश दिए:

"वेदी पर आग निरन्तर जलती रहे, वह कभी बुझने न पाए।"

– लैव्यव्यवस्था 6:13 (हिंदी बाइबिल)

जिम्मेदारी के संतुलन पर ध्यान दें। मनुष्य आग का निर्माण नहीं कर सकते थे, लेकिन वे उस माहौल को

बनाए रखने के लिए जिम्मेदार थे जहाँ आग बनी रहती थी। लकड़ी की आपूर्ति करनी पड़ती थी। राख हटानी पड़ती थी। बलिदान तैयार करने पड़ते थे।

पवित्र आत्मा अक्सर इसी तरह काम करती है। हम उसका निर्माण नहीं कर सकते। हम उसके साथ छेड़छाड़ नहीं कर सकते। लेकिन हम ऐसे माहौल को विकसित (cultivate) कर सकते हैं जहाँ उसकी गतिविधि का स्वागत बना रहे।

फिर पवित्रशास्त्र की सबसे गंभीर चेतावनियों में से एक आती है।

नादाब और अबीहू ने अनधिकृत आग (unauthorized fire) चढ़ाई।

"और नादाब और अबीहू ने... अनोखी आग जिसे चढ़ाने की आज्ञा यहोवा ने न दी थी, उसके सम्मुख चढ़ाई। तब यहोवा के सम्मुख से आग निकली, और उनको भस्म कर दिया..."

– लैव्यव्यवस्था 10:1-2 (हिंदी बाइबिल)

अनोखी आग (Strange fire) ईश्वरीय सामर्थ्य के लिए मानवीय विकल्पों का प्रतिनिधित्व करती है। यह समर्पण के बिना आत्मिकता है। पवित्रता के बिना गतिविधि है। उपस्थिति के बिना प्रदर्शन (performance) है।

पवित्र आत्मा नकल (imitation) को खारिज करती है।

सीनै और पिन्तेकुस्त: जब आग ने अपना पता बदल लिया (When Fire Changed Address)

सीनै पर्वत पवित्रशास्त्र में ईश्वरीय आग के सबसे नाटकीय प्रकटीकरणों में से एक बना हुआ है।
"और सीनै पर्वत सब का सब धूंए से भर गया, क्योंकि यहोवा आग में होकर उस पर उतरा था..."
– निर्गमन 19:18 (हिंदी बाइबिल)

आग ने पहाड़ों को ढक लिया।
धुएं ने आकाश को भर दिया।
पृथ्वी कांप उठी।
लोग थरथरा उठे।
दूरी बनाए रखना आवश्यक था क्योंकि पवित्रता ने अभी तक पहुँच का मार्ग पूरी तरह से नहीं खोला था।
सीनै पर्वत एक महत्वपूर्ण बात प्रकट करता है: पिन्तेकुस्त से पहले, ईश्वरीय आग बड़े पैमाने पर बाहरी (external) रही। लोगों ने इसे देखा। इससे डरे। सावधानी से इसके करीब आए।

फिर प्रेरितों के काम अध्याय 2 (Acts 2) आता है।

"और उन्हें आग की सी जीभें फटती हुई दिखाई दीं; और उनमें से हर एक पर आ ठहरीं।"
– प्रेरितों के काम 2:3 (हिंदी बाइबिल)

सब कुछ बदल गया।
सीनै पर्वत पर, आग पहाड़ों पर उतरी।
पिन्तेकुस्त के दिन, आग लोगों पर उतरी।
सीनै पर्वत पर, सीमाओं ने लोगों की आग से रक्षा की।
पिन्तेकुस्त के दिन, आग ने लोगों के भीतर प्रवेश किया।
सीनै पर्वत पर, व्यवस्था बाहरी रूप से लिखी गई थी।
पिन्तेकुस्त के दिन, व्यवस्था आंतरिक रूप से आ गई।
इस परिवर्तन को बढ़ा-चढ़ाकर नहीं कहा जा सकता।
परमेश्वर ने अपना पता बदल लिया।
पवित्र आत्मा ने इमारतों को छोड़ दिया और विश्वासियों को अपने नए पवित्र स्थान की वास्तुकला (sanctuary architecture) के रूप में चुना।
इससे भी अधिक अद्भुत इसका वितरण (distribution) है। आग विभाजित हो गई।
हर एक विश्वासी को लौ मिली।
कोई पदानुक्रम (hierarchy) नहीं।

कोई विशिष्ट समूह नहीं।
कोई विशेषाधिकार प्राप्त वर्ग नहीं।
आग ने उपस्थिति को सबके लिए सुलभ (democratized) बना दिया।

आग की जीभें ही क्यों? मानव वाणी के लिए युद्ध (The Battle for Human Speech)

प्रेरितों के काम विशेष रूप से कहता है कि आग की जीभें (tongues of fire)।
हाथ नहीं।
हृदय नहीं।
आँखें नहीं।
जीभें (Tongues)।
यह विवरण गहराई से धर्मविज्ञानी (theological) है क्योंकि पवित्रशास्त्र लगातार वाणी को मानवता की सबसे शक्तिशाली और खतरनाक क्षमताओं में से एक के रूप में चित्रित करता है।
याकूब लिखता है:
"जीभ भी एक आग है: जीभ हमारे अंगों में अधर्म का एक लोक है..."
– याकूब 3:6 (हिंदी बाइबिल)
मानव इतिहास इस वास्तविकता की पुष्टि करता है।
युद्ध शब्दों से शुरू होते हैं।

रिश्ते शब्दों से टूट जाते हैं।
विश्वास शब्दों से बढ़ता है।
संस्कृतियां शब्दों से बदलती हैं।
जीभ एक स्टीयरिंग व्हील की तरह काम करती है जो पूरे जीवन को दिशा देती है।
यीशु ने सिखाया:
"...क्योंकि जो मन में भरा है, वही मुंह पर आता है।"
– मत्ती 12:34 (हिंदी बाइबिल)

यदि वाणी हृदयों को प्रकट करती है, तो वाणी को बदलना लोगों को बदलने का केंद्र बन जाता है।
पिन्तेकुस्त से पहले, मानवीय भाषा बड़े पैमाने पर बाबेल (Babel) को दर्शाती थी–विभाजन, घमंड, भ्रम और बिखराव।
पिन्तेकुस्त के दिन, आत्मा ने सबसे पहले वाणी को निशाना बनाया।
यह असाधारण है।
आत्मा ने केवल बेहतर शब्दावली (vocabulary) नहीं दी।
उसने स्रोत को बदल दिया।
चेले ऐसे लोग बन गए जिनकी वाणी केवल मानवीय सीमा के बजाय ईश्वरीय प्रेरणा (divine inspiration) से उत्पन्न हो रही थी।

प्रेरितों के काम कहता है:

"और वे सब पवित्र आत्मा से भर गए, और जिस प्रकार आत्मा ने उन्हें बोलने की सामर्थ्य दी, वे अन्य अन्य भाषा बोलने लगे।"

– प्रेरितों के काम 2:4 (हिंदी बाइबिल)

सहयोग (cooperation) पर ध्यान दें।

वे बोले।

आत्मा ने आपूर्ति की।

स्वर्ग ने मानवीय मुँह के साथ साझेदारी की।

नरक की आग अब वाणी पर शासन नहीं कर रही थी।

स्वर्ग की आग शासन कर रही थी।

शोधक अग्नि: आत्मा क्या जलाकर दूर करती है (The Refining Fire)

ईश्वरीय आग सामर्थ्य देती है, लेकिन यह शुद्ध (purify) भी करती है।

मलाकी ने भविष्यवाणी की थी:

"क्योंकि वह सोनार की आग और धोबी के साबुन के समान है।"

– मलाकी 3:2 (हिंदी बाइबिल)

शोधन (Refining) के लिए गर्मी की आवश्यकता होती है क्योंकि अशुद्धियाँ शायद ही कभी स्वेच्छा से छोड़ती हैं।

सोना आग में इसलिए प्रवेश नहीं करता क्योंकि सोनार उससे घृणा करता है बल्कि इसलिए क्योंकि वह उसे मूल्यवान समझता है।

चांदी गर्मी के अधीन रहती है क्योंकि अशुद्धियों को अलग होना पड़ता है।

पवित्र आत्मा अक्सर इसी तरह काम करती है।

कभी-कभी उसकी आग रवैये को उजागर करती है।

कभी-कभी उद्देश्यों को।

कभी-कभी घावों को।

कभी-कभी घमंड को।

लोग अक्सर पूछते हैं कि आत्मिक विकास असहज क्यों महसूस कराता है।

क्योंकि शोधन में उजागर होना (exposure) शामिल है।

फिर भी लक्ष्य कभी विनाश नहीं होता।

लक्ष्य प्रतिबिंब (reflection) होता है।

कहा जाता है कि प्राचीन सोनार यह तब जानते थे कि शोधन पर्याप्त रूप से हो चुका है जब वे पिघली

हुई धातु के भीतर अपने प्रतिबिंब को स्पष्ट रूप से देख सकते थे।

इसी तरह, आत्मा तब तक शोधन जारी रखती है जब तक कि मसीह तेजी से दिखाई देने न लगे।

इसका अर्थ यह है कि दर्दनाक समयों की व्याख्या हमेशा परित्याग के रूप में नहीं की जानी चाहिए।

कभी-कभी परमेश्वर शुद्ध कर रहा होता है।

कभी-कभी वह मैल (dross) हटा रहा होता है।

कभी-कभी वह हृदयों को अधिक महिमा संभालने की शिक्षा दे रहा होता है।

आपके जीवन की वेदी के भीतर की आग (The Fire Within the Altar of Your Life)

आग के रूप में आत्मा आवश्यक बनी हुई है क्योंकि ठंडा धर्म लोगों को बदल नहीं सकता।

कार्यक्रम आग का स्थान नहीं ले सकते।

केवल ज्ञान आग का स्थान नहीं ले सकता।

प्रतिभा आग का स्थान नहीं ले सकती।

पवित्र आत्मा जलती है क्योंकि स्वर्ग का उद्देश्य यह है कि विश्वासी जीवित उपस्थिति को लेकर चलें।

पौलुस बाद में लिखता है:

"आत्मा को मत बुझाओ।"

– 1 थिस्सलुनीकियों 5:19 (हिंदी बाइबिल)

यह आज्ञा स्वयं आग की भाषा (fire language) को सूचित करती है।

आग कमजोर हो सकती है।

आग कम हो सकती है।

आग को ध्यान की आवश्यकता होती है।

विश्वासी की जिम्मेदारी प्राचीन याजकों के समान ही बनी हुई है: वेदी को बनाए रखें।

ताजा समर्पण की आपूर्ति करें।

जमा हुई राख को हटाएँ।

बलिदान चढ़ाते रहें।

पवित्र आत्मा अब भी वहाँ उतरती है जहाँ समर्पण उपलब्ध रहता है।

वह अब भी वाणी को पवित्र करती है।

वह अब भी अशुद्धियों को जलाकर दूर करती है।

वह अब भी साधारण धूल को जीवित वेदियों में बदल देती है।

वही आग जो कभी पहाड़ों पर उतरी थी, वह अब लोगों पर ठहरती है।

और जहाँ कहीं भी वह आग जलती रहती है, अंधकार अंततः अपना क्षेत्र खो देता है।

6: जीवन का जल – पाताल की नदी और आनंद की जल-गतिशीलता (The Living Water – The Subterranean River and the Hydro-Dynamics of Joy)

अनंत काल की तरलता: आत्मा जल के माध्यम से क्यों बोलती है (Why the Spirit Speaks Through Water)

पूरे पवित्रशास्त्र में, पवित्र आत्मा बार-बार खुद को बनाई गई वास्तविकताओं (Created realities) के माध्यम से प्रकट करता है क्योंकि सृष्टि स्वयं दिखाई देने वाले रूप में धर्मविज्ञान (Theology) का कार्य करती है। हवा गति को प्रकट करती है। आग पवित्रता को प्रकट करती है। तेल अधिकार को प्रकट करता है। सांस घनिष्ठता को प्रकट करती है। फिर भी जल (Water) पवित्र आत्मा के बारे में कुछ ऐसा अनोखा प्रकट करता है जिसे कोई अन्य उपमा पूरी तरह से नहीं समेट सकती–उसकी प्रवेश करने, सराबोर करने, ताज़ा करने, शुद्ध करने, अनुकूल बनने, बहने और उन स्थानों पर जीवन को बनाए रखने की क्षमता जहाँ मृत्यु अपरिहार्य (Inevitable) दिखाई देती है।

जल के बिना, यहाँ तक कि सबसे उपजाऊ मिट्टी भी अंततः कठोर होकर बेकार भूमि में बदल जाती है। इसी तरह, पवित्र आत्मा के बिना, यहाँ तक कि वरदान पाए हुए लोग भी धीरे-धीरे सूखे परिदृश्य (Dry landscapes) बन जाते हैं।

जल उन सबसे अजीब पदार्थों में से एक है जिसे परमेश्वर ने रचा है क्योंकि यह कठोरता (Rigidity) को खारिज करता है। यह अपने स्वभाव को खोए बिना वातावरण के अनुकूल बन जाता है। यह रासायनिक रूप से अपरिवर्तित रहते हुए वाष्प (Vapor), तरल (Liquid), या ठोस (Solid) के रूप में मौजूद रह सकता है। ठीक इसी तरह, पवित्र आत्मा अपने स्वभाव में अनंत रूप से सुसंगत (Consistent) रहते हुए पूरे पवित्रशास्त्र में अलग-अलग रूपों में प्रकट होता है। वह मरुस्थल में बादल के रूप में, राजाओं पर तेल के रूप में, पिन्तेकुस्त के दिन आग के रूप में, सृष्टि के समय हवा के रूप में, और विश्वासियों के भीतर नदियों के रूप में प्रकट होता है। उसके प्रकटीकरण सौंपे गए कार्य (Assignment) के अनुसार बदलते हैं, लेकिन उसका सार (Essence) कभी नहीं बदलता।

मनुष्यों के भीतर प्यास की एक जन्मजात प्रणाली (Thirst mechanism) होती है। यह दुर्घटनावश नहीं है। प्यास हमें लगातार हमारी निर्भरता (Dependency) की याद दिलाती है। परमेश्वर ने मानवता को इस तरह तैयार किया कि जीवित रहना स्वयं धर्मविज्ञान का प्रचार करे। हर कुछ घंटों में मानव शरीर हमें याद दिलाता है: आप खुद को बनाए रखने वाले जीव नहीं हैं। यही सिद्धांत आत्मिक रूप से भी काम करता है। मानव योजना के भीतर एक गहरी आत्मिक प्यास मौजूद है जिसे करियर, उपलब्धियां, मनोरंजन, रिश्ते और सफलता बार-बार संतुष्ट करने में विफल हो जाते हैं। कई लोग पूरी जिंदगी शारीरिक समाधानों के माध्यम से आत्मिक प्यास की व्याख्या करने की कोशिश में बिता देते हैं। यिर्मयाह भविष्यद्वक्ता ने इस समस्या को उजागर किया:

"क्योंकि मेरी प्रजा ने दो बुराइयाँ की हैं: उन्होंने मुझ बहते हुए पानी के सोते को त्याग दिया है, और अपने लिये हौड़, वरन ऐसे टूटे हुए हौड़ बना लिए हैं जिन में पानी नहीं रह सकता।"

– यिर्मयाह 2:13 (हिंदी बाइबिल)

ध्यान दें कि परमेश्वर खुद को केवल जल नहीं कहता। वह खुद को बहते पानी का सोता या फव्वारा (Fountain) कहता है। सोते गतिशील होते हैं। वे दोबारा भरते हैं। वे लगातार उत्पादन करते हैं। मनुष्य बार-बार टूटे हुए हौड़ों (Cisterns) का निर्माण करते हैं और यह उम्मीद करते हैं कि संतुष्टि वहाँ जमा रहेगी, फिर भी आंतरिक सूखा अंततः लौट आता है क्योंकि मानव बर्तन नदियों के लिए बनाए गए थे, हौड़ों के लिए नहीं।

इसलिए पवित्र आत्मा जहाँ कहीं भी प्रवेश करता है, गतिशीलता लाता है। रुकी हुई आत्मिक स्थिति अक्सर कटे हुए आत्मिक जीवन का संकेत होती है। नदियाँ चलती हैं। जीवन का जल बहता है। आत्मा स्थिर धार्मिक प्रणालियों के भीतर फंसा रहने से इनकार करती है क्योंकि उसका स्वभाव गतिशील (Dynamic) है।

रपीदीम: चट्टान में छिपा हुआ जल (Water Hidden in the Rock)

पवित्रशास्त्र के सबसे अद्भुत जल चमत्कारों में से एक एक असंभव स्थान पर होता है–एक मरुस्थल (Desert) में।

इस्राएल पूरी तरह थककर रपीदीम (*Rephidim*) पहुँचता है। हाल ही में आज़ाद हुए लोगों को अब निर्जलीकरण (Dehydration) का सामना करना पड़ रहा है। स्वतंत्रता ने कठिनाई को दूर नहीं किया है। छुटकारे ने प्यास को समाप्त नहीं किया है। यह महत्वपूर्ण बन जाता है क्योंकि कई विश्वासी गलत तरीके से यह मान लेते हैं कि आत्मिक परिपक्वता मरुस्थल के समय को हटा देती है। पवित्रशास्त्र इसके विपरीत सिखाता है।

निर्गमन दर्ज करता है:

"...और वहाँ लोगों के पीने को पानी न मिला।"

– निर्गमन 17:1 (हिंदी बाइबिल)

जल की अनुपस्थिति ने घबराहट पैदा कर दी क्योंकि प्यास सीमाओं को जल्दी उजागर कर देती है। भूख कभी-कभी इंतजार कर सकती है। प्यास नहीं। लोग शिकायत करते हैं, बहस करते हैं, और मूसा पर दोष लगाते हैं क्योंकि पानी की कमी जीवित रहने के प्रश्न को तुरंत सामने ला देती है।

तब परमेश्वर कुछ असामान्य आज्ञा देता है:

"...और तू उस चट्टान पर मारना, तब उस में से पानी निकलेगा कि ये लोग पीएं।"

– निर्गमन 17:6 (हिंदी बाइबिल)

रुकें और इस असंभवता पर विचार करें।
चट्टानें नदियाँ पैदा नहीं करतीं।
मरुस्थल लाखों लोगों को जीवित नहीं रख सकते।
फिर भी परमेश्वर जानबूझकर असंभवता को चुनता है क्योंकि असंभव माहौल ही ईश्वरीय पर्याप्तता (Divine sufficiency) को प्रदर्शित करता है।
पौलुस बाद में इस घटना की व्याख्या करता है:
"...क्योंकि वे उस आत्मिक चट्टान से पीते थे जो उनके साथ-साथ चलती थी; और वह चट्टान मसीह था।"
– 1 कुरुन्थियों 10:4 (हिंदी बाइबिल)

यह पूरी कहानी को बदल देता है।
चट्टान भविष्यद्वाणी (Prophetic) बन जाती है।
लाठी न्याय का प्रतिनिधित्व करती है।
मारना क्रूस पर चढ़ाए जाने (Crucifixion) का पूर्वाभास देता है।
जल आत्मा के उंडेलने (Spirit-outpouring) का प्रतिनिधित्व करता है।
चट्टान पर मारना आवश्यक था क्योंकि जल के मुक्त होने के लिए टूटना ज़रूरी था।
इसलिए क्रूस पर चढ़ाया जाना केवल क्षमा से कहीं बढ़कर बन जाता है। यह ईश्वरीय जलाशयों का खुलना

बन जाता है। जीवन का जल इसलिए बहता है क्योंकि वह चट्टान घायल हुई थी।
यह स्पष्ट करता है कि यूहन्ना क्यों मसीह के पंजर से लहू और जल बहने को दर्ज करता है। स्वर्ग चुपचाप यह प्रकट कर रहा था कि मसीह के टूटने ने मानवता के लिए नदियाँ खोल दीं।

यहेजकेल की नदी: आत्मा का बढ़ता हुआ आक्रमण (The Escalating Invasion of the Spirit)

सदियों बाद, यहेजकेल कुछ असाधारण देखता है।
मंदिर (Temple) से ही जल निकलता है।
"...तो क्या देखा, कि भवन की देहरी के नीचे से पानी निकलकर पूर्व की ओर बह रहा है..."
– यहेजकेल 47:1 (हिंदी बाइबिल)

ध्यान दें कि नदी कहाँ से शुरू होती है।
राजनीतिक प्रणालियों से नहीं।
मानवीय आविष्कारों से नहीं।
प्राकृतिक झरनों से नहीं।
परमेश्वर की उपस्थिति से।
यह नदी पवित्र स्थान से दूर जाते हुए बड़ी होती जाती है। आम तौर पर नदियाँ फैलने पर कमजोर हो जाती हैं। यहेजकेल की नदी इसके विपरीत करती है।

एक हजार हाथ नापने के बाद: टखनों तक जल (Ankle deep)।

अगले हजार: घुटनों तक (Knee deep)।

अगले हजार: कमर तक (Waist deep)।

अगले हजार: तैरने के योग्य जल (Waters to swim in)।

यह प्रगति अपने आप में चेलेपन (Discipleship) को सिखाती है।

टखने तक का आत्मिक जीवन अधिकतम नियंत्रण (Maximum control) की अनुमति देता है। लोग अभी भी आसानी से दिशा चुनते हैं। कई विश्वासी यहीं बने रहते हैं क्योंकि उथला जल अधिक सुरक्षित महसूस होता है।

घुटने तक का जल समर्पण (Surrender) का परिचय देता है। पूरे पवित्रशास्त्र में घुटने प्रार्थना, नम्रता और निर्भरता का प्रतीक हैं।

कमर तक का जल शक्ति के केंद्रों तक पहुँचता है। प्राचीन सोच में, कमर शक्ति, फलवंता और पहचान का प्रतिनिधित्व करती थी। यहाँ आत्मा और गहरे उद्देश्यों को प्रभावित करना शुरू करती है।

फिर आता है तैरने योग्य जल।

जमीन पर पैर नहीं टिकते (No footing)।

स्व-निर्देशन नहीं (No self-direction)।

आसानी से पीछे हटना संभव नहीं।
अब नदी ही गति को निर्धारित करती है।
यह आत्मा से भरे जीवन का लक्ष्य बन जाता है– व्यक्तित्व का खोना नहीं, बल्कि नियंत्रण का समर्पण।
कई विश्वासी नदी के लाभ तो चाहते हैं लेकिन नदी जैसा समर्पण नहीं चाहते।
फिर भी नदियाँ केवल उसी को आगे ले जाती हैं जो विरोध करना बंद कर देता है।

जहाँ नदी जाती है वहाँ सब कुछ जीवित होता है (Everything Lives Where the River Goes)

यहेजकेल तब पवित्रशास्त्र की सबसे बड़ी आशा से भरी प्रतिज्ञाओं में से एक देता है:
"...और जहाँ जहाँ वह नदी पहुँचे, वहाँ के सब रहने वाले जन्तु जीएं..."
– यहेजकेल 47:9 (हिंदी बाइबिल)

यह कथन आत्मा के मृत्यु-विरोधी स्वभाव को प्रकट करता है।
जहाँ आत्मा चलती है, वहाँ पुनरुत्थान का वातावरण (Resurrection environments) प्रकट होता है।
मरे हुए विवाह जीवित हो उठते हैं।
सूखे प्रार्थना जीवन जाग उठते हैं।

समुदाय बदल जाते हैं।

आशा लौट आती है।

ध्यान दें कि यहेजकेल के दर्शन में खारे समुद्र (खारे पानी / मृत सागर - Dead Sea) को भी चंगाई मिलती है। यह मायने रखता है क्योंकि खारा समुद्र स्वाभाविक रूप से असंभवता का प्रतिनिधित्व करता है। वहाँ कुछ भी महत्वपूर्ण जीवित नहीं बचता।

आत्मा जानबूझकर मृत स्थानों को निशाना बनाती है।

इसलिए नहीं कि वे जीवन के योग्य हैं।

बल्कि इसलिए कि पुनरुत्थान उसके स्वभाव को प्रकट करता है।

कई विश्वासी मान लेते हैं कि कुछ परिस्थितियाँ सुधार से परे हैं।

यहेजकेल की नदी इससे असहमत है।

नदी अपने भीतर पारिस्थितिक तंत्र (Ecosystems) लेकर चलती है।

नदी के किनारों पर पेड़ प्रकट होते हैं।

फल बढ़ते हैं।

पत्ते चंगाई देते हैं।

जीवन फैलता है।

पवित्र आत्मा कभी अकेली यात्रा नहीं करती।

वह अपने साथ वातावरण लेकर चलती है।

विश्वासी का पेट: आंतरिक फव्वारा (The Belly of the Believer)

यीशु झोपड़ियों के पर्व (Feast of Tabernacles) के दौरान खड़े होते हैं और एक आश्चर्यजनक घोषणा करते हैं:

"...यदि कोई प्यासा हो तो मेरे पास आए और पीए।"

– यूहन्ना 7:37 (हिंदी बाइबिल)

फिर वह कहते हैं:

"जो मुझ पर विश्वास करेगा, जैसा पवित्र शास्त्र में आया है, 'उसके हृदय में से जीवन के जल की नदियाँ बह निकलेंगी।'"

– यूहन्ना 7:38 (हिंदी बाइबिल)

जिस शब्द का अनुवाद 'हृदय' या पेट किया गया है, वह सबसे गहरे आंतरिक अस्तित्व (Deepest inner being) की ओर संकेत करता है।

यीशु एक चौंकाने वाला उलटाव प्रस्तुत करते हैं।

मनुष्य आम तौर पर पानी का उपभोग (Consume) करते हैं।

अब मनुष्य जल के वाहक (Water carriers) बन जाते हैं।

विश्वासी उपभोग करने वाले से बदलकर माध्यम (Conduit) बन जाता है।

यह आध्यात्मिकता को पूरी तरह से बदल देता है।
पवित्र आत्मा केवल आंतरिक प्यास को शांत नहीं करती।
वह बहुतायत (Overflow) का निर्माण करती है।
दुनिया इकट्ठा करना सिखाती है।
आत्मा बहुतायत से बहना सिखाती है।
आत्मा से भरे जीवन का सबसे गहरा प्रमाण केवल यह नहीं है कि आपके भीतर क्या प्रवेश करता है।
वह यह है कि आपके माध्यम से क्या बहता है।

आनंद की जल-गतिशीलता: आंतरिक आपूर्ति प्रणालियाँ (The Hydro-Dynamics of Joy)

अधिकांश लोग परिस्थितियों के आधार पर अपने भावनात्मक जीवन का निर्माण करते हैं।
यदि परिस्थितियाँ सुधरती हैं, तो आनंद बढ़ता है।
यदि स्थितियाँ बिगड़ती हैं, तो आनंद समाप्त हो जाता है।
आत्मा एक दूसरी प्रणाली का परिचय देती है।
आंतरिक आपूर्ति (Internal supply)।
यीशु ने सामरी स्त्री से कहा था:
"...परन्तु जो कोई उस जल में से पीएगा जो मैं उसे दूंगा, वह फिर अनन्तकाल तक प्यासा न होगा; वरन

जो जल मैं उसे दूंगा, वह उस में एक सोता बन जाएगा जो अनन्त जीवन के लिये उमड़ता रहेगा।"
– यूहन्ना 4:14 (हिंदी बाइबिल)

भाषा पर ध्यान दें।
उस में (In him)।
उसके आस-पास नहीं।
यह स्पष्ट करता है कि क्यों इतिहास भर में विश्वासी जेलों में आराधना कर सके, सताव में जीवित रह सके, और दुख के दौरान शांति बनाए रख सके।
उनकी आपूर्ति की श्रृंखला (Supply chain) बदल गई थी।
यिर्मयाह ने ऐसे लोगों का वर्णन किया था:
"वह उस वृक्ष के समान होगा जो नदी के तीर पर लगाया जाए और उसकी जड़ जल के पास फैले; जब घाम होगा तब उसको न लगेगा..."
– यिर्मयाह 17:8 (हिंदी बाइबिल)

घाम (गर्मी) अभी भी आती है।
सूखा अभी भी आता है।
कठिनाई अभी भी आती है।
लेकिन नदियों से जुड़ी जड़ें उन मौसमों में भी बची रहती हैं जो उथली प्रणालियों को नष्ट कर देते हैं।

साधारण धूल में नदियाँ (Rivers in Ordinary Dust)

जीवित जल (Living Water) के रूप में पवित्र आत्मा मानवीय बंजरपन के लिए परमेश्वर का उत्तर प्रकट करती है।

सूखा धर्म प्यास को बनाए नहीं रख सकता।

मानवीय प्रयास अंततः खाली हो जाते हैं।

टूटे हुए हौड़ क्रैक (दरार वाले) हो जाते हैं।

लेकिन नदियाँ बनी रहती हैं।

आत्मा विश्वासियों को उथले अनुभवों से आगे गहरे समर्पण में आमंत्रित करती है।

वह मरुस्थलों को बागों में बदल देती है।

वह उपभोग करने वालों को फव्वारों में बदल देती है।

वह आंतरिक जलाशयों का निर्माण करती है जो मरुस्थल के मौसम में भी जीवित रहते हैं।

सवाल यह नहीं है कि जल मौजूद है या नहीं।

सवाल यह है कि आप कितनी गहराई में जाने के लिए तैयार हैं।

क्योंकि टखने तक के धर्म और कमर तक के नियंत्रण से आगे कहीं एक ऐसी नदी मौजूद है जहाँ आपके पैर नीचे जमीन को नहीं छू सकते–और अक्सर वहीं से सबसे गहरे जीवन की शुरुआत होती है।

7: ईश्वरीय मुहर – स्वामित्व और सुरक्षा की कानूनी रूपरेखा (The Divine Seal – The Legal Topography of Ownership and Security)

घनिष्ठता का कानूनी ढांचा: परमेश्वर अपनी चीज़ों पर निशान क्यों लगाता है (Why God Marks What Belongs to Him)

पूरे पवित्रशास्त्र में, पवित्र आत्मा बार-बार गतिशीलता (movement) के माध्यम से खुद को प्रकट करता है–हवा जो चलती है, आग जो जलती है, जल जो बहता है, तेल जो बहता है, सांस जो प्रवेश करती है, और महिमा जो उतरती है। फिर भी यदि हम पवित्र आत्मा का अध्ययन केवल गतिशीलता के माध्यम से करते हैं, तो हम एक उतनी ही महत्वपूर्ण बात को छोड़ देते हैं: अर्थात् स्थायित्व (permanence)। जो परमेश्वर चलता है, वही परमेश्वर निशान (mark) भी लगाता है। आत्मा केवल अनुभव पैदा नहीं करती; वह कानूनी वास्तविकताओं (legal realities) को स्थापित करती है। वह केवल भावनात्मक क्षण पैदा नहीं करती; वह स्वामित्व (ownership) की संरचना को बदल देती है।

आधुनिक विश्वासी अक्सर उद्धार (salvation) को मुख्य रूप से भावनात्मक श्रेणियों के माध्यम से देखते हैं। लोग पूछते हैं कि क्या वे खुद को उद्धार पाया हुआ महसूस करते हैं, क्या वे परमेश्वर के करीब महसूस करते हैं, या क्या वे पर्याप्त आत्मिक महसूस करते हैं। पवित्रशास्त्र बार-बार हमारा ध्यान अस्थिर भावनात्मक बुनियादों से हटाकर वाचा संबंधी वास्तविकताओं (covenantal realities) की ओर मोड़ता है। नया नियम (New Testament) एक ऐसी कानूनी भाषा का परिचय देता है जो विश्वासियों को भावनाओं से कहीं गहरी चीज़ में स्थापित करती है– अर्थात् मुहर लगाने (sealing) की भाषा।

पौलुस लिखता है:

"और उसी में तुम पर भी, जब तुम ने सत्य का वचन सुना, जो तुम्हारे उद्धार का सुसमाचार है, और उस पर विश्वास किया, प्रतिज्ञा किए हुए पवित्र आत्मा की मुहर लगी।"

– इफिसियों 1:13 (हिंदी बाइबिल)

क्रम पर ध्यान दें।

सुनना (Hearing)।

विश्वास करना (Believing)।

मुहर लगना (Sealing)।

पवित्र आत्मा केवल सांत्वना देने वाले के रूप में नहीं बल्कि वाचा के निशान (covenant marker) के रूप में प्रवेश करती है।

यह इसलिए मायने रखता है क्योंकि प्राचीन समाज मुहरों को आधुनिक पाठकों की तुलना में अलग तरह से समझते थे। आज मुहरें अक्सर केवल दस्तावेजों को सजाने के काम आती हैं। प्राचीन मुहरें अर्थव्यवस्थाओं, संपत्ति के अधिकारों, सैन्य अधिकारों, उत्तराधिकार प्रणालियों और कानूनी अनुबंधों (contracts) को नियंत्रित करती थीं। एक मुहर के गंभीर परिणाम होते थे।

इसलिए परमेश्वर ने जानबूझकर कानूनी चित्रों (legal imagery) को चुना क्योंकि उद्धार स्वयं वाचा पर आधारित है। पवित्र आत्मा किसी विश्वासी के जीवन में यूं ही लापरवाही से नहीं आती। वह वाचा के तहत (covenantally) प्रवेश करती है।

बाइबिल के इतिहास में, जब भी परमेश्वर ने किसी चीज़ पर अपना दावा किया, उसने उस पर निशान लगाया। सब्त के दिन पर निशान था। याजकों पर निशान था। फसह के दौरान चौखटों पर निशान था। मिलापवाले तम्बू पर निशान था। वाचा के लोगों पर निशान था।

पवित्रशास्त्र में स्वामित्व (Ownership) अक्सर दिखाई देने वाला अंतर पैदा करता है।

इसलिए मुहर के रूप में आत्मा (Spirit as Seal) एक बुनियादी सवाल का जवाब देती है: स्वर्ग कैसे पहचानता है कि क्या स्वर्ग का है?

सेफ्रागिजो: स्वामित्व की प्राचीन व्यवस्था (The Ancient Mechanics of Ownership)

पौलुस मुहर लगाने की बात करते समय यूनानी शब्द 'सेफ्रागिजो' (*Sephragizo*) का उपयोग करता है। यह शब्द कानूनी प्रणालियों, शाही अदालतों और व्यावसायिक लेन-देन (commercial transactions) से संबंधित था।

प्राचीन शासक अपने पास अनोखे निशानों वाली मुहर की अंगूठियाँ (signet rings) रखते थे। जब राजा राजाज्ञाएँ जारी करते थे, व्यापारी सामान भेजते थे, या राज्यपाल दस्तावेजों को मंजूरी देते थे, तो पिघली हुई मोम या मिट्टी पर उसकी छाप लगाई जाती थी। वह मुहर एक ही समय में कई कार्य करती थी।

पहला, यह स्वामित्व (ownership) को दर्शाती थी। यदि कोई सामान कैसर (Caesar) की मुहर के साथ पहुँचता था, तो हर कोई समझ जाता था कि उसके साथ छेड़छाड़ करने के गंभीर परिणाम होंगे। मुहर

घोषित करती थी: यह किसी सामर्थ्यशाली व्यक्ति का है।

दूसरा, मुहरें प्रामाणिकता (authenticity) की पुष्टि करती थीं।

नकली चीज़ें (Forgery) प्राचीन दुनिया में भी वैसे ही मौजूद थीं जैसे अब हैं। मुहरें स्रोत (origin) की पुष्टि करती थीं। बाहर का निशान प्रमाणित करता था कि भीतर क्या मौजूद है।

तीसरा, मुहरें सुरक्षा (security) प्रदान करती थीं।

किसी अधिकृत मुहर को तोड़ना कानूनी दंड लेकर आता था क्योंकि मुहर उस वस्तु से परे के अधिकार (authority) का प्रतिनिधित्व करती थी।

चौथा, मुहरें सौंपे गए अधिकार (delegated authority) को दर्शाती थीं।

मुहरबंद राजाज्ञाओं को ले जाने वाले संदेशवाहक अक्सर उसी अधिकार के तहत काम करते थे जिस अधिकार के तहत उन्हें भेजने वाला शासक करता था।

ये चारों आयाम पूरी सुंदरता से आत्मा की सेवा को रोशन करते हैं।

स्वामित्व।

प्रामाणिकता।

सुरक्षा।

अधिकार।

पवित्र आत्मा विश्वासियों पर मुहर इसलिए लगाती है क्योंकि स्वर्ग उस चीज़ को पहचानता है जिसे नरक लगातार चुनौती देता है।

पतरस विश्वासियों को याद दिलाता है:

"परन्तु तुम एक चुना हुआ वंश, एक राज-पदधारी याजकों का समाज, और एक पवित्र जाति, और परमेश्वर की निज प्रजा हो..."

– 1 पतरस 2:9 (हिंदी बाइबिल)

अधिकार दर्शाने वाली भाषा पर ध्यान दें।

उसकी प्रजा (His people)।

उसकी निज संपत्ति (His possession)।

उसका स्वामित्व (His ownership)।

मुहर अपनेपन (belonging) की घोषणा करती है।

कब्र की मुहर: जब मानवीय अधिकार का सामना पुनरुत्थान की सामर्थ्य से हुआ (The Tomb Seal)

मुहर लगाने का सबसे नाटकीय उदाहरण यीशु के दफन किए जाने के आस-पास दिखाई देता है।

क्रूस पर चढ़ाए जाने के बाद, धार्मिक नेता रोमी हिंसा से कहीं अधिक पुनरुत्थान की अफवाहों से डरे हुए थे।

वे सुरक्षा की मांग लेकर पीलातुस के पास आए।

मत्ती दर्ज करता है:
"तब वे पहरेदारों को साथ लेकर गए, और पत्थर पर मुहर लगाकर कब्र की रखवाली पक्की कर दी।"
– मत्ती 27:66 (हिंदी बाइबिल)

रोम ने दो प्रणालियों को मिलाया।
सैन्य शक्ति (Military power)।
कानूनी अधिकार (Legal authority)।
पहरेदारों ने बाहरी रूप से रक्षा की।
मुहरों ने कानूनी रूप से रक्षा की।
रोमी मुहर एक गंभीर बात को संप्रेषित करती थी: अनधिकृत हस्तक्षेप (unauthorized interference) के कड़े परिणाम होंगे।
मानवता ने अनिवार्य रूप से यह घोषणा की थी:
यह कब्र बंद रहेगी।
यह देह दफन रहेगी।
यह कहानी यहीं समाप्त रहेगी।
फिर भी पुनरुत्थान की सुबह ने मानवीय अधिकार की सीमाओं को उजागर कर दिया।
स्वर्गदूत ने रोम के साथ धीरे-धीरे कोई समझौता नहीं किया।
उसने पत्थर को हटा दिया।
मुहर टूट गई।

कब्र खुल गई।
क्यों?
क्योंकि मुहरें केवल तब तक प्रभावी रहती हैं जब तक उनसे ऊँचा अधिकार इसकी अनुमति देता है।
यह घटना विश्वासियों के लिए गहराई से उत्साह बढ़ाने वाली बन जाती है।
दुनिया बार-बार लोगों पर मुहर लगाती है।
असफलता पहचान पर मुहर लगा देती है।
पाप साख पर मुहर लगा देता है।
सदमा (आघात) यादों पर मुहर लगा देता है।
पीढ़ियों के पैटर्न अपेक्षाओं पर मुहर लगा देते हैं।
फिर भी पुनरुत्थान बार-बार छोटे दावों को तोड़ देता है।
जब पवित्र आत्मा विश्वासियों पर मुहर लगाती है, तो उसका अधिकार प्रतिस्पर्धी दावों से ऊपर हो जाता है।
कोई भी सांसारिक शक्ति स्वर्ग के निशान से बड़ी नहीं है।

अर्राबोन: मानव धूल के भीतर स्वर्ग का बयाना (Heaven's Deposit Inside Human Dust)

पौलुस इस उपमा का और विस्तार करता है।
"वह पवित्र आत्मा हमारे मिरास का बयाना है, कि उसकी अपनी निज प्रजा का छुटकारा हो..."

– इफिसियों 1:14 (हिंदी बाइबिल)

जिस शब्द का अनुवाद बयाना या गारंटी किया गया है, वह मूल यूनानी में 'अर्राबोन' (*Arrhabon*) है।

यह व्यापार की भाषा (commercial language) थी।

प्राचीन व्यावसायिक लेन-देन में अक्सर भविष्य की पूर्णता की गारंटी के रूप में बयाना (deposits) देने की आवश्यकता होती थी।

बयाना प्रतिबद्धता (commitment) को दर्शाता था।

खरीदार की लौटने की मंशा होती थी।

बयाने के बिना, अनुबंध अनिश्चित रहते थे।

विवाह की प्रथाएँ भी इसी सिद्धांत को दर्शाती थीं।

वाग्दान (सगाई) में ऐसे उपहार शामिल होते थे जो भविष्य की मंशा को प्रदर्शित करते थे।

वह उपहार घोषणा करता था:

मैं लौट रहा हूँ।

इसलिए पवित्र आत्मा मानवता के भीतर स्वर्ग के बयाने (deposit) के रूप में कार्य करती है।

यह इस बात को बदल देता है कि विश्वासी आश्वासन (assurance) को कैसे समझते हैं।

परमेश्वर ने केवल भविष्य के छुटकारे की प्रतिज्ञा नहीं की।

उसने सबूत के रूप में स्वर्ग का एक हिस्सा विश्वासियों के भीतर रख दिया।

रोमियों की पत्री इसकी गूंज दोहराती है:

"आत्मा आप ही हमारी आत्मा के साथ गवाही देता है, कि हम परमेश्वर की सन्तान हैं।"

– रोमियों 8:16 (हिंदी बाइबिल)

आत्मा आंतरिक गवाही (internal testimony) बन जाती है।

जीवित प्रमाण।

भविष्य की गारंटी।

विश्वासियो के भीतर आत्मा की उपस्थिति का अर्थ यह है कि पूर्णता की प्रतीक्षा करते हुए भी उद्धार का अनुभव पहले से ही आंशिक रूप से किया जा रहा है।

यह एक गहरी आशा पैदा करता है।

परमेश्वर जिसे खरीदता है, उसे पूरा करता है।

कोमल हृदय और स्थायी छाप (Soft Hearts and Permanent Impressions)

प्राचीन मुहरों के लिए नरम सामग्री की आवश्यकता होती थी।

मोम को पिघलना पड़ता था।

मिट्टी में लचीलापन (flexibility) चाहिए होता था।

कठोर सतहें छापों का विरोध करती थीं।

यह आत्मिक रूप से महत्वपूर्ण बन जाता है।

परमेश्वर बार-बार मानवीय कठोरता को संबोधित करता है।

यहेजकेल ने भविष्यवाणी की थी:

"मैं तुम को नया मन दूंगा, और तुम्हारे भीतर नई आत्मा उत्पन्न करूँगा; और तुम्हारी देह में से पत्थर का हृदय निकाल कर तुम को मांस का हृदय दूंगा।"

– यहेजकेल 36:26 (हिंदी बाइबिल)

पत्थर के हृदय छापों का विरोध करते हैं।

कोमल हृदय उन्हें स्वीकार करते हैं।

यह स्पष्ट करता है कि क्यों दोषसिद्धि (कायल होना) अक्सर परिवर्तन से पहले आती है।

आत्मा मुहर लगाने से पहले कोमल करती है।

आग पिघलाती है।

पश्चाताप कोमल करता है।

अनुग्रह नया आकार देता है।

फिर छापें बनी रहती हैं।

पौलुस बाद में चेतावनी देता है:

"और परमेश्वर के पवित्र आत्मा को शोकित मत करो, जिस से तुम पर छुटकारे के दिन के लिये मुहर दी गई है।"

– इफिसियों 4:30 (हिंदी बाइबिल)

शब्दों पर ध्यान दें।

यह नहीं लिखा कि अगली असफलता तक मुहर लगी है।

भावनात्मक संघर्ष तक मुहर लगी है, ऐसा नहीं है।

छुटकारे के दिन के लिए (for the day of redemption) मुहर लगी है।

विश्वासी ठोकर खा सकते हैं, संघर्ष कर सकते हैं, आत्मा को शोकित कर सकते हैं, और उन्हें सुधार की आवश्यकता हो सकती है, फिर भी भाषा वाचा पर आधारित बनी रहती है।

निशान बना रहता है।

आपके जीवन पर शाही हस्ताक्षर (The Imperial Signature Upon Your Life)

कई विश्वासी इस तरह जीते हैं मानो असुरक्षा ही नम्रता का सम्मान करती हो।

पवित्रशास्त्र अलग सिखाता है।

परमेश्वर की वाचा पर भरोसा रखना घमंड नहीं है।

यह सहमति (agreement) है।

जब स्वर्ग ने आप पर मुहर लगाई, तो पहचान बदल गई।

स्वामित्व बदल गया।

नागरिकता बदल गई।

पौलुस लिखता है:

"और जो हमें तुम्हारे साथ मसीह में दृढ़ करता है, और जिसने हमारा अभिषेक किया वही परमेश्वर है। जिसने हम पर मुहर भी की और बयाने में आत्मा को हमारे मनों में दिया।"

– 2 कुरुन्थियों 1:21-22 (हिंदी बाइबिल)

ध्यान दें कि ये विषय कैसे आपस में मिलते हैं।

अभिषेक (Anointing)।

मुहर लगाना (Sealing)।

बयाना या गारंटी (Guarantee)।

आत्मा एक ही समय में सामर्थ्य देती है, निशान लगाती है, और सुरक्षित करती है।

इसलिए जब शत्रु विश्वासियों का सामना करता है, तो उसका सामना केवल नाजुक मानवता से नहीं होता। उसका सामना उस मानवता से होता है जिस पर निशान लगा है।

खरीदी हुई मानवता।

मुहर लगी हुई मानवता।

आपकी पहचान भावनात्मक स्थिरता से बंधी नहीं है। यह वाचा की वास्तविकता (covenant reality) से बंधी है।

वह निशान जिसे स्वर्ग पहचानता है (The Mark That Heaven Recognizes)

मुहर के रूप में पवित्र आत्मा पवित्रशास्त्र के सबसे गहरे दिलासों में से एक को प्रकट करती है।

आप अपना जीवन उसके चले जाने के डर से घबराते हुए परमेश्वर को बेताबी से थामने की कोशिश में नहीं बिताते।

वह मुहर लगाता है।

वह निशान लगाता है।

वह दावा करता है।

वह खुद को विश्वासियों के भीतर बयाने के रूप में रख देता है, जो इस बात का सबूत है कि उद्धार अभी भी सक्रिय है।

जब संदेह आते हैं, मुहर बनी रहती है।

जब परीक्षाएँ आती हैं, मुहर बनी रहती है।

जब भावनाओं में उतार-चढ़ाव आता है, मुहर बनी रहती है।

आत्मा का निशान भावनाओं से कहीं गहरा है क्योंकि वाचा की वास्तविकताएँ हमेशा भावनात्मक मौसमों से ज़्यादा टिकती हैं।

राजा ने अपनी मुहर की अंगूठी को मानवीय धूल के भीतर पहले ही दबा दिया है।

और स्वर्ग अपने खुद के हस्ताक्षर को पहचानता है।

8: सात दीपकों का दीवट – ईश्वरीय प्रकाश की ज्यामिति (The Sevenfold Lampstand – The Geometry of Divine Illumination)

ब्रह्मांडीय दृष्टि की शारीरिक संरचना: मानवता स्वर्गीय ज्योति के बिना क्यों नहीं देख सकती (Why Humanity Cannot See Without Heaven's Light)

मानवता के भीतर खुद की देखने की क्षमता पर हमेशा से एक खतरनाक भरोसा रहा है। सभ्यता आगे बढ़ती है, तकनीक में सुधार होता है, शिक्षा का विस्तार होता है, और जानकारी (information) कई गुना बढ़ जाती है, फिर भी बुनियादी आत्मिक समस्या अपरिवर्तित बनी रहती है: मनुष्य आज भी वास्तविकता को सही ढंग से परखने के लिए संघर्ष करता है। हम अरबों मील दूर आकाशगंगाओं की जाँच करने के लिए पर्याप्त शक्तिशाली दूरबीन (telescopes) बनाते हैं, जबकि अपने स्वयं के प्राण (soul) की स्थिति को स्वाभाविक रूप से देखने में असमर्थ रहते हैं। यह विरोधाभास (paradox) स्पष्ट करता है कि क्यों पवित्रशास्त्र पतित मानवता का वर्णन मुख्य रूप से कमजोर के रूप में नहीं, बल्कि अंधे (blind) के रूप में करता है। अंधेपन की सबसे बड़ी त्रासदी देखने की

असमर्थता नहीं है–यह विश्वास करना है कि आप पहले से ही देख सकते हैं।

बाइबिल लगातार आत्मिक अंधेपन (spiritual blindness) को मानवता की सबसे गहरी समस्याओं में से एक के रूप में प्रस्तुत करती है। आदम और हवा ने पाप इसलिए किया क्योंकि उन्होंने वास्तविकता को गलत समझा। इस्राएल बार-बार इसलिए भटका क्योंकि उन्होंने परमेश्वर के कार्य को गलत पढ़ा। धार्मिक नेताओं ने पवित्रशास्त्र का अध्ययन करते हुए भी यीशु को खारिज कर दिया क्योंकि उन्होंने प्रकटीकरण (revelation) की गलत व्याख्या की। अंधापन केवल जानकारी की अनुपस्थिति नहीं है; यह विकृत व्याख्या है। इसलिए पवित्र आत्मा केवल विश्वासियों को सांत्वना देने के लिए नहीं आती, बल्कि परखने की क्षमता (perception) को ही पुनर्स्थापित करने के लिए आती है। वह स्वर्ग का सुधारात्मक लेंस (corrective lens) बन जाती है।

पौलुस लिखता है:

"और तुम्हारे मन की आँखें ज्योतिर्मय हों कि तुम जान लो कि उसकी बुलाहट की आशा क्या है..."

– इफिसियों 1:18 (हिंदी बाइबिल)

ध्यान दें कि पौलुस मन (समझ) की आँखों के ज्योतिर्मय होने की प्रार्थना करता है, नए दिमाग की नहीं। ऐसा इसलिए है क्योंकि आत्मिक परख के लिए जानकारी जमा करने से ज़्यादा प्रकाश (illumination) की आवश्यकता होती है। कई विश्वासी मान लेते हैं कि परिवर्तन मुख्य रूप से अधिक जानकारी इकट्ठा करने से आता है। पवित्रशास्त्र बार-बार किसी गहरी चीज़ की ओर संकेत करता है: प्रकाश उस चीज़ को बदल देता है जिसे केवल जानकारी नहीं बदल सकती। एक व्यक्ति बाइबिल के तथ्यों को जान सकता है और फिर भी अंधकार में चल सकता है। आत्मा जानकारी को दृष्टि (sight) में बदल देती है।

यह विषय प्रकाशितवाक्य की किताब में अपने सबसे ऊंचे रूपों में से एक पर पहुँचता है जब यूहन्ना स्वर्ग के सिंहासन के कमरे में प्रवेश करता है। सांसारिक भाषा का उपयोग करके अनंत काल का वर्णन करने का प्रयास करते हुए, वह कुछ असाधारण देखता है: "और उस सिंहासन के सामने आग के सात दीपक जल रहे थे, ये परमेश्वर की सात आत्माएँ हैं।"
– प्रकाशितवाक्य 4:5 (हिंदी बाइबिल)
पहली नज़र में यह भाषा भ्रमित करने वाली लगती है। क्या परमेश्वर के पास सात पवित्र आत्माएँ हैं?

पवित्रशास्त्र लगातार ईश्वरीय एकता (divine unity) की शिक्षा देता है, इसलिए कुछ गहरा घटित हो रहा है। बाइबिल की सोच में, सात का अंक पूर्णता, समग्रता, वाचा की परिपूर्णता (covenant perfection) और संपूर्णता को संप्रेषित करता है। यूहन्ना पवित्र आत्मा को टुकड़ों में विभाजित नहीं देख रहा है बल्कि उसकी संपूर्ण परिपूर्णता में प्रदर्शित देख रहा है। सिंहासन के सामने खड़ी आत्मा मानव अंधेपन के हर एक आयाम के लिए पूरी तरह से पर्याप्त (sufficient) है।

अंधकार की त्रासदी केवल यह नहीं है कि यह बाधाओं को छिपा देता है; अंधकार व्याख्या (interpretation) को बदल देता है। अंधकार में, लोग परछाइयों को वास्तविकता समझकर भ्रमित हो जाते हैं। वे भ्रमों का पीछा करते हुए आशीषों पर ठोकर खाते हैं। इसलिए पवित्र आत्मा मानव जीवन में केवल आत्मिक अनुभव पैदा करने के लिए प्रवेश नहीं करती बल्कि परखने की क्षमता को पुनर्व्यवस्थित करने के लिए आती है। आत्मा भ्रमित लोगों को परखने वाले (discerning) लोगों में बदल देती है क्योंकि प्रकाश ही दिशा-निर्देश (navigation) को बदल देता है।

दीवट का खाका: स्वर्ग की सुनहरी ज्यामिति (The Menorah Blueprint)

इससे बहुत पहले कि यूहन्ना ने स्वर्ग में सात दीपक देखे, मूसा ने पृथ्वी पर सात दीपक बनाए थे। परमेश्वर ने इस्राएल को पवित्र स्थान (Holy Place) के भीतर दीवट (Menorah) का निर्माण करने का निर्देश दिया क्योंकि वहाँ किसी भी प्राकृतिक प्रकाश स्रोत (natural light source) की अनुमति नहीं थी। यह विवरण आसानी से अनदेखा कर दिया जाता है लेकिन अत्यधिक महत्वपूर्ण है। परमेश्वर ने जानबूझकर एक ऐसा वातावरण बनाया जहाँ केवल प्राकृतिक दृष्टि ही अपर्याप्त हो गई।

"फिर चोखे सोने का एक दीवट बनाना..."

– निर्गमन 25:31 (हिंदी बाइबिल)

पवित्र स्थान में कोई खिड़की नहीं थी क्योंकि आत्मिक वास्तविकताएँ अंततः प्राकृतिक प्रकाश पर निर्भर नहीं रह सकतीं। मानवीय बुद्धि, प्राकृतिक प्रतिभा और सांसारिक ज्ञान की सीमाएँ होती हैं। परमेश्वर शुरू से ही इस्राएल को सिखा रहा था कि पवित्र स्थानों के लिए पवित्र ज्योति (sacred light) की आवश्यकता होती है।

वह दीवट स्वयं असाधारण था। अन्य वस्तुओं के विपरीत जिन्हें अलग-अलग टुकड़ों से जोड़ा जा सकता

था, दीवट को सोने के एक ही टुकड़े से गढ़कर (beaten/hammered) बनाना था। हर एक डाल एक ही एकीकृत स्रोत से निकलती थी। इसका अर्थ यह है कि विभाजन के बिना विविधता (diversity) मौजूद थी। एक ही मूल से कई अभिव्यक्तियाँ बहती थीं।

निर्माण की प्रक्रिया भी मायने रखती है। दीवट को आकार देने के लिए उस पर बार-बार हथौड़े से चोट की गई थी (hammered)। दबाव ने सुंदरता को आकार दिया। चोट ने संरचना का निर्माण किया। यह पैटर्न पूरे आत्मिक निर्माण (spiritual formation) के दौरान खुद को दोहराता है। परमेश्वर अक्सर उन मौसमों के माध्यम से प्रकाश को आकार देता है जिनका विश्वासी शुरू में विरोध करते हैं। हथौड़े की चोट अस्वीकृति को नहीं दर्शाती। कभी-कभी हथौड़ा मारना क्षमता (capacity) का निर्माण करता है।

बीच का खंभा बाहर की ओर फैली छह डालियों को सहारा देता था। मिलकर वे सात लौ पैदा करते थे। यह चित्र स्वयं धर्मविज्ञान को संप्रेषित करता है: परमेश्वर का प्रकाश हमेशा ईश्वरीय स्रोत से बाहर की ओर बहता है। मनुष्य स्वतंत्र रूप से प्रकाश उत्पन्न नहीं करते। वे इसे प्राप्त और प्रसारित (transmit) करते हैं।

याजक प्रतिदिन दीवट की देखरेख भी करते थे। बत्तियों को छांटने (trimming) की आवश्यकता होती थी। तेल को दोबारा भरने की आवश्यकता होती थी। राख को हटाने की आवश्यकता होती थी। यह एक ऐसी बात सिखाता है जिसे कई विश्वासी अनदेखा कर देते हैं: प्रकाश के लिए देखरेख (stewardship) की आवश्यकता होती है। एक उपेक्षित दीपक अंततः धुंधला हो जाता है। आत्मिक स्पष्टता के लिए अक्सर निरंतर रखरखाव की आवश्यकता होती है।

दीवट के संबंध में परमेश्वर की आज्ञा सरल थी:

"और तू इस्राएलियों को आज्ञा देना कि वे तेरे पास उजियाले के लिये कूटकर निकाला हुआ जलपाई का चोखा तेल ले आएं, जिस से दीपक निरन्तर जलता रहे।"

– निर्गमन 27:20 (हिंदी बाइबिल)

निरंतर ज्योति के लिए निरंतर तेल की आवश्यकता थी।

यशायाह का सात गुना आव्यूह: ईश्वरीय प्रकाश की संपूर्ण शारीरिक संरचना (Isaiah's Sevenfold Matrix)

सात सदियों बाद यशायाह उस अर्थ को खोलता है जो दीवट की वास्तुकला के भीतर छिपा हुआ था। वह

मसीहा (Messiah) के संबंध में भविष्यवाणी करता है:

"और यहोवा की आत्मा, बुद्धि और समझ की आत्मा, युक्ति और पराक्रम की आत्मा, और ज्ञान और यहोवा के भय की आत्मा उस पर ठहरी रहेगी।"

– यशायाह 11:2 (हिंदी बाइबिल)

यह स्वर्ग का प्रकाश आव्यूह (illumination matrix) बन जाता है।

बीच का खंभा स्वयं 'यहोवा की आत्मा' बना रहता है–वह स्रोत जिससे हर दूसरा कार्य बहता है। कार्य से पहले सब कुछ उपस्थिति (presence) से शुरू होता है। आधुनिक विश्वासी अक्सर रिश्ते की उपेक्षा करते हुए आत्मिक क्षमताओं के पीछे भागते हैं। यशायाह उपस्थिति से शुरुआत करता है क्योंकि उपस्थिति ही बाकी हर चीज़ को बनाए रखती है।

बुद्धि (wisdom) और समझ (understanding) की आत्मा पहली जोड़ी बनाती है। बुद्धि अनुप्रयोग (application) के प्रश्नों का उत्तर देती है। समझ व्याख्या (interpretation) के प्रश्नों का उत्तर देती है। बुद्धि पूछती है, "मुझे क्या करना चाहिए?" समझ पूछती है, "यह क्यों मायने रखता है?" मिलकर वे जल्दबाज़ी वाले आत्मिक जीवन और उथले निर्णय लेने से रोकते हैं।

युक्ति (counsel) और पराक्रम (might) की आत्मा एक और जोड़ी बनाती है। युक्ति ईश्वरीय रणनीति (divine strategy) प्रदान करती है। पराक्रम रणनीति को पूरा करने के लिए शक्ति (strength) प्रदान करता है। कई लोगों के पास योजनाएँ होती हैं लेकिन साहस की कमी होती है। दूसरों के पास दिशा के बिना साहस होता है। आत्मा रणनीति को क्रियान्वयन (execution) के साथ जोड़ती है।

ज्ञान (knowledge) और यहोवा का भय (fear of the Lord) इस संरचना को पूरी सुंदरता से समाप्त करते हैं। ज्ञान घनिष्ठता (intimacy) पैदा करता है। यहोवा का भय आदर (reverence) को सुरक्षित रखता है। आदर के बिना घनिष्ठता लापरवाही वाला आत्मिक जीवन पैदा करती है। घनिष्ठता के बिना आदर दूरी पैदा करता है। आत्मा दोनों को संतुलित करती है।

इस संरचना की परिपूर्णता एक महत्वपूर्ण बात प्रकट करती है: पवित्र आत्मा शायद ही कभी विश्वासियों को केवल एक-आयामी (one dimensionally) रूप से विकसित करती है। वह संतुलन (equilibrium) बनाती है। परिपक्व आत्मिकता के लिए संतुलन आवश्यक है।

तेल, बत्ती, और लौ: प्रकाश की गुप्त कार्यप्रणाली (Oil, Wick, and Flame)

प्राचीन दीपक सहयोग के माध्यम से कार्य करते थे। सोना संरचना प्रदान करता था। तेल ईंधन प्रदान करता था। बत्ती संपर्क प्रदान करती थी। एक तत्व को हटा दें और अंधकार लौट आता था।

बत्ती (wick) शायद सबसे गहरा पाठ प्रदान करती है। अपने आप में, एक बत्ती बहुत बुरी तरह जलती है। यह धुआं पैदा करती है, तेजी से जलती है, और अवशेष छोड़ देती है। मानवीय शक्ति अक्सर इसी तरह काम करती है। लोग व्यक्तिगत प्रयास के माध्यम से मंत्रालयों, परिवारों, नेतृत्व की जिम्मेदारियों और आत्मिक जीवन को बनाए रखने की कोशिश करते हैं जब तक कि थकावट अपरिहार्य न हो जाए।

यीशु ने कहा था:

"...क्योंकि मुझसे अलग होकर तुम कुछ भी नहीं कर सकते।"

– यूहन्ना 15:5 (हिंदी बाइबिल)

यह कथन तब तक अत्यधिक गंभीर लगता है जब तक आप दीपक की कार्यप्रणाली को नहीं समझते। बत्ती को कभी भी ईंधन का स्रोत (fuel source) बनने के लिए तैयार नहीं किया गया था।

और न ही हमें।

हालाँकि, जब तेल में डूबा दिया जाता था, तो बत्ती का कार्य बदल जाता था। बारीक छिद्रों के खिंचाव (capillary action) के माध्यम से, तेल लगातार ऊपर की ओर यात्रा करता था। दिखाई देने वाली लौ इसलिए मौजूद थी क्योंकि अदृश्य ईंधन मौजूद रहता था।

यह आत्मा से सशक्त जीवन (Spirit-empowered living) है।

पवित्र आत्मा आपूर्ति करती है।

मानवता समर्पित होती है।

ज्योति प्रकट होती है।

थकावट (Burnout) अक्सर तब होती है जब विश्वासी अनजाने में तेल के बजाय बत्ती को जलाना शुरू कर देते हैं।

प्रबुद्ध मन: आत्मा मानवीय सोच को कैसे बदलती है (The Illumined Mind)

पौलुस लिखता है:

"इसी रीति से परमेश्वर की बातें भी कोई नहीं जानता, केवल परमेश्वर का आत्मा।"

– 1 कुरुन्थियों 2:11 (हिंदी बाइबिल)

यह वचन मौलिक रूप से मानवीय बुद्धि को नम्र करता है। बुद्धिमत्ता मूल्यवान है। शिक्षा मायने रखती

है। अध्ययन आवश्यक है। फिर भी इनमें से कोई भी अकेले आत्मिक परख का निर्माण नहीं करता।

केवल आत्मा ही परमेश्वर की गहराइयों को खोजती है।

इसका अर्थ है कि प्रकटीकरण (revelation) रिश्ते पर आधारित है।

कई विश्वासी गवाही देते हैं कि जिन वचनों की पहले उपेक्षा की गई थी, वे अचानक जीवित हो गए। जो पवित्रशास्त्र कभी भ्रमित करता था, वह अचानक आपस में जुड़ गया। पैटर्न अप्रत्याशित रूप से उभर आए।

वही प्रकाश (illumination) है।

दीवट और अधिक चमकीला जल उठा।

आत्मा केवल भावनाओं को नहीं बल्कि स्वयं संज्ञान (cognition/सोच) को बदल देती है। वह परख, व्याख्या और विवेक (discernment) को उन्नत (upgrade) करती है।

अंधकारमय स्थानों में दीवट बनना (Becoming a Lampstand in Dark Places)

यीशु का यह उद्देश्य कभी नहीं था कि विश्वासी केवल ज्योति की प्रशंसा करें

उसका उद्देश्य यह था कि विश्वासी इसे लेकर चलें।

आत्मा अब भी दीपकों को भरती है।
अब भी तेल की आपूर्ति करती है।
अब भी बत्तियों को छांटती है।
अब भी भ्रमित मनों को रोशन करती है।
अंधकार कई स्थानों पर मजबूत बना हुआ है, लेकिन अंधकार की हमेशा से एक कमजोरी रही है:
ज्योति के आते ही यह गायब हो जाता है।
सात दीपकों का दीवट विश्वासियों को याद दिलाता है कि आत्मिक परिपक्वता केवल जुनून नहीं है।
यह प्रकाश से भरा हुआ जीवन (illuminated living) है।
और जब आत्मा मानव प्राणों की आंतरिक संरचना को प्रज्वलित करती है, तो साधारण लोग चलते-फिरते दीवट बन जाते हैं जो अंधकारमय स्थानों में स्वर्ग के ज्ञान को लेकर चलते हैं।

9: संप्रभु आवंटन – करिश्मा और आत्मिक वितरण की कार्यप्रणाली (The Sovereign Allocation – The Mechanics of Charismata and Spiritual Distribution)

त्रिएक का विविधीकरण: आत्मा खुद को क्यों बांटती है (Why the Spirit Distributes Himself)

पवित्र आत्मा (Holy Spirit) के संबंध में फैली सबसे बड़ी गलतफहमियों में से एक यह धारणा है कि उसका कार्य व्यक्तिगत परिवर्तन (personal transformation) पर ही समाप्त हो जाता है। कई विश्वासी आत्मा की कल्पना मुख्य रूप से सांत्वना देने वाले (comforter), सहायक (helper), सलाहकार (counselor), या निजी मार्गदर्शक (private guide) के रूप में करते हैं। जबकि वह निश्चित रूप से इन कार्यों को पूरा करता है, पवित्रशास्त्र बार-बार एक बहुत बड़ा चित्र प्रस्तुत करता है। पवित्र आत्मा केवल व्यक्तियों को आकार नहीं दे रहा है; वह एक कार्यात्मक जीव (functioning organism) का निर्माण कर रहा है। वह एक देह (Body) बना रहा है। वह रणनीतिक वितरण (strategic distribution) के माध्यम से मानव इतिहास में ईश्वरीय गतिविधि को व्यवस्थित कर रहा है।

व्यक्तिगत आत्मिकता से लेकर सामूहिक कार्यप्रणाली (corporate functionality) तक का यह परिवर्तन स्पष्ट करता है कि क्यों पवित्रशास्त्र प्रकाश (illumination) की चर्चा से हटकर सशक्तिकरण (empowerment) की चर्चा की ओर बढ़ता है। पवित्र आत्मा का यह उद्‌देश्य कभी नहीं था कि विश्वासी आत्मिक रूप से प्रबुद्‌ध दर्शक (spectators) बनकर रह जाएँ। उसका उद्‌देश्य था कि वे ईश्वरीय गतिविधि में भागीदार (participants) बनें। आत्मा केवल आंतरिक अंधेपन को चंगा नहीं करती; वह पुनर्स्थापित लोगों को राज्य के सौंपे गए कार्यों (kingdom assignments) में गतिशील करती है।

पौलुस कुरुन्थुस की एक ऐसी कलीसिया (Church) को संबोधित करता है जिसके पास वास्तविक अलौकिक गतिविधियाँ तो थीं लेकिन व्यवस्था (order) की कमी थी। कुरुन्थुस के लोग परिपक्वता (maturity) की उपेक्षा करते हुए प्रकटीकरणों (manifestations) के प्रति आकर्षित हो गए थे। वे दाता (Giver) को भूलकर दिखाई देने वाले वरदानों को महत्व दे रहे थे। इसी भ्रम के बीच पौलुस आत्मिक सशक्तिकरण को समझने के लिए सबसे महत्वपूर्ण ढाँचों में से एक को पेश करता है।

"वरदान तो कई प्रकार के हैं, परन्तु आत्मा एक ही है।"

– 1 कुरुन्थियों 12:4 (हिंदी बाइबिल)

ध्यान दें कि पौलुस विविधता (diversity) से शुरुआत करता है।

अंतर होना कोई खराबी (dysfunction) नहीं है।

विविधता जानबूझकर रखी गई है।

पवित्र आत्मा विविधता में आनंद लेती है क्योंकि विविधता ईश्वरीय रचनात्मकता (divine creativity) को दर्शाती है। एकरूपता (Uniformity) कभी परमेश्वर का लक्ष्य नहीं था। एकता (Unity) थी।

यह तुरंत कलीसिया के भीतर तुलना करने की संस्कृति (comparison culture) को नष्ट कर देता है। आत्मा जानबूझकर अलग-अलग वितरण करती है क्योंकि अलग-अलग कार्यों के लिए अलग-अलग उपकरणों (equipment) की आवश्यकता होती है। एक अस्पताल, युद्धक्षेत्र, कक्षा और पारिवारिक मिलन के लिए अलग-अलग औज़ारों की आवश्यकता होती है। इसी तरह, परमेश्वर के राज्य को ईश्वरीय गतिविधि की कई अभिव्यक्तियों की आवश्यकता होती है जो एक साथ कार्य करें।

कई विश्वासी इसलिए निराश रहते हैं क्योंकि वे सालों किसी दूसरे के कार्य का पीछा करने में बिता देते हैं। पवित्र आत्मा शायद ही कभी खुद को अनावश्यक रूप से दोहराती है। वह रणनीतिक रूप से आवंटन (distribution) करती है।

इसलिए, इस अध्याय की शुरुआत स्वयं वरदानों से नहीं बल्कि उन्हें बांटने वाले परमेश्वर से होती है।

सशक्तिकरण की शब्दावली: स्वर्ग की वितरण प्रणाली को समझना (Understanding Heaven's Distribution System)

पौलुस तीन मुख्य शब्दों का परिचय देता है।

"वरदान तो कई प्रकार के हैं, परन्तु आत्मा एक ही है। और सेवाएँ कई प्रकार की हैं, परन्तु प्रभु एक ही है। और प्रभावशाली कार्य कई प्रकार के हैं, परन्तु परमेश्वर एक ही है, जो सब में हर प्रकार का प्रभाव उत्पन्न करता है।"

– 1 कुरुन्थियों 12:4-6 (हिंदी बाइबिल)

ये शब्द एक धर्मविज्ञानी खाका (theological blueprint) तैयार करते हैं।

करिश्मा (*Charismata* - वरदान)।

डियाकोनिया (*Diakonia* - सेवा)।

एनर्जैमा (*Energema* - प्रभावशाली कार्य)।

ये मिलकर समझाते हैं कि कैसे स्वर्ग पृथ्वी को छूता है।

करिश्मा (*Charismata*) अनुग्रह (grace) से आता है। ये अनुग्रह के पार्सल (grace parcels) हैं। वरदान कोई वेतन नहीं है जो प्रदर्शन के माध्यम से कमाया जाता है। वे बिना योग्यता के मिलने वाले सशक्तिकरण (underved empowerments) हैं। यह गहराई से नम्र करने वाला है क्योंकि यह घमंड को हटा देता है। कोई भी अपनी बुद्धि, व्यक्तित्व या सामाजिक स्थिति के बल पर अलौकिक वरदान अर्जित नहीं करता है।

यह स्पष्ट करता है कि क्यों पवित्रशास्त्र बार-बार परमेश्वर के चुनावों से पाठकों को चौंका देता है। चरवाहे राजा बन जाते हैं। मछुआरे प्रेरित (apostles) बन जाते हैं। किसान भविष्यद्वक्ता (prophets) बन जाते हैं। चुंगी लेने वाले सुसमाचार प्रचारक (evangelists) बन जाते हैं। अनुग्रह बार-बार मानवीय रैंकिंग प्रणालियों को तोड़ देता है।

डियाकोनिया (*Diakonia*) सेवा की संरचनाओं (service structures) की ओर संकेत करता है। वरदानों को संदर्भ (context) की आवश्यकता होती है। बिना कार्य के वरदान निराशा बन जाता है। आत्मा

सशक्तिकरण प्रदान करती है जबकि मसीह स्थान (placement) स्थापित करता है।

कई लोग सेवा के बिना वरदान चाहते हैं।

पवित्रशास्त्र उन्हें एक साथ जोड़ता है।

फिर आता है एनर्जैमा (*Energema*)।

यह शब्द परिचालन, ऊर्जा, गतिविधि और कार्य करने वाली सामर्थ्य (working power) का परिचय देता है। आत्मा केवल वरदान नहीं देती–वह परिणामों को ऊर्जा (energizes) भी देती है।

इसका अर्थ यह है कि आत्मिक वरदान कोई स्थिर वस्तुएँ नहीं हैं जो विश्वासियों के भीतर जमा औज़ारों की तरह बैठी रहें। वे गतिशील परिचालन (dynamic operations) हैं जिनके लिए ईश्वरीय सक्रियता (divine activation) की आवश्यकता होती है।

पौलुस सब कुछ संक्षेप में बताता है:

"परन्तु सब के लाभ के लिये हर एक को आत्मा का प्रकाश दिया जाता है।"

– 1 कुरुन्थियों 12:7 (हिंदी बाइबिल)

प्रकाश या प्रकटीकरण (Manifestation) का अर्थ अनावरण (unveiling) है।

दिखाई देने वाला बनाना।

छिपी हुई वास्तविकताओं को बाहर खींचना।

इसलिए आत्मिक वरदान ऐसे क्षण हैं जहाँ अदृश्य गतिविधि अस्थायी रूप से दिखाई देने वाली (observable) बन जाती है।

प्रकटीकरण (प्रकाशन) के वरदान: वह देखना जो मानवीय आँखें नहीं देख सकतीं (Revelation Gifts)

पौलुस उन प्रकटीकरणों का वर्णन करना शुरू करता है जो ऐसी जानकारी को प्रकट करते हैं जो सामान्य साधनों के माध्यम से अप्राप्य है। ये वरदान खिड़कियों की तरह काम करते हैं।

पहला है बुद्धि का वचन (Word of Wisdom)।

बुद्धि बुद्धिमत्ता (intelligence) से भिन्न होती है। बुद्धिमत्ता डेटा इकट्ठा करती है। बुद्धि स्वर्ग के दृष्टिकोण को लागू करती है। पूरे पवित्रशास्त्र में, संकट के क्षणों में अक्सर जानकारी के बजाय बुद्धि की आवश्यकता होती थी।

यूसुफ ने अकाल से निपटने के लिए बुद्धि का उपयोग किया।

सुलेमान ने न्याय करने के लिए बुद्धि का उपयोग किया।

शुरुआती कलीसिया ने संघर्षों को सुलझाने के लिए बुद्धि का उपयोग किया।

आत्मा आज भी बुद्धि देती है क्योंकि जटिलता (complexity) आज भी बनी हुई है।

ज्ञान का वचन (Word of Knowledge) अलग तरह से कार्य करता है।

ज्ञान के वरदान उन तथ्यों को प्रकट करते हैं जो प्राकृतिक खोज के माध्यम से अज्ञात हैं।

यह कोई आत्मिक श्रेष्ठता (spiritual superiority) पैदा नहीं करता।

यह उपयोगिता (usefulness) पैदा करता है।

ज्ञान के वरदान पूरे पवित्रशास्त्र में बार-बार दिखाई देते हैं।

यीशु सामरी स्त्री के बारे में बारीक बातें जानते थे।

पतरस ने हनन्याह और सफीरा के धोखे को परख लिया।

भविष्यद्वक्ता अक्सर छिपी हुई वास्तविकताओं को पहचान लेते थे।

इसका उद्देश्य मनोरंजन नहीं था।

इसका उद्देश्य हस्तक्षेप (intervention) था।

फिर आता है आत्माओं की परख (Discerning of spirits)।

यह वरदान तेजी से आवश्यक हो गया है क्योंकि दिखावा धोखा देता है।

हर एक आत्मिक चीज़ परमेश्वर से उत्पन्न नहीं होती।

हर एक भावनात्मक माहौल ईश्वरीय नहीं होता।

हर एक आश्चर्यकर्म ईश्वरीय स्रोत को प्रमाणित नहीं करता।

परख रक्षा करती है।

परख स्पष्ट करती है।

परख उजागर करती है।

आत्मा प्रकटीकरण इसलिए देती है क्योंकि युद्ध अक्सर दृष्टिकोण (perception) से शुरू होते हैं।

सामर्थ्य के वरदान: जब स्वर्ग प्राकृतिक प्रणालियों में हस्तक्षेप करता है (Power Gifts)

सामर्थ्य के वरदान ईश्वरीय गतिविधि के एक और आयाम को प्रकट करते हैं।

ये प्रकटीकरण मुख्य रूप से जानकारी का संचार नहीं करते।

ये हस्तक्षेप (intervention) का निर्माण करते हैं।

इस संदर्भ में, विश्वास (Faith) का वरदान उद्धार पाने वाले विश्वास से भिन्न है।

हर एक विश्वासी विश्वास का अभ्यास करता है।

विश्वास का वरदान एक असामान्य निश्चितता (unusual certainty) की ओर संकेत करता है।

अचानक आने वाला भरोसा।

अटल दृढ़ता (unshakable conviction)।

यह विश्वास अपने साथ जुड़े हुए अधिकार (authority) के साथ आता है।

बाइबिल के उदाहरण बार-बार दिखाई देते हैं।

दाऊद गोलियथ का सामना कर रहा है।

एलिय्याह भविष्यद्वक्ताओं का सामना कर रहा है।

दानिय्येल सिंहों के बीच जीवित बचा हुआ है।

यह विश्वास अलग महसूस होता है क्योंकि स्वर्ग असामान्य भरोसे की आपूर्ति करता है।

चंगा करने के वरदान (Gifts of healings) इसके बाद आते हैं।

ध्यान दें कि पौलुस चंगा करने के वरदान (बहुवचन) कहता है।

यह पाठकों को याद दिलाता है कि चंगाई की सेवा अक्सर विविध रूपों में कार्य करती है।

पूरे पवित्रशास्त्र में, चंगाई अलग-अलग तरह से दिखाई देती है।

कभी तुरंत।

कभी धीरे-धीरे (progressively)।

कभी स्पर्श के माध्यम से।

कभी वचनों के माध्यम से।

कभी असामान्य तरीकों के माध्यम से।

परमेश्वर सूत्रों (formulas) को खारिज करता है।

आश्चर्यकर्मों की सामर्थ्य (Working of miracles) इसका और विस्तार करती है।

आश्चर्यकर्मों में सामान्य पैटर्न में ईश्वरीय हस्तक्षेप शामिल होता है।

प्रकृति झुक जाती है।

परिस्थितियाँ बदल जाती हैं।

जंजीरें टूट जाती हैं।

आपूर्ति बढ़ जाती है।

आश्चर्यकर्म मानवता को याद दिलाते हैं कि सृष्टि आज भी अपने सृष्टिकर्ता को उत्तर देती है।

सामर्थ्य के वरदान इसलिए मौजूद हैं क्योंकि मानवीय सीमाएँ आज भी वास्तविक हैं।

वाणी के वरदान: मानवीय वाणी के माध्यम से स्वर्ग की आवाज़ (Vocal Gifts)

वाणी असाधारण सामर्थ्य लेकर चलती है।

सृष्टि स्वयं वचनों से शुरू हुई थी।

वाचाएँ शब्दों के माध्यम से बनती हैं।

राष्ट्र शब्दों के माध्यम से हिल जाते हैं।

रिश्ते शब्दों के माध्यम से पनपते या मर जाते हैं।

इसलिए आत्मा अक्सर वाणी का उपयोग करती है।

भविष्यद्वाणी (Prophecy) मजबूत करती है।

प्रोत्साहित करती है।

उन्नति (builds) करती है।

पौलुस स्पष्ट रूप से उन्नति (edification) को प्राथमिकता देता है।

सच्ची भविष्यवाणी मसीह-केंद्रित मजबूती पैदा करती है।

अन्य भाषाएँ (Tongues) सबसे अधिक चर्चा में रहने वाले वरदानों में से एक हैं क्योंकि इनमें एक भेद (mystery) शामिल है।

प्रेरितों के काम बार-बार आत्मा की गतिविधि के साथ अलौकिक वाणी को दर्ज करता है।

अन्य भाषाएँ विश्वासियों को याद दिलाती हैं कि परमेश्वर आज भी भाषाई सीमाओं से ऊपर है।

अन्य भाषाओं का अनुवाद (Interpretation) पुल बनाने की तरह काम करता है।

भेद समझने योग्य बन जाते हैं।

सामूहिक सभाओं की उन्नति होती है।

यह पैटर्न कुछ सुंदर प्रकट करता है।

परमेश्वर बार-बार मानवीय मुँह का उपयोग करता है।

साधारण वाणी के अंग ईश्वरीय संचार के उपकरण बन जाते हैं।

संप्रभु वितरण की समस्या: निर्णय कौन करता है? (Who Decides?)

अंततः एक प्रश्न उभरता है।

वरदानों का निर्धारण कौन करता है?

पौलुस स्पष्ट उत्तर देता है:

"परन्तु ये सब प्रभावशाली कार्य वही एक आत्मा करता है, और जिसे जो चाहता है वह अपनी इच्छा के अनुसार बांट देता है।"

– 1 कुरुन्थियों 12:11 (हिंदी बाइबिल)

यह वचन आत्मिक प्रतिस्पर्धा (competition) को नष्ट कर देता है।

आत्मा बांटती है।

लोकप्रियता नहीं।

शिक्षा नहीं।

महत्वाकांक्षा नहीं।

स्वयं आत्मा।

यह दबाव को भी हटा देता है।

विश्वासी वरदानों का निर्माण नहीं करते।

वे केवल उपलब्धता की देखरेख (steward) करते हैं।

आत्मा ही प्रधान कमांडर बनी रहती है।

वह आवश्यकता का मूल्यांकन करती है।

समय को समझती है।

रणनीतिक रूप से आवंटित करती है।

आपकी जिम्मेदारी समर्पण है।
उसकी जिम्मेदारी वितरण है।

देह का प्रतिरूप: विखंडन एकता का निर्माण क्यों करता है (The Body Paradigm)

पौलुस उपमाओं को बदलता है।
वह देह (bodies) का वर्णन करना शुरू करता है।
हाथ।
पैर।
आँखें।
कान।
क्योंकि देह को विविधता की आवश्यकता होती है।
एक विशाल आँख की कल्पना करें।
दृष्टि तो होगी।
गति विफल हो जाएगी।
केवल हाथों की कल्पना करें।
कार्यप्रणाली ठप हो जाएगी।
कलीसिया को एक-दूसरे पर निर्भरता (interdependence) की आवश्यकता है।
यही कारण है कि वरदान बांटे गए हैं।
कोई भी सब कुछ लेकर नहीं चलता।
हर कोई कुछ न कुछ लेकर चलता है।

परमेश्वर ने जानबूझकर आवश्यकता (need) का निर्माण किया क्योंकि आवश्यकता जुड़ाव पैदा करती है।

आत्मा आंशिक रूप से वितरण करती है ताकि विश्वासी आपस में रिश्तों में एक-दूसरे पर निर्भर रहें।

यह नम्रता की रक्षा करता है।

एकता की रक्षा करता है।

स्वास्थ्य की रक्षा करता है।

वितरण के लिए उपलब्ध होना

पवित्र आत्मा का यह उद्देश्य कभी नहीं था कि विश्वासी केवल दर्शक बने रहें।

वह अनुग्रह बांटती है।

सेवा को सामर्थ्य देती है।

परिणामों को ऊर्जा देती है।

छिपी हुई वास्तविकताओं को प्रकट करती है।

हस्तक्षेप करती है।

समर्पित लोगों के माध्यम से बोलती है।

लक्ष्य वरदानों को ट्रॉफियों की तरह इकट्ठा करना नहीं है।

लक्ष्य उपयोगिता (usefulness) है।

कलीसिया तब सबसे मजबूत होती है जब विश्वासी वितरणों की तुलना करना बंद कर देते हैं और सौंपे गए कार्यों को अपनाना शुरू कर देते हैं।

आत्मा ही संप्रभु आवंटन करने वाली बनी रहती है।
हमारा कार्य समर्पण बना रहता है।
उसका कार्य वितरण बना रहता है।
और जब कभी भी समर्पित लोग संप्रभु आवंटन के साथ सहयोग करते हैं, तो साधारण धूल स्वर्ग के हाथों में असाधारण उपकरण बन जाती है।

10: मध्यस्थता की कराह – आंतरिक पुकार की अकथनीय भाषा (The Intercessory Groan – The Inexpressible Dialect of the Inward Cry)

मानवीय थकावट की सीमा: जहाँ अंततः मानवीय शक्ति समाप्त हो जाती है (The Threshold of Human Exhaustion)

एक चुपचाप फैला हुआ झूठ जिसे कई विश्वासी अनजाने में स्वीकार कर लेते हैं, वह यह विश्वास है कि आत्मिक परिपक्वता (spiritual maturity) अंततः कमजोरी को दूर कर देती है। हम कल्पना करते हैं कि यदि हम पर्याप्त प्रार्थना करेंगे, पर्याप्त अध्ययन करेंगे, पर्याप्त उपवास करेंगे, या लंबे समय तक सेवा करेंगे, तो हम अंततः एक ऐसे स्थान पर पहुँच जाएँगे जहाँ भ्रम गायब हो जाएगा, भावनात्मक थकान हमें छू भी नहीं पाएगी, और प्रार्थना हर दिन हर पल स्वाभाविक रूप से बहेगी। फिर भी पवित्रशास्त्र बार-बार इस धारणा का सामना करता है। बाइबिल के कुछ सबसे मजबूत लोगों ने ऐसे समय का अनुभव किया जहाँ वे पूरी तरह से अपनी सीमाओं के अंतिम छोर पर पहुँच गए थे। मूसा नेतृत्व के दबाव में ढह

गया। एलिय्याह एक पेड़ के नीचे बैठकर खुद के मरने की भीख माँगने लगा। दाऊद ने पूरे के पूरे भजन मानसिक टूटन से भर दिए। यिर्मयाह को रोने वाले भविष्यद्वक्ता के रूप में जाना गया। यहाँ तक कि पौलुस ने भी खुलकर अपनी सीमाओं को स्वीकार किया। परिपक्वता निर्भरता (dependence) को समाप्त नहीं करती; परिपक्वता निर्भरता को और गहरा कर देती है।

मनुष्य अंततः यह खोज लेता है कि दुख के पास शब्दावली (vocabulary) की सीमाओं को उजागर करने का एक तरीका होता है। शोक के ऐसे स्तर होते हैं जहाँ शब्द साथ देना बंद कर देते हैं। ऐसे समय आते हैं जहाँ निराशा इतनी बार दोहराई जाती है कि स्पष्टीकरण देना भी थका देने वाला हो जाता है। ऐसी रातें होती हैं जब मन इतना थक जाता है कि वह स्पष्ट प्रार्थनाओं की संरचना भी नहीं कर पाता। कुछ विश्वासियों ने अस्पताल के बिस्तरों के पास बैठने, भयानक फोन कॉल प्राप्त करने, आर्थिक पतन का सामना करने, धोखे के बीच से गुजरने, बच्चों के लिए विलाप करने, सपनों को खोने, या स्वर्ग की ओर से लंबे समय के सन्नाटे को सहने के क्षणों का अनुभव किया है। उन क्षणों के दौरान, प्रार्थना अक्सर

प्रभावशाली बातचीत के बजाय केवल जीवित रहने के लिए ली जाने वाली सांस (survival breathing) जैसी महसूस होती है।

आधुनिक मसीही संस्कृति कभी-कभी प्रार्थना को मुख्य रूप से स्पष्ट और सदे हुए शब्दों के रूप में प्रस्तुत करके अनजाने में एक दबाव बना देती है। हम सजी-धजी भाषा, लंबी प्रार्थनाओं और व्यवस्थित धर्मवैज्ञानिक अभिव्यक्तियों से भरी गवाहियाँ सुनते हैं। धीरे-धीरे, विश्वासी यह मानने लगते हैं कि प्रार्थना में प्रभावशीलता पूरी तरह से संवाद करने के कौशल पर निर्भर करती है। लेकिन रोमियों अध्याय 8 पवित्रशास्त्र में सबसे दयालु प्रकटीकरणों (revelations) में से एक का परिचय देता है: परमेश्वर ने मानवीय भाषा के इस पतन का पहले से ही अनुमान लगा लिया था।

पौलुस लिखता है:

"इसी रीति से आत्मा भी हमारी दुर्बलता में सहायता करता है, क्योंकि हम नहीं जानते कि प्रार्थना किस रीति से करना चाहिए..."

– रोमियों 8:26 (हिंदी बाइबिल)

ध्यान दें कि पवित्र आत्मा कहानी में कहाँ प्रवेश करता है।

पहले सामर्थ्य (strength) में नहीं।

पहले भरोसे (confidence) में नहीं।
पहले जय (victory) में नहीं।
वह दुर्बलता (weakness) में प्रवेश करता है।
इसका अर्थ यह है कि कमजोरी उसके मंत्रालय (सेवा) के लिए कोई बाधा नहीं है। बहुत बार कमजोरी ही उसकी सबसे गहरी सेवा का स्थान बन जाती है।

एस्थेनिया (Astheneia): मानवीय सीमा की संरचना को समझना (Understanding the Architecture of Human Limitation)

पौलुस मानवीय सीमा को पहचानने के लिए यूनानी शब्द 'एस्थेनिया' (*Astheneia*) का उपयोग करता है। इस शब्द का अर्थ कमजोरी, नाजुकी, असमर्थता, अक्षमता या संरचनात्मक सीमा है। पौलुस यहाँ सामान्य थकान का वर्णन नहीं कर रहा है। वह उस क्षण का वर्णन कर रहा है जब मानवीय प्रणालियाँ अपर्याप्त हो जाती हैं।

यह इसलिए मायने रखता है क्योंकि विश्वासी अक्सर कमजोरी की गलत पहचान करते हैं। हम सोचते हैं कि कमजोरी का मतलब असफलता है। पौलुस सिखाता है कि कमजोरी का मतलब सीमा (limitation) है। ये दोनों एक ही चीज़ नहीं हैं।

वह लिखता है:

"...क्योंकि हम नहीं जानते कि प्रार्थना किस रीति से करना चाहिए जैसा करना उचित है।"

– रोमियों 8:26 (हिंदी बाइबिल)

यह कथन तुरंत हर एक विश्वासी को नम्र कर देना चाहिए।

पौलुस यह नहीं कहता, "कभी-कभी हम संघर्ष करते हैं।"

वह कहता है, "हम नहीं जानते।"

क्यों?

क्योंकि मनुष्य जानकारी के मामले में सीमित (informationally limited) हैं।

हम समय के भीतर मौजूद हैं।

परमेश्वर समय से बाहर मौजूद है।

हम टुकड़े देखते हैं।

परमेश्वर पूर्णता देखता है।

हम घटनाओं को देखते हैं।

परमेश्वर प्रणालियों को देखता है।

हम क्षणों को देखते हैं।

परमेश्वर पीढ़ियों को देखता है।

कई बार हम अधूरी जानकारी के आधार पर प्रार्थना करते हैं जबकि परमेश्वर पूरी जानकारी के आधार पर प्रतिक्रिया देता है। हम तुरंत राहत मांगते हैं जबकि

स्वर्ग दीर्घकालिक परिवर्तन (long-term transformation) का निर्माण कर रहा होता है। हम बंद समयों के समाप्त होने की मांग करते हैं जबकि परमेश्वर भविष्य के सौंपे गए कार्यों की रक्षा कर रहा होता है। हम आराम मांगते हैं जबकि परमेश्वर सहनशीलता का निर्माण कर रहा होता है।

इसका अर्थ यह है कि मानवता की सबसे बड़ी कमजोरियों में से एक केवल भावनात्मक अस्थिरता नहीं है।

वह जानकारी की कंगाली (informational poverty) है।

हमारे पास अक्सर पूरी सटीकता के साथ प्रार्थना करने के लिए पर्याप्त डेटा (जानकारी) मौजूद नहीं होता।

यह अहसास विश्वासियों को हतोत्साहित नहीं करना चाहिए।

इसे उन्हें मुक्त (liberate) करना चाहिए।

क्योंकि पवित्र आत्मा बिल्कुल इसी स्थान पर प्रवेश करता है।

सुअन्तिलाम्बानोमाई (Sunantilambanomai): जब आत्मा वजन के दूसरी ओर थाम लेता है (When

the Spirit Takes the Other Side of the Weight)

पौलुस कहता है:

"इसी रीति से आत्मा भी हमारी दुर्बलता में सहायता करता है..."

– रोमियों 8:26 (हिंदी बाइबिल)

जिस शब्द का अनुवाद "सहायता करता है" (helps) किया गया है, वह असाधारण है:

'सुअन्तिलाम्बानोमाई' (*Sunantilambanomai*)

यह विशाल संयुक्त (compound) शब्द कई विचारों को एक साथ जोड़ता है।

'सुन' (*Sun*) का अर्थ है 'एक साथ मिलकर'।

'अन्ति' (*Anti*) का अर्थ है 'विपरीत दिशा' या 'सामने की स्थिति'।

'लाम्बानोमाई' (*Lambanomai*) का अर्थ है 'पकड़ना', 'मजबूती से थामना' या 'उठाना'।

मिलकर, यह शब्द एक ऐसा चित्र बनाता है जिसे प्राचीन पाठक तुरंत समझ जाते थे।

कल्पना कीजिए कि एक विशाल लकड़ी का शहतीर (wooden beam) किसी को अपने वजन के नीचे कुचल रहा है। एक थका हुआ मजदूर अकेले उठाने की कोशिश करता है लेकिन उसे हिला नहीं पाता। तभी एक दूसरा व्यक्ति आता है–देखने के लिए नहीं,

आलोचना करने के लिए नहीं, उपदेश देने के लिए नहीं–बल्कि उस बोझ के बिल्कुल विपरीत दिशा (opposite side) में खड़े होने, उसी वजन को पकड़ने, और एक साथ मिलकर उठाने के लिए।

वही है 'सुअन्तिलाम्बानोमाई'।

पवित्र आत्मा केवल सहानुभूति नहीं रखता।

वह भाग लेता है (participates)।

वह बोझ के भीतर प्रवेश करता है।

वह संघर्ष में शामिल होता है।

वह आपके कुचलने वाले समय के वजन के बिल्कुल दूसरी तरफ से हाथ लगाता है।

यह इस बात को बदल देता है कि विश्वासियों को प्रार्थना के बारे में क्या सोचना चाहिए। प्रार्थना केवल परमेश्वर से बोझों के बारे में बात करना नहीं है। प्रार्थना परमेश्वर के साथ मिलकर सहकारी रूप से वजन उठाना (cooperative lifting) बन जाती है।

कई विश्वासी कल्पना करते हैं कि आत्मा स्वर्ग के झरोखे पर खड़ी होकर केवल सलाह दे रही है।

रोमियों की पत्री चित्र दिखाती है कि वह वजन के नीचे हमारे साथ घुटने टेके हुए बैठी है।

स्टेनाग्मोइस (Stenagmois) अलालेतोइस (Alaletois): भाषा के नीचे की भाषा (The Language Beneath Language)

पौलुस तब पवित्रशास्त्र के सबसे गहरे भेदों में से एक को सामने लाता है:

"...परन्तु आत्मा आप ही ऐसी आहें भर भरकर जो बयान से बाहर हैं, हमारे लिये विनती करता है।"

– रोमियों 8:26 (हिंदी बाइबिल)

इस वाक्यांश में दो महत्वपूर्ण यूनानी शब्द शामिल हैं।

'स्टेनाग्मोइस' (*Stenagmois*)

इसका अर्थ है आहें भरना, कराहना, संकुचित सांस लेना, प्रसव की पीड़ा, गहरा भावनात्मक दबाव, या आंतरिक संकट का शारीरिक रूप से बाहर निकलना।

'अलालेतोइस' (*Alaletois*)

इसका अर्थ है अकथनीय (inexpressible), बयान से बाहर (unspeakable), बिना शब्दों का, या जिसे सही ढंग से व्यक्त न किया जा सके।

पौलुस जानबूझकर सामान्य वाणी से नीचे की भाषा (language beneath normal speech) को चुनता है।

क्यों?

क्योंकि दुख अक्सर भाषा से नीचे चला जाता है।

कभी-कभी प्रार्थना पैराग्राफ नहीं होती।
कभी-कभी प्रार्थना आपकी कार में भारी सांस लेना होती है।
कभी-कभी प्रार्थना सन्नाटे में रोना होती है।
कभी-कभी प्रार्थना फर्श पर बैठना और वाक्यों को पूरा न कर पाना होती है।
कभी-कभी प्रार्थना अपना सिर नीचे रखना और केवल गहरी आह भरना होती है क्योंकि भाषा ने काम करना बंद कर दिया है।
रोमियों अध्याय 8 एक सुंदर बात प्रकट करता है।
पवित्र आत्मा शब्दावली के नीचे (beneath vocabulary) कार्य करता है।
आपकी कराहें व्यर्थ की आवाजें नहीं हैं।
आपकी आहें आत्मिक असफलताएँ नहीं हैं।
आपका सन्नाटा अनदेखा नहीं किया जाता।
आत्मा मानवीय दुख के कच्चे माल को लेता है और उसे मध्यस्थता (intercession) में बदल देता है।

स्वर्ग की आंतरिक बातचीत: पिता जो हृदयों को जांचता है (The Father Who Searches Hearts)

पौलुस आगे कहता है:

"और मनों का जांचने वाला जानता है कि आत्मा की मंशा क्या है..."

– रोमियों 8:27 (हिंदी बाइबिल)

यहाँ पौलुस एक असाधारण चित्र प्रस्तुत करता है।

पिता हृदयों को जांचता है।

आत्मा हृदयों के भीतर मध्यस्थता करती है।

विश्वासी बीच में खड़ा होता है।

वाक्यांश "मनों का जांचने वाला" परमेश्वर की उस क्षमता की ओर संकेत करता है जिसके द्वारा वह बाहरी भाषा से आगे बढ़कर आंतरिक वास्तविकता में प्रवेश करता है। परमेश्वर वाक्यों तक सीमित नहीं है। वह उद्देश्यों, डरों, सदमों (आघात), इच्छाओं, भ्रम, घावों और छिपी हुई लालसाओं को पढ़ता है।

पौलुस तब एक और महत्वपूर्ण यूनानी शब्द का उपयोग करता है:

'फ्रोनेमा' (*Phronema*) जिसका अर्थ है मानसिकता, मंशा (mindset), सबसे गहरा विचार पैटर्न, या आंतरिक उद्देश्य।

पिता आत्मा की 'फ्रोनेमा' को पूरी तरह से समझता है क्योंकि आत्मा हमेशा परमेश्वर की इच्छा के अनुसार (according to God's will) मध्यस्थता करती है।

इसका एक गहरा अर्थ निकलता है।

आत्मा कभी चूकती नहीं है।
वह कभी गलत निदान (misdiagnose) नहीं करती।
वह कभी स्वार्थ से प्रार्थना नहीं करती।
वह कभी गलत परिणाम की मांग नहीं करती।
जब मानवीय समझ ढह जाती है, तो ईश्वरीय समझ उसकी भरपाई करती है।

कराहती हुई सृष्टि, कराहते विश्वासी, कराहती आत्मा (Groaning Creation, Groaning Believers, Groaning Spirit)

रोमियों अध्याय 8 बार-बार कराहने की भाषा का उपयोग करता है।
सृष्टि कराहती है।
विश्वासी कराहते हैं।
आत्मा कराहती है।
क्यों?
क्योंकि पूरी सृष्टि वर्तमान में प्रतिज्ञा और पूर्णता के बीच मौजूद है।
सृष्टि इसलिए कराहती है क्योंकि अव्यवस्था अभी भी मौजूद है।
विश्वासी इसलिए कराहते हैं क्योंकि छुटकारा अभी पूरी तरह से पूर्ण नहीं हुआ है।

आत्मा इसलिए कराहती है क्योंकि पुनर्स्थापना अभी भी प्रकट हो रही है।

इसलिए कराहना अविश्वास नहीं है।

कराहना लालसा (longing) है।

कराहना दबाव के अधीन बनी रहने वाली अपेक्षा है।

कराहना दुख के माध्यम से खींची गई आशा है।

यह पूरी तरह से दर्दनाक समयों को एक नया अर्थ देता है।

आपका कराहना स्वचालित रूप से आत्मिक कमजोरी को नहीं दर्शाता।

कभी-कभी कराहने का मतलब यह होता है कि आप अधूरी पुनर्स्थापना (unfinished redemption) के भीतर ईमानदारी से जी रहे हैं।

जब आप अब और प्रार्थना नहीं कर सकते (When You Can No Longer Pray)

कई विश्वासी अंततः ऐसे समय का सामना करते हैं जहाँ प्रार्थना असंभव महसूस होती है।

एकाग्रता गायब हो जाती है।

ऊर्जा समाप्त हो जाती है।

शब्द हताश करने वाले बन जाते हैं।

भावनाएं सपाट हो जाती हैं।

रोमियों अध्याय 8 उन्हीं समयों के लिए मौजूद है।

जब आप वाक्य नहीं बना पाते, आत्मा तब भी मध्यस्थता करती है।
जब आपके विचार बिखर जाते हैं, आत्मा तब भी केंद्रित रहती हैं।
जब आपकी भावनाएं अस्थिर हो जाती हैं, आत्मा तब भी स्थिर रहती है।
जब भाषा गायब हो जाती है, स्वर्ग का संपर्क नहीं टूटता।
आत्मा कार्य करना जारी रखती है।
यह थके हुए विश्वासियों पर से एक बहुत बड़ा दबाव हटा देता है।
परमेश्वर ने कभी भी पूर्ण सहायता की पेशकश करने से पहले पूर्ण प्रदर्शन (perfect performance) की मांग नहीं की।

वह कराह जिसे स्वर्ग समझता है (The Groan That Heaven Understands)

मध्यस्थता की कराह के रूप में पवित्र आत्मा परमेश्वर के चरित्र के सबसे दयालु आयामों में से एक को प्रकट करती है।
उसने थकावट का पहले से अनुमान लगा लिया था।
उसने भ्रम का पहले से अनुमान लगा लिया था।

उसने भावनात्मक टूटन का पहले से अनुमान लगा लिया था।

इसलिए उसने मानवीय कमजोरी के भीतर एक मध्यस्थ (Intercessor) को रख दिया।

आत्मा कुचलने वाले बोझों के बिल्कुल दूसरी तरफ से वजन को थाम लेती है।

वह आहों का अनुवाद करती है।

वह आँसुओं को बदल देती है।

वह सन्नाटे को मध्यस्थता में बदल देती है।

जब भाषा विफल हो जाती है, वह बोलना जारी रखती है।

जब शक्ति गायब हो जाती है, वह संभालना जारी रखती है।

जब आपके पास केवल एक कराह बची होती है, स्वर्ग तब भी एक प्रार्थना सुनता है।

आपकी कमजोरी पवित्र आत्मा को दूर नहीं भगाती। बहुत बार, कमजोरी ही वह स्थान बन जाती है जहाँ उसका मंत्रालय सबसे अधिक दिखाई देने लगता है।

11: वकालत करने वाला सहायक – कानूनी सलाहकार और न्याय का न्यायालय (The Paraclete of Advocacy – The Legal Consultant and the Courtroom of Judgment)

सामर्थ्य से कानून की ओर बदलाव: पवित्र आत्मा न्यायालय में क्यों प्रवेश करता है (Why the Holy Spirit Enters the Courtroom)

जैसे-जैसे हम पवित्रशास्त्र के माध्यम से पवित्र आत्मा के क्रमिक प्रकटीकरण (revelation) का अनुसरण करते हैं, हम एक अद्भुत बात देखते हैं। पिछले अध्यायों ने उसे गतिशीलता, ऊर्जा और शक्ति के माध्यम से प्रकट किया था–उथल-पुथल के पार चलती हुई हवा, वेदियों पर उतरती हुई आग, याजकों पर बहता हुआ तेल, मरुस्थल को चीरती हुई नदियाँ, और समर्पित बर्तनों के माध्यम से प्रकट होने वाले वरदान। फिर भी जैसे-जैसे यीशु अपने क्रूस पर चढ़ाए जाने के अंतिम घंटों के करीब पहुँचते हैं, उनकी भाषा नाटकीय रूप से बदल जाती है। शक्ति की शब्दावली कानून की शब्दावली का रूप ले लेती है। गतिशीलता की भाषा अदालती कार्यवाही की भाषा बन जाती है। क्यों? क्योंकि कभी न कभी हर एक विश्वासी यह खोज लेता

है कि कुछ लड़ाइयाँ केवल भावनात्मक, शारीरिक या आत्मिक लड़ाइयाँ नहीं होतीं—वे अंतःकरण (conscience) के भीतर चलने वाली कानूनी लड़ाइयाँ (legal battles) बन जाती हैं।

ऊपरी कोठरी (Upper Room) में बैठे चेले मानसिक रूप से टूटने की स्थिति का सामना कर रहे थे। तीन साल से उन्होंने दिखाई देने वाले नेतृत्व पर भरोसा किया था। उन्होंने यीशु को फरीसियों का सामना करते, दुष्टात्माओं को शांत करते, आंधियों को थामते, मरे हुए को जिलाते, और असंभव प्रश्नों के उत्तर देते देखा था। उनकी उपस्थिति सुरक्षा का निर्माण करती थी। अब यीशु बार-बार जाने की घोषणा करते हैं। चेले केवल एक नुकसान का शोक नहीं मना रहे थे; वे अपनी असुरक्षा (vulnerability) का अनुमान लगा रहे थे। क्या होता है जब दिखाई देने वाला रक्षक चला जाता है?

यीशु उत्तर देते हैं:

"और मैं पिता से विनती करूँगा, और वह तुम्हें एक और सहायक देगा कि वह सर्वदा तुम्हारे साथ रहे।"

– यूहन्ना 14:16 (हिंदी बाइबिल)

पहली नज़र में, अंग्रेज़ी का शब्द "हेल्पर" (Helper) और हिंदी का "सहायक" बहुत कोमल और लगभग कमजोर महसूस होता है। आधुनिक पाठक अक्सर

एक मददगार, प्रोत्साहित करने वाले या साथ देने वाले साथी की कल्पना करते हैं। जबकि ये विचार आंशिक रूप से सच हैं, लेकिन ये उस गहराई को बमुश्किल छू पाते हैं जो यीशु का वास्तविक उद्देश्य था।

यीशु एक कानूनी विशेषज्ञ (legal specialist) का परिचय दे रहे थे।

एक अदालती विशेषज्ञ (courtroom expert)।

एक वाचा का अधिवक्ता (covenant advocate)।

एक रक्षा प्रतिनिधि (defense representative)।

पवित्र आत्मा विश्वासी के जीवन में केवल भावनात्मक सहायता के रूप में नहीं, बल्कि स्वर्ग के निवासी कानूनी प्रतिनिधि के रूप में प्रवेश करता है।

पेराक्लीतोस (Parakletos): जिसे पास बुलाया गया है (The One Called Alongside)

वह शब्द जिसका उपयोग यीशु करते हैं, वह है:

'पेराक्लीतोस' (*Parakletos*)

यह शब्द दो अवधारणाओं को जोड़ता है।

'पेरा' (*Para*) का अर्थ है पास में, बगल में, अत्यंत निकटता (proximity)।

'कालियो' (*Kaleo*) का अर्थ है बुलाना, पुकारना, आमंत्रित करना (summon/invite)।

एक साथ मिलकर, 'पेराक्लीतोस' (*Parakletos*) का अर्थ है एक ऐसा व्यक्ति जिसे सहायता, रक्षा, प्रतिनिधित्व और वकालत (advocacy) के लिए किसी के बिल्कुल पास खड़े होने के लिए बुलाया गया है।

प्राचीन सुनने वाले तुरंत इस अदालती चित्र (courtroom imagery) को पहचान जाते थे।

जब किसी को आरोपों, कानूनी विवादों, संपत्ति के संघर्षों, या आपराधिक मामलों का सामना करना पड़ता था, तो वे अक्सर कार्यवाही के दौरान शारीरिक रूप से अपने पास खड़े होने के लिए भरोसेमंद अधिवक्ताओं (advocates) को बुलाते थे। ये अधिवक्ता कानूनी प्रणालियों को समझते थे, प्रक्रिया के नियमों को जानते थे, आरोपों का उत्तर देते थे, और अधिकारियों के सामने कमजोर लोगों का प्रतिनिधित्व करते थे।

इसका अर्थ यह है कि यीशु कुछ असाधारण कह रहे थे।

पवित्र आत्मा केवल विश्वासियों से मिलने नहीं आएगी।

वह विश्वासियों के बिल्कुल पास खड़ी रहेगी।

आरोपों को सुनने के लिए पर्याप्त निकट।

हमलों का उत्तर देने के लिए पर्याप्त निकट।

जब मानवीय शब्द विफल हो जाएँ, तब बोलने के लिए पर्याप्त निकट।

यह तुरंत इस बात को बदल देता है कि विश्वासियों को आत्मिक युद्ध (spiritual warfare) को कैसे देखना चाहिए। कई लोग आत्मिक युद्ध की कल्पना मुख्य रूप से दुष्टात्माओं से टकराव या बाहरी विरोध के रूप में करते हैं। पवित्रशास्त्र अक्सर युद्ध को अलग तरह से प्रस्तुत करता है।

कभी-कभी युद्ध आरोप (accusation) की तरह दिखता है।

कभी-कभी युद्ध दोषसिद्धि (condemnation) की तरह दिखता है।

कभी-कभी युद्ध आंतरिक अभियोजन (internal prosecution/मुकदमे) की तरह दिखता है।

यह बिल्कुल वही स्थान है जहाँ 'पेराक्लीतोस' (*Parakletos*) कार्य करता है।

यीशु एक और महत्वपूर्ण वाक्यांश का भी उपयोग करते हैं:

'अल्लोस' (*Allos*) पेराक्लीतोस।

यूनानी भाषा में "एक और" के लिए दो शब्द थे।

'हेतेरोस' (*Heteros*) का अर्थ है अलग प्रकार का दूसरा।

'अल्लोस' (*Allos*) का अर्थ है बिल्कुल समान गुण वाला दूसरा (identical quality)।
यीशु जानबूझकर कहते हैं:
"मैं बिल्कुल मेरे जैसा ही दूसरा भेज रहा हूँ।"
इसका अर्थ विस्मयकारी है।
आत्मा केवल मसीह के कार्य को जारी नहीं रखती।
वह मसीह की उपस्थिति का प्रतिनिधित्व करती है।
विश्वासियो के पास खड़ा अधिवक्ता स्वयं यीशु के अधिकार, चरित्र और मिशन को लेकर चलता है।

एलेंचो (Elencho): आत्मा का अदालती (अभियोजन) कार्य (The Prosecutorial Work of the Spirit)

यीशु इस कानूनी चित्र को और विस्तृत करते हैं:
"और वह आकर संसार को पाप और धार्मिकता और न्याय के विषय में निरुत्तर करेगा।"
– यूहन्ना 16:8 (हिंदी बाइबिल)
मुख्य शब्द है:
'एलेंचो' (*Elencho* - निरुत्तर करना / कायल करना)
इस शब्द का अर्थ है बेनकाब करना, जिरह (cross-examine) करना, सबूत लाना, खंडन करना, दोष सिद्ध करना, या आमने-सामने के टकराव के माध्यम से छिपे हुए सत्य को उजागर करना।
यह अदालत की भाषा है।

पवित्र आत्मा निष्क्रिय नहीं है।
वह झूठ के खिलाफ मुकदमा चलाती है।
वह झूठ को छिन्न-भिन्न कर देती है।
वह धोखे से जिरह करती है।
ध्यान दें कि आत्मा के कानूनी संक्षिप्त विवरण (legal brief) में तीन आयाम शामिल हैं।
पहला: पाप।
दूसरा: धार्मिकता।
तीसरा: न्याय।
ये श्रेणियाँ एक साथ मिलकर कार्य करती हैं।

पाप के विषय में निरुत्तर करना: हमार्तिया (Hamartia)

आत्मा पाप के संबंध में निरुत्तर करती है।
जिस शब्द का अक्सर उपयोग किया जाता है वह 'हमार्तिया' (*Hamartia*) है जिसका अर्थ है निशाने से चूक जाना, विद्रोह करना, परमेश्वर की योजना से भटक जाना।
लेकिन यीशु किसी गहरी चीज़ को निर्दिष्ट करते हैं:
"पाप के विषय में इसलिये कि वे मुझ पर विश्वास नहीं करते;"
– यूहन्ना 16:9 (हिंदी बाइबिल)

आत्मा केवल व्यावहारिक गलतियों (behavioral mistakes) को उजागर नहीं करती।

वह अविश्वास (unbelief) को निशाना बनाती है।

क्यों?

क्योंकि अविश्वास उस समाधान को खारिज कर देता है जो परमेश्वर ने प्रदान किया था।

आत्मा लगातार मानवता के सामने यह प्रश्न खड़ा करती है:

"तुम मसीह के साथ क्या करोगे?"

धार्मिकता के विषय में निरुत्तर करना: डिकायोसुने **(Dikaiosyne)**

आत्मा धार्मिकता के संबंध में भी निरुत्तर करती है।

'डिकायोसुने' (*Dikaiosyne*) का अर्थ है धार्मिकता, कानूनी बेगुनाही, धर्मी ठहराया गया स्थान (justified standing)।

संसार ने यीशु को दोषी ठहराया।

धार्मिक नेताओं ने उन्हें निंदक कहा।

रोम ने उन्हें मृत्युदंड दिया।

फिर भी पुनरुत्थान स्वर्ग का उलटाव (reversal) बन गया।

बादलों पर उठाया जाना परमेश्वर का अंतिम फैसला (verdict) बन गया।

इसलिए आत्मा लगातार घोषणा करती है:

"पुत्र सही था।"
"पुत्र को स्वीकार किया गया।"
"पुत्र को निर्दोष साबित किया गया।"
न्याय के विषय में निरुत्तर करना: क्रिसिस **(Krisis)**
तीसरा आयाम न्याय है।
'क्रिसिस' (*Krisis*) का अर्थ है न्यायिक निर्णय, सजा, अदालती फैसला।
यीशु कहते हैं:
"और न्याय के विषय में इसलिये कि संसार का सरदार दोषी ठहराया गया है।**"**
– यूहन्ना 16:11 (हिंदी बाइबिल)
इसका अर्थ यह है कि शत्रु की हार केवल भविष्य की बात नहीं है।
एक कानूनी फैसला पहले ही जारी किया जा चुका है।
अंतिम क्रियान्वयन होना अभी बाकी है, लेकिन सजा सुनाने की प्रक्रिया पहले ही शुरू हो चुकी है।

अंतःकरण का न्यायालय: जहाँ आरोप व्यक्तिगत बन जाता है (The Courtroom of the Conscience)

शत्रु शायद ही कभी अपने हमलों की शुरुआत बाहरी रूप से करता है।
वह आमतौर पर आंतरिक रूप से शुरुआत करता है।

प्रकाशितवाक्य की किताब शैतान का वर्णन इस रूप में करती है:

'कातेगोरोस' (*Kategoros*)

जिसका अर्थ है दोष लगाने वाला (accuser), अभियोजक, लगातार आरोप लाने वाला।

उसकी रणनीति सरल है।

विश्वासियो को उनकी असफलताओं की याद दिलाओ।

पुराने पापों को दोबारा चलाओ।

कमजोरियों को बड़ा करके दिखाओ।

पहचान को विकृत करो।

आंतरिक मुकदमा थका देने वाला बन जाता है क्योंकि कई आरोपों में सच्चाई के टुकड़े शामिल होते हैं।

हाँ, विश्वासी असफल होते हैं।

हाँ, विश्वासी पाप करते हैं।

हाँ, विश्वासी अपूर्ण बने रहते हैं।

यही कारण है कि खुद का बचाव करना (self-defense) आमतौर पर विफल हो जाता है।

यदि आप अपने व्यक्तिगत प्रदर्शन के बल पर स्वर्ग के सामने बहस करेंगे, तो अंततः सबूत आप पर हावी हो जाएँगे।

आत्मा एक दूसरी रणनीति का उपयोग करती है।

वह आपके अपने प्रयासों से बाहर का सबूत प्रस्तुत करती है।

प्रदर्श 'A': लहू और पूरा हुआ अदालती फैसला (The Blood and the Finished Verdict)

जब आरोप उठते हैं, तो 'पेराक्लीतोस' (*Parakletos*) नए सबूत पेश करती है।

व्यक्तिगत परिपूर्णता नहीं।

मंत्रालय की उपलब्धियां नहीं।

आत्मिक प्रदर्शन नहीं।

वह सबूत स्वयं मसीह बन जाते हैं।

पौलुस लिखता है:

"और विधियों के उस लेख को जो हमारे नाम पर और हमारे विरोध में था मिटा डाला..."

– कुलस्सियों 2:14 (हिंदी बाइबिल)

आत्मा बार-बार विश्वासियों का ध्यान व्यक्तिगत योग्यता से हटाकर वाचा की पूर्णता (covenant accomplishment) की ओर मोड़ती है।

शत्रु कहता है:

"तुम असफल हुए।"

आत्मा उत्तर देती है:

"कीमत चुका दी गई।"

शत्रु कहता है:

"तुम दोषी हो।"

आत्मा उत्तर देती है:

"धर्मी ठहराए गए।"

शत्रु कहता है:
"तुम अयोग्य हो।"
आत्मा उत्तर देती है:
"गोद लिए गए।"
यही कारण है कि विश्वासी असफलता के समय में भी जीवित बच जाते हैं।
इसलिए नहीं कि असफलताएँ गायब हो जाती हैं।
बल्कि इसलिए कि वकालत (advocacy) सक्रिय बनी रहती है।

सुम्मार्तुरेई (Symmartyrei): लेपालकपन की गवाही (The Witness of Adoption)

पौलुस लिखता है:
"आत्मा आप ही हमारी आत्मा के साथ गवाही देता है, कि हम परमेश्वर की सन्तान हैं।"
– रोमियों 8:16 (हिंदी बाइबिल)
वाक्यांश "गवाही देता है" कहाँ से आता है:
'सुम्मार्तुरेई' (*Symmartyrei*)
जिसका अर्थ है एक साथ गवाही देना, गवाही की पुष्टि करना, संयुक्त रूप से गवाह बनना (jointly witness)।
यह फिर से अदालत की भाषा है।

कल्पना कीजिए कि आपकी खुद की आत्मा कांप रही है।

उद्धार पर सवाल उठा रही है।

पहचान पर सवाल उठा रही है।

मूल्य पर सवाल उठा रही है।

पवित्र आत्मा पुष्टि करने वाले गवाह (corroborating witness) के रूप में आगे बढ़ता है।

वह उसकी पुष्टि करता है जिसे डर खारिज करता है।

वह उसकी पुष्टि करता है जिस पर सदमा सवाल उठाता है।

वह उसकी पुष्टि करता है जिस पर दोषभावना हमला करती है।

वह बार-बार गवाही देता है:

"तुम अपने हो।"

"तुम्हें गोद लिया गया था।"

"तुम उसके बने हुए हो।"

इसलिए विश्वासी अभियुक्त (defendant) के रूप में जीना बंद कर देता है और वारिस (heir) के रूप में जीना शुरू कर देता है।

अपने पास एक अधिवक्ता को रखकर जीना (Living with an Advocate Beside You)

अधिवक्ता के रूप में पवित्र आत्मा 'पेराक्लीतोस' (*Parakletos*) इस बात को बदल देती है कि विश्वासी आरोपों का सामना कैसे करते हैं।

आप अकेले खड़े नहीं हैं।

आप अपना प्रतिनिधित्व खुद नहीं कर रहे हैं।

आप अपनी खुद की रक्षा नीति लेकर नहीं चल रहे हैं।

अधिवक्ता आपके बिल्कुल पास बना हुआ है।

वह झूठ से जिरह करता है।

वह सबूत पेश करता है।

वह आरोपों का उत्तर देता है।

वह आपके अंतःकरण को वाचा की वास्तविकताओं की याद दिलाता है।

और जब आपकी आंतरिक अदालत दोषभावना के शोर से भर जाए, तो अकेले बहस करना बंद कर दें।

मंच उस अधिवक्ता को सौंप दें।

क्योंकि स्वर्ग के उस कानूनी प्रतिनिधि ने आज तक ऐसा कोई केस नहीं हारा है जो उसे सौंपा गया हो।

12: महिमा का बयाना – स्वर्ग का एस्क्रो (अमानत) और छुटकारे का अर्थशास्त्र (The Earnest of Glory – The Escrow of Heaven and the Economics of Redemption)

राज्य का व्यावसायिक परिदृश्य: परमेश्वर लेन-देन की भाषा का उपयोग क्यों करता है (Why God Uses the Language of Transactions)

पूरे पवित्रशास्त्र में, परमेश्वर बार-बार आत्मिक वास्तविकताओं को उन सांसारिक प्रणालियों का उपयोग करके समझाता है जिन्हें मनुष्य पहले से ही समझते हैं। किसान बीजों को समझते हैं। चरवाहे भेड़ों को समझते हैं। राजमिस्त्री बुनियाद को समझते हैं। परिवार उत्तराधिकार (मिरास) को समझते हैं। व्यापारी लेन-देन को समझते हैं। चूँकि मनुष्य स्वाभाविक रूप से परिचित प्रणालियों के माध्यम से सोचते हैं, इसलिए परमेश्वर अक्सर अनंत सत्यों को समझाने के लिए अर्थशास्त्र, स्वामित्व, अनुबंधों (कॉन्ट्रैक्ट्स) और वाणिज्य की भाषा उधार लेता है।

मनुष्य गारंटियों (guarantees) को समझते हैं क्योंकि जीवन में लगातार उनकी आवश्यकता होती है। बड़ी खरीदारियों के लिए बयाना (deposits) की आवश्यकता होती है। अनुबंधों के लिए हस्ताक्षरों की आवश्यकता होती है। व्यवसायों के लिए संपार्श्विक (collateral/बंधक) की आवश्यकता होती है। ज़ब बड़े वादे किए जाते हैं, तो आमतौर पर सबूत की मांग की जाती है। जब बड़े वादे शामिल हों, तो केवल शब्द ही लोगों को संतुष्ट नहीं करते। यह वास्तविकता इसलिए महत्वपूर्ण बन जाती है क्योंकि मसीही जीवन बहुत बड़े वादों पर बना है–अनंत जीवन, पुनरुत्थान, महिमामय शरीर, भविष्य के राज्य, और परमेश्वर के साथ सदा रहने वाली संगति। ये विस्मयकारी वादे हैं। समस्या यह है कि विश्वासी प्रतिज्ञा (promise) और पूर्णता (fulfillment) के बीच के तनाव में जीते हैं। हमारे पास अनंत काल के वादे हैं जबकि हम अभी भी जनाज़ों में शामिल होते हैं। हमारे पास पुनरुत्थान के वादे हैं जबकि हम शरीरों को बूढ़ा होते देखते हैं। हमारे पास उद्धार मौजूद है जबकि हम अभी भी प्रलोभन और कमजोरी से लड़ रहे हैं। यह तनाव स्वाभाविक रूप से प्रश्न खड़े करता है।

परमेश्वर जानता था कि यह तनाव मौजूद रहेगा।

इसलिए, उसने केवल प्रतिज्ञाएँ ही नहीं दीं।
उसने प्रमाण (proof) भी दिया।
पौलुस लिखता है:
"जिसने हम पर मुहर भी की और बयाने में आत्मा को हमारे मनों में दिया।"
– 2 कुरुन्थियों 1:22 (हिंदी बाइबिल)
यह सब कुछ बदल देता है।
परमेश्वर केवल भविष्य की महिमा की घोषणा नहीं करता।
वह भविष्य की महिमा को बयाने (deposit) के रूप में जमा करता है।
पवित्र आत्मा स्वर्ग का यह प्रमाण बन जाती है कि अनंत काल का केवल वादा ही नहीं किया गया है– यह पहले से ही आंशिक रूप से आ चुका है।

दो दुनियाओं के बीच जीना: आंशिक छुटकारे का तनाव (The Tension of Partial Redemption)
मसीही जीवन के सबसे अजीब अनुभवों में से एक यह खोजना है कि उद्धार एक ही समय में पूर्ण भी है और अपूर्ण भी। एक मायने में, छुटकारा पूरा हो चुका है क्योंकि मसीह ने घोषित किया था, "पूरा हुआ।" दूसरे मायने में, विश्वासी अभी भी पूर्ण छुटकारे की प्रतीक्षा करते हैं क्योंकि शरीर अभी भी कमजोर

होते हैं, बीमारी अभी भी मौजूद है, और मृत्यु अभी भी सृष्टि को छूती है।

पौलुस खुले तौर पर इस तनाव पर चर्चा करता है: "और केवल वही नहीं पर हम भी जिन के पास आत्मा का पहला फल है, आप ही अपने में कराहते हैं, और लेपालक होने की अर्थात् अपनी देह के छुटकारे की बाट जोहते हैं।"

– रोमियों 8:23 (हिंदी बाइबिल)

पौलुस की ईमानदारी पर ध्यान दें।

आत्मा से भरे विश्वासी अभी भी कराहते हैं।

अभिषिक्त विश्वासी अभी भी प्रतीक्षा करते हैं।

विश्वास से भरे विश्वासी अभी भी दर्द सहते हैं।

इसका अर्थ यह है कि आत्मिक परिपक्वता लालसा को दूर नहीं करती।

पवित्र आत्मा प्रतीक्षा (anticipation) को समाप्त नहीं करती।

इसके बजाय, आत्मा प्रतीक्षा का निर्माण करती है।

आत्मा एक आंतरिक अनुस्मारक (internal reminder) की तरह कार्य करती है कि कुछ बड़ा आने वाला है।

कई विश्वासी इसलिए निराश हो जाते हैं क्योंकि वे उम्मीद करते थे कि मसीही जीवन तनाव को दूर कर देगा। पवित्रशास्त्र इसके विपरीत सिखाता है। आत्मा

एक पवित्र तनाव (holy tension) का निर्माण करती है क्योंकि स्वर्ग पहले से ही विश्वासी के भीतर प्रवेश कर चुका है जबकि पृथ्वी अभी भी अधूरी है।

यह एक अनोखा अनुभव पैदा करता है।

आप किसी ऐसी जगह से संबंध रखते हैं जहाँ आपका शरीर अभी पूरी तरह से नहीं पहुँचा है।

आपकी आत्मा दूसरी दुनिया की नागरिकता लिए हुए है जबकि आपके पैर अभी भी साधारण दुखों के बीच चलते हैं।

पवित्र आत्मा इन दो वास्तविकताओं के बीच का पुल बन जाती है।

स्वर्ग की एस्क्रो (अमानत) प्रणाली: परमेश्वर सौंपने से पहले जमा क्यों करता है (Why God Deposits Before He Delivers)

कल्पना कीजिए कि आप बिना किसी अनुबंध, बयाने या स्वामित्व के प्रमाण के एक महंगी संपत्ति खरीद रहे हैं। अधिकांश लोग संकोच करेंगे क्योंकि बड़े वादों के लिए सबूत की आवश्यकता होती है।

परमेश्वर मानवीय कमजोरी को समझता है।

वह जानता है कि विश्वासी संदेह का अनुभव करते हैं।

वह जानता है कि दुख प्रश्न खड़े करता है।

वह जानता है कि देरी चिंता पैदा करती है।

इसलिए, परमेश्वर ने वह प्रणाली बनाई जिसे स्वर्ग की एस्क्रो (अमानत) प्रणाली कहा जा सकता है।

एस्क्रो (*Escrow*) इसलिए मौजूद होता है क्योंकि बड़े लेन-देन अक्सर चरणों में होते हैं। भुगतान तुरंत शुरू होता है, जबकि पूर्ण कब्ज़ा बाद में मिलता है। शुरुआती भुगतान प्रतिबद्धता को साबित करता है और भविष्य की पूर्णता की गारंटी देता है।

पवित्र आत्मा बिल्कुल इसी तरह कार्य करती है।

पौलुस लिखता है:

"और जिसने हमें इसी बात के लिये तैयार किया है वह परमेश्वर है, जिसने हमें बयाने में आत्मा भी दिया है।"

– 2 कुरुन्थियों 5:5 (हिंदी बाइबिल)

परमेश्वर ने केवल भविष्य के पुनरुत्थान का वादा नहीं किया।

उसने इसमें निवेश (invest) किया।

उसने केवल भविष्य की घनिष्ठता का वादा नहीं किया।

उसने इसे बयाने के रूप में जमा किया।

उसने केवल भविष्य की महिमा का वादा नहीं किया।

उसने मानवीय कमजोरी के भीतर महिमा का एक हिस्सा रख दिया।

इसका अर्थ यह है कि पवित्र आत्मा केवल स्वर्ग के लिए तैयारी नहीं है।

पवित्र आत्मा स्वर्ग का वह अग्रिम भुगतान (down payment) है जो साधारण मानव जीवन के भीतर पहले से ही काम कर रहा है।

अलौकिक शांति का हर एक क्षण।

परमेश्वर की उपस्थिति का हर एक अनुभव।

हर एक ईश्वरीय मुलाकात।

अचानक आने वाले आनंद का हर एक क्षण।

हर एक अलौकिक सशक्तिकरण।

ये कोई अलग-थलग पड़े भावनात्मक अनुभव नहीं हैं।

ये अग्रिम भुगतान (advance payments) हैं।

स्वर्ग का वित्तीय जोखिम: परमेश्वर अपने निवेश को क्यों नहीं छोड़ सकता (Why God Cannot Abandon His Investment)

निवेश (Investment) के बारे में एक सुंदर वास्तविकता सरल है: लोग उसी की रक्षा करते हैं जिसमें वे निवेश करते हैं।

व्यवसाय निवेशों की रक्षा करते हैं।

परिवार निवेशों की रक्षा करते हैं।

सरकारें निवेशों की रक्षा करते हैं।

पवित्रशास्त्र कुछ असाधारण प्रकट करता है।

परमेश्वर ने खुद को विश्वासियों के भीतर निवेश किया है।

अमूर्त रूप से नहीं।

व्यक्तिगत रूप से।

क्रूस भुगतान को प्रकट करता है।

पुनरुत्थान जय को प्रकट करता है।

पवित्र आत्मा निरंतर बने रहने वाले स्वामित्व (continued ownership) को प्रकट करती है।

ध्यान से सोचें।

यदि परमेश्वर अपनी स्वयं की आत्मा को विश्वासियों के भीतर रखता है, तो वह क्या संप्रेषित करता है?

प्रतिबद्धता (Commitment)।

स्वामित्व (Ownership)।

उद्देश्यपूर्णता (Intentionality)।

परमेश्वर ने अपनी साख को छुटकारे से जोड़ दिया है।

इसका अर्थ यह है कि विश्वासियों को अपने भविष्य का मूल्यांकन मुख्य रूप से वर्तमान की भावनाओं के आधार पर करना बंद कर देना चाहिए।

भावनाएं बदलती रहती हैं।

निवेश बना रहता है।

परिस्थितियाँ बदलती हैं।

स्वामित्व बना रहता है।

ट्'सास बदलते हैं।

प्रतिबद्धता बनी रहती है।

विश्वासियो के भीतर पवित्र आत्मा लगातार एक ही सत्य की फुसफुसाहट करती है:

"निवेश अभी भी सक्रिय है।"

यह सहनशीलता को बदल देता है।

आप तब अलग तरह से सहते हैं जब आप जानते हैं कि परित्याग (छोड़ दिया जाना) असंभव है।

यहूदा और तामार की कहानी: जब बयाने ने पहचान की रक्षा की (When the Deposit Protected Identity)

उत्पत्ति अध्याय 38 पवित्रशास्त्र की असामान्य कहानियों में से एक बताता है।

यहूदा तामार से बाद में भुगतान करने का वादा करता है।

तामार तुरंत बंधक (collateral) की मांग करती है।

यहूदा अपनी तीन व्यक्तिगत वस्तुएं सौंप देता है:

उसकी मुहर (signet)।

उसका पटुका (cord)।

उसकी लाठी (staff)।

ये कोई अकारण चुनी गई संपत्तियां नहीं थीं।

मुहर पहचान का प्रतिनिधित्व करती थी।

पटुका स्थिति को दर्शाता था।
लाठी अधिकार का प्रतिनिधित्व करती थी।
बाद में तामार के खिलाफ आरोप उठते हैं।
मृत्युदंड के आदेश बनने लगते हैं।
दोषभावना बढ़ने लगती है।
उसे क्या बचाता है?
प्रमाण (Evidence)।
वह उस बयाने (deposit) को प्रस्तुत करती है।
तुरंत यहूदा स्वामित्व को पहचान लेता है।
वह प्रमाण अदालती फैसले को बदल देता है।
यह कहानी चुपचाप आत्मिक वास्तविकता को प्रतिबिंबित करती है।
विश्वासी अपने भीतर प्रमाण रखते हैं।
जब आरोप उठते हैं, आत्मा उत्तर देती है।
जब दोषभावना उठती है, आत्मा उत्तर देती है।
जब असुरक्षा उठती है, आत्मा उत्तर देती 信号 ।
आत्मा रिश्ते के प्रमाण के रूप में कार्य करती है।
स्वामित्व का प्रमाण।
भविष्य की पूर्णता का प्रमाण।

देरी के बजाय बयाने के सहारे जीना सीखना (Learning to Live from the Deposit Instead of the Delay)

कई विश्वासी अनजाने में अपना जीवन उन बातों के इर्द-गिर्द व्यवस्थित कर लेते हैं जो अभी अधूरी हैं।
अनसुनी प्रार्थनाएँ।
देरी से मिलने वाली प्रतिज्ञाएँ।
लंबे समय।
भविष्य की आशाएँ।
यह थकावट पैदा करता है।
पवित्रशास्त्र बार-बार ध्यान को बदलता है।
उस पर ध्यान केंद्रित करें जो पहले से दिया जा चुका है।
पवित्र आत्मा दृष्टिकोण को बदल देती है।
आप केवल उस कमी के सहारे जीना बंद कर देते हैं जिसका सामना आप कर रहे हैं।
आप उस प्रचुरता के सहारे जीना शुरू कर देते हैं जो आपके पास मौजूद है।
यह बदलाव आत्मिक सहनशीलता को बदल देता है।
लोग कठिनाई को अलग तरह से सहते हैं जब परिणाम सुरक्षित (secured) होते हैं।
एथलीट प्रशिक्षण सहते हैं क्योंकि जय निश्चित होती है।
छात्र अध्ययन सहते हैं क्योंकि दीक्षांत समारोह आने वाला होता है।

परिवार बलिदान सहते हैं क्योंकि भविष्य मायने रखता है।
विश्वासी दुख सहते हैं क्योंकि अनंत काल पहले ही उनके भीतर प्रवेश कर चुका है।
आत्मा विश्वासियों को भविष्य की निश्चितता के माध्यम से वर्तमान के दर्द की व्याख्या करना सिखाती है।

आज ही कल का स्वाद चखना: जब अनंत काल साधारण जीवन में रिस जाता है (Tasting Tomorrow Today)

क्या आपने कभी ऐसी शांति का अनुभव किया है जिसका कोई तार्किक अर्थ न बनता हो?
ऐसी शक्ति जब आपको ढह जाना चाहिए था?
शोक के दौरान आनंद?
हानि के दौरान सांत्वना?
ये क्षण मायने रखते हैं।
ये पूर्वावलोकन (previews) हैं।
परमेश्वर कभी-कभार भविष्य की वास्तविकताओं को वर्तमान के अनुभवों में रिसने (leak) की अनुमति देता है।
पवित्र आत्मा आने वाले राज्य का आंतरिक वातावरण बन जाती है।

इसका अर्थ यह है कि विश्वासी कभी-कभार पहुँचने से पहले ही आने वाले कल के टुकड़ों का अनुभव कर लेते हैं।

वह अप्रत्याशित शांति?

एक पूर्वावलोकन।

वह अलौकिक सांत्वना?

एक पूर्वावलोकन।

वह गहरी आराधना का क्षण जहाँ अनंत काल निकट महसूस हुआ?

एक पूर्वावलोकन।

स्वर्ग कभी-कभार नमूने (samples) भेजता है।

पूरी तरह संतुष्ट करने के लिए नहीं।

बल्कि आशा को बनाए रखने के लिए।

वह अग्रिम भुगतान जो सुपुर्दगी की गारंटी देता है (The Down Payment That Guarantees the Delivery)

महिमा के बयाने (Earnest of Glory) के रूप में पवित्र आत्मा इस बात को बदल देती है कि विश्वासी प्रतीक्षा को कैसे देखते हैं।

आप खाली हाथ प्रतीक्षा नहीं कर रहे हैं।

आप प्रमाण के साथ प्रतीक्षा कर रहे हैं।

आप स्वर्ग की ओर अकेले नहीं चल रहे हैं।

आप स्वर्ग को आंतरिक रूप से लेकर चल रहे हैं।
आप केवल यह उम्मीद नहीं कर रहे हैं कि छुटकारा शायद हो जाएगा।
आपके पास बयाना मौजूद है जो साबित करता है कि यह होकर रहेगा।
आत्मा लगातार इस नाजुक मानवता को याद दिलाती है:
अनुबंध अभी भी सक्रिय है।
मिरास अभी भी सुरक्षित है।
लेन-देन अभी अधूरा है–लेकिन गारंटीशुदा है।
आपका शरीर अभी प्रतीक्षा कर रहा है।
आपकी आत्मा पहले से जानती है।
क्योंकि स्वर्ग ने अपनी तिजोरी का एक हिस्सा आपकी धूल के भीतर पहले ही रख दिया है।
और परमेश्वर जो शुरू करता है उसे हमेशा पूरा करता है।

13: बादल और आग का खंभा – प्रादेशिक मार्गदर्शन की स्थानिक गतिशीलता (The Pillar of Cloud and Fire – The Spatial Dynamics of Territorial Guidance)

सीमाओं का स्थानांतरण: छुटकारा हमेशा गति क्यों पैदा करता है (Why Redemption Always Creates Movement)

पवित्रशास्त्र में उद्धार (Salvation) लोगों को कभी भी उसी स्थिति में नहीं छोड़ता जिसमें वह उन्हें पाता है। जिस क्षण परमेश्वर किसी व्यक्ति को छुड़ाता है, गति (movement) शुरू हो जाती है। अब्राहम ऊर देश को छोड़ देता है। यूसुफ जेल छोड़ देता है। मूसा मिद्यान छोड़ देता है। इस्राएल मिस्र छोड़ देता है। चेले मछली पकड़ने के जाल छोड़ देते हैं। छुटकारा हमेशा स्थान परिवर्तन (relocation) का निर्माण करता है क्योंकि परमेश्वर केवल लोगों को किसी चीज़ से बचाता ही नहीं है; वह उन्हें किसी चीज़ में निर्देशित (guide) भी करता है।

यह एक बड़ी समस्या खड़ी करता है।

गति असुरक्षा (vulnerability) पैदा करती है।

एक जगह स्थिर खड़े लोग सुरक्षित महसूस करते हैं क्योंकि परिचित वातावरण जाने-पहचाने परिणाम पैदा

करता है। लेकिन जब परमेश्वर लोगों को अज्ञात क्षेत्र (unknown territory) में ले जाता है, तो डर जल्दी ही सतह पर आ जाता है। प्रश्न प्रकट होते हैं। दिशा अस्पष्ट हो जाती है। अनिश्चितता बढ़ती है।

मिस्र छोड़ने के तुरंत बाद इस्राएल ने इसका अनुभव किया।

पीढ़ियों से वे गुलामी को जानते थे। वे ईंटों, उनके तय शुमार, और मिस्र के अत्याचार को समझते थे। लेकिन मरुस्थल (wilderness) का जीवन अलग था। मरुस्थल में न तो कोई सड़क के संकेत थे, न कोई नक्शे, न कोई बुनियादी ढांचा, और न ही कोई दिखाई देने वाला रास्ता था।

परमेश्वर का समाधान केवल जानकारी देना नहीं था। उसका समाधान उपस्थिति (Presence) था।

पवित्र आत्मा ने स्वयं को स्थानिक रूप से प्रकट किया।

केवल आंतरिक सांत्वना के रूप में नहीं।

बल्कि दिखाई देने वाले नेतृत्व के रूप में।

खंभे का प्रकटीकरण: परमेश्वर मंज़िल बनाने से पहले एक वातावरण बनाता है (God Creates an Atmosphere Before He Creates a Destination)

निर्गमन दर्ज करता है:

"और यहोवा उन्हें मार्ग दिखाने के लिये दिन को बादल के खम्भे में, और रात को प्रकाश देने के लिये आग के खम्भे में होकर उनके आगे आगे चला करता था..."

– निर्गमन 13:21 (हिंदी बाइबिल)

एक महत्वपूर्ण बात पर ध्यान दें।

परमेश्वर ने केवल निर्देश (directions) नहीं दिए।

वह स्वयं आगे-आगे चला।

यह इस बात को बदल देता है कि विश्वासी मार्गदर्शन को कैसे समझते हैं।

अक्सर लोग चाहते हैं कि परमेश्वर उन्हें नक्शा (maps) प्रदान करे।

परमेश्वर इसके बजाय अक्सर अपनी उपस्थिति (Presence) प्रदान करता है।

नक्शे जानकारी देते हैं।

उपस्थिति रिश्ता देती है।

नक्शे आपको बताते हैं कि कहाँ जाना है।

उपस्थिति निर्भरता सिखाती है।

वह खंभा दिखाई देने वाले धर्मविज्ञान (visible theology) के रूप में कार्य करता था।

हर सुबह इस्राएल जागता था और यह प्रमाण देखता था कि वे त्यागे नहीं गए हैं।

हर शाम वे अपने तम्बुओं से बाहर देखते थे और प्रत्यक्ष प्रमाण देखते थे कि स्वर्ग अभी भी शामिल है।

वह बादल कोई सजावट नहीं था।

वह वाचा (covenant) थी।

स्वर्ग का जलवायु नियंत्रण: जब आत्मा आपके आस-पास का वातावरण बदल देती है (The Climate Control of Heaven)

मरुस्थल केवल असुविधाजनक ही नहीं था।

वह खतरनाक था।

रेगिस्तानी इलाकों में दिन का तापमान जानलेवा हो जाता है। धूप और गर्मी का प्रभाव शक्ति को नष्ट कर देता है। निर्जलीकरण (Dehydration) निर्णय क्षमता को कमजोर कर देता है। लंबे समय तक रहने वाली गर्मी धीरे-धीरे मार देती है।

पवित्रशास्त्र प्रकट करता है:

"उसने ओढ़ने के लिये बादल फैलाया..."

– भजन संहिता 105:39 (हिंदी बाइबिल)

इसका अर्थ यह है कि बादल केवल लंबवत (ऊपर) नहीं था।

यह विस्तृत हुआ।

इसने ढका।

इसने छाया की।

परमेश्वर ने सचमुच अपने लोगों के आस-पास की पर्यावरणीय स्थितियों को बदल दिया।

यह पवित्र आत्मा के बारे में कुछ शक्तिशाली प्रकट करता है।

आत्मा हमेशा विश्वासियों को कठिन जलवायु (कठिन परिस्थितियों) से बाहर नहीं निकालती।

कभी-कभी वह विश्वासियों के आस-पास की जलवायु को बदल देती है।

कई लोग प्रार्थना करते हैं:

"परमेश्वर मुझे दबाव से बाहर निकाल।"

कभी-कभी परमेश्वर उत्तर देता है:

"मैं तुम्हें दबाव के भीतर ही ढक दूँगा।"

पवित्र आत्मा उन मौसमों के दौरान छाया बन जाती है जो तार्किक रूप से भावनात्मक स्थिरता को नष्ट कर सकते थे।

वह क्लेश की गर्मी को कम करती है।

वह उसके प्रभाव को सीमित करती है।

वह आंतरिक शक्ति को सुरक्षित रखती है।

यही कारण है कि विश्वासी अक्सर उन मौसमों में भी जीवित बच जाते हैं जो तार्किक रूप से उन्हें तोड़ सकते थे।

वह बादल उस चीज़ को सोख लेता है जो उन्हें भस्म कर सकती थी।

रात के मौसमों में आग: जब परमेश्वर अंधकारमय स्थानों को रोशन करता है (Fire in the Night Seasons)

रेगिस्तान जल्दी बदलते हैं।
जलते हुए दिन जमने वाली रातों में बदल जाते हैं।
तापमान गिर जाता है।
अंधकार फैल जाता है।
डर बढ़ जाता है।
रात में वह बादल बदल जाता था।
आग प्रकट होती थी।
क्यों?
क्योंकि आत्मा आवश्यकता के अनुसार प्रकटीकरण (manifestation) को अनुकूलित करती है।
वही आत्मा जो गर्मी के दौरान ठंडक देती है, ठंड के दौरान गर्मी भी देती है।
वही आत्मा जो धूप के समय छाया देती है, अंधकार के दौरान प्रकाश भी देती है।
कई विश्वासी व्यक्तिगत रूप से इसकी खोज करते हैं।

ऐसे मौसम होते हैं जहाँ परमेश्वर ताज़ा करने वाली वर्षा जैसा महसूस होता है।

अन्य मौसमों में वह भस्म करने वाली आग जैसा महसूस होता है।

वही आत्मा।

अलग अभिव्यक्ति।

रात के मौसम अनोखे खतरे पैदा करते हैं।

अकेलापन।

उदासी (Depression)।

भ्रम।

भय।

इन मौसमों के दौरान आत्मा का आग वाला आयाम अत्यंत महत्वपूर्ण बन जाता है।

वह आग दृश्यता (visibility) प्रदान करती है।

ज़रूरी नहीं कि पूरी यात्रा की दृश्यता हो।

आमतौर पर अगले कदम के लिए पर्याप्त दृश्यता।

परमेश्वर शायद ही कभी पूरी यात्रा को एक साथ रोशन करता है।

वह अक्सर आगे बढ़ने के लिए पर्याप्त जमीन को रोशन करता है।

पीछे के पहरेदार का प्रकटीकरण: जब आत्मा आपके पीछे आ जाती है (The Rear Guard Revelation)

इस्राएल के इतिहास में सबसे गहरे क्षणों में से एक लाल समुद्र पर घटित होता है।

सामने पानी।

पीछे मिस्र।

हर तरफ घबराहट।

तब कुछ अद्भुत होता है।

वह खंभा अपना स्थान बदलता है।

"...और बादल का खम्भा भी उनके आगे से हटकर उनके पीछे जा ठहरा।"

– निर्गमन 14:19 (हिंदी बाइबिल)

मार्गदर्शक (Guide) पहरेदार (Guard) बन जाता है।

यह कुछ गहरा सिखाता है।

पवित्र आत्मा केवल भविष्य की गति का नेतृत्व ही नहीं करती।

वह असुरक्षित स्थानों की रक्षा भी करती है।

कई विश्वासी सोचते हैं कि मार्गदर्शन केवल उसी से संबंधित है जो आगे है।

लेकिन परमेश्वर उसका भी प्रबंधन करता है जो पीछे छूट गया है।

अतीत की असफलताएँ।

पीढ़ियों के घाव।

पिछली गलतियाँ।

पुराने दुश्मन।

पुरानी गुलामी।

कभी-कभी परमेश्वर विश्वासियों के पीछे खड़ा होता है क्योंकि खतरा पिछले मौसमों से आ रहा होता है।

वह खंभा इस्राएल और फिरौन के बीच स्थापित हो गया।

उसी एक उपस्थिति ने दो पूरी तरह से अलग अनुभवों का निर्माण किया।

शत्रुओं के लिए अंधकार।

वाचा के लोगों के लिए उजियाला।

यह आत्मिक रूप से सच बना हुआ है।

परमेश्वर की उपस्थिति समर्पित हृदयों को सांत्वना देती है जबकि विरोधी प्रणालियों का सामना करती है।

वही आग जो विश्वासियों का मार्गदर्शन करती है, अंधकार को अशांत कर देती है।

गति और विश्राम की लय: बादल की गति को सीखना (Learning the Speed of the Cloud)

गिनती की किताब मरुस्थल के मार्गदर्शन के बारे में कुछ परेशान करने वाली बात का वर्णन करती है।

कभी-कभी बादल तेजी से चलता था।

कभी-कभी धीरे।

कभी-कभी अप्रत्याशित रूप से।

पवित्रशास्त्र कहता है:

"और चाहे दो दिन, चाहे महीना भर, चाहे वर्ष भर... वे डेरा डाले रहते थे..."

– गिनती 9:22 (हिंदी बाइबिल)

व्यवहारिक रूप से इसकी कल्पना कीजिए।

तम्बू लगाना।

सामान खोलना।

दिनचर्या स्थापित करना।

फिर अचानक दोबारा चलना।

या इससे भी बदतर।

एक पूरे वर्ष के लिए एक असहज क्षेत्र में बने रहना।

यह सबसे कठिन आत्मिक अनुशासनों में से एक को प्रकट करता है:

बादल के नीचे प्रतीक्षा करना।

मनुष्य स्वाभाविक रूप से गति पर नियंत्रण चाहते हैं।

जब परमेश्वर विश्राम करता है, हम जल्दबाजी करते हैं।

जब परमेश्वर आगे बढ़ता है, हम विश्राम करते हैं।

वह खंभा इस प्रवृत्ति को सुधारता था।

लोगों ने सीखा कि गति उनकी प्राथमिकता से निर्धारित नहीं होती थी।

वह उपस्थिति (Presence) से निर्धारित होती थी।

कई विश्वासी अनावश्यक थकावट (burnout) का सामना करते हैं क्योंकि वे परमेश्वर के समय से बाहर कार्य करते हैं।

वे अनुग्रह से आगे निकल जाते हैं।

वे बादल की गति के बिना अपनी योजनाएँ बना लेते हैं।

फिर वे आश्चर्य करते हैं कि थकावट क्यों आई।

मरुस्थल यह सत्य सिखाता है:

उपस्थिति के बिना गति केवल स्व-संचालित धर्म (self-powered religion) बन जाती है।

जब बादल रुक जाए तो ठहरे रहने का अनुशासन (The Discipline of Staying When the Cloud Stops)

किसी कठिन स्थान पर बने रहना अक्सर आगे बढ़ने से ज़्यादा कठिन महसूस होता है।

बंजर मौसम निराशा पैदा करते हैं।

बिना उत्तर के बार-बार की जाने वाली प्रार्थनाएँ थकान पैदा करती हैं।

देरी से मिलने वाली प्रतिज्ञाएँ भावनात्मक थकावट लाती हैं।

फिर भी कभी-कभी बादल स्थिर रहता है।

जब बादल रुक जाता था, तो इस्राएल की ज़िम्मेदारियाँ होती थीं।

तम्बू गाड़ना।

मन्ना इकट्ठा करना।

दिनचर्या बनाना।

आराधना बनाए रखना।

परिवारों का पालन-पोषण करना।

प्रतीक्षा के दौरान भी जीवन जारी रहता था।

यह विश्वासियों को सिखाता है कि आत्मिक परिपक्वता केवल आगे बढ़ना ही नहीं है।

कभी-कभी परिपक्वता का अर्थ रोपे गए (planted) बने रहना है।

प्रतीक्षा के मौसम व्यर्थ के मौसम नहीं होते।

जब लोग बादल के नीचे बने रहते हैं, तब परमेश्वर स्थिरता (stability) विकसित करता है।

जड़ें धीरे-धीरे बढ़ती हैं।

चरित्र चुपचाप आकार लेता है।

धैर्य दर्द के साथ विकसित होता है।

खंभे की दया: जब वे असफल हुए तब भी परमेश्वर ने उन्हें नहीं छोड़ा (The Mercy of the Pillar)

मरुस्थल के इतिहास की सबसे चौंकाने वाली वास्तविकताओं में से एक यह है:

इस्राएल बार-बार असफल हुआ।

कुड़कुड़ाना।

भय।

मूर्तिपूजा।

विद्रोह।

फिर भी नहेम्याह बाद में विचार करता है:

"तौभी तू ने अपनी बड़ी दया के कारण उन्हें जंगल में न छोड़ा; न तो दिन को बादल का खम्भा उनसे अलग हुआ कि उन्हें मार्ग दिखाए, और न रात को आग का खम्भा अलग हुआ..."

– नहेम्याह 9:19 (हिंदी बाइबिल)

इसे ध्यान से देखें।

असफलता ने स्वचालित रूप से उपस्थिति को दूर नहीं किया।

दया ने आवरण (coverage) को सुरक्षित रखा।

यह विद्रोह को उचित नहीं ठहराता।

लेकिन यह वाचा की वफादारी (covenant faithfulness) को प्रकट करता है।

परमेश्वर अपरिपक्वता के मौसमों के दौरान भी प्रतिबद्ध रहा।

कई विश्वासी गलत तरीके से यह मान लेते हैं कि हर एक असफलता तुरंत परित्याग का कारण बनती है।

मरुस्थल इसके विपरीत प्रकट करता है।

बादल बना रहा।
दया विद्रोह की योग्यता से अधिक समय तक टिकी रही।

आंतरिक खंभा: वातावरण को भीतर लेकर चलना (The Internal Pillar)

नई वाचा (New Covenant) के तहत कुछ नाटकीय रूप से बदल जाता है।
बादल अब बाहरी रूप से नहीं तैरता।
आग अब तम्बुओं के ऊपर नहीं रहती।
आत्मा विश्वासियों के भीतर आ जाती है।
आप पवित्र स्थान बन जाते हैं।
आप वाहक (carrier) बन जाते हैं।
इसका अर्थ है कि वातावरण साथ ले जाने योग्य (portable) बन जाता है।
विश्वासी वातावरण (climate) को विभिन्न परिस्थितियों में लेकर चलते हैं।
अस्पतालों में।
दफ्तरों में।
दुख के बीच।
टकराव के बीच।
मंत्रालय में।

विश्वासियो के भीतर की आत्मा गतिशील मार्गदर्शन (mobile guidance) बन जाती है।

साथ चलने वाला आवरण।

आंतरिक आग।

जीवित नेविगेशन।

निष्कर्ष: जीवन के भूगोल के माध्यम से बादल का अनुसरण करना (Following the Cloud)

बादल और आग के खंभे के रूप में पवित्र आत्मा विश्वासियों को सिखाती है कि आत्मिक जीवन गहराई से भौगोलिक (geographical) है।

आप कहीं जा रहे हैं।

आप मरुस्थलों को पार कर रहे हैं।

आप अज्ञात स्थानों में रास्ता खोज रहे हैं।

लेकिन आप बिना आवरण के यात्रा नहीं कर रहे हैं।

जब जीवन अत्यधिक गर्म हो जाता है, वह छाया बन जाता है।

जब अंधकार फैलता है, वह आग बन जाता है।

जब शत्रु पीछा करते हैं, वह पीछे का पहरेदार बन जाता है।

जब अधीरता उठती है, वह प्रतीक्षा करना सिखाता है।

जब कमजोरी प्रकट होती है, दया बनी रहती है।

लक्ष्य कभी केवल कनान पहुँचना नहीं था।

लक्ष्य उपस्थिति पर निर्भरता सीखना था।
क्योंकि अंततः, मिरास वह भूमि नहीं थी।
मिरास उस परमेश्वर के साथ चलना सीखना था जो बादल के भीतर रहता था।

14: मुक्तिदाता (गोएल) और कबूतर – यरदन नदी के संगम की संरचनात्मक गतिशीलता (The Goel and the Dove – The Structural Dynamics of the Jordan River Convergence)

सार्वजनिक प्रकटीकरण की दहलीज: जब स्वर्ग ने चार सौ वर्षों का सन्नाटा तोड़ा (The Threshold of Public Emergence)

पवित्रशास्त्र में कुछ क्षण ऐसे होते हैं जो कब्जों (hinges) की तरह काम करते हैं। उनसे पहले की हर चीज़ उनके लिए निर्मित होती है, और उनके बाद की हर चीज़ उन्हीं से बहती है। यरदन नदी (Jordan River) में यीशु का बपतिस्मा (Baptism) उन्हीं क्षणों में से एक है। सदियों से, इस्राएल ने भविष्यद्वाणी के सन्नाटे (prophetic silence) के तहत जीवन जिया था। एक स्वीकृत भविष्यद्वक्ता की आवाज़ सुने बिना पीढ़ियाँ गुज़र गई थीं। साम्राज्य उठे और गिर गए थे। फारस आया और चला गया। यूनान आया और चला गया। अब रोम देश पर काबिज़ था। लोग अभी भी मन्दिर में आराधना करते थे, बलिदान अभी भी जारी थे, धार्मिक प्रणालियाँ अभी भी काम कर रही थीं–लेकिन कुछ अनुपस्थित महसूस होता था।

वह सन्नाटा भारी था।
आकाश बंद (closed) प्रतीत होता था।
लोग प्रतीक्षा कर रहे थे।
तब अचानक, परमेश्वर ने इतिहास को फिर से शुरू करने के लिए एक अप्रत्याशित स्थान को चुना।
यरूशलेम को नहीं।
रोम को नहीं।
मन्दिर के आंगनों को नहीं।
किसी महल को नहीं।
बल्कि एक मटमैली नदी को।
यह अकेले ही पवित्र आत्मा के बारे में कुछ महत्वपूर्ण प्रकट करता है। परमेश्वर अक्सर अपने सबसे बड़े आंदोलनों को उन स्थानों पर शुरू करता है जिन्हें मानवीय प्रणालियाँ अनदेखा कर देती हैं। स्वर्ग अक्सर मंचों से पहले मरुस्थल को, महलों से पहले नदियों को, और प्रचार से पहले अनाम रहने की स्थिति (obscurity) को चुनता है।
यरदन नदी वह मिलन स्थल बन गई जहाँ स्वर्ग और पृथ्वी सार्वजनिक रूप से आपस में टकराए।

यरदन क्यों मायने रखती है: परमेश्वर ने सबसे निचले स्थान को चुना (God Chose the Lowest Place)

भौगोलिक रूप से, यरदन नदी पृथ्वी के सबसे निचले क्षेत्रों में से एक में स्थित है। यह नीचे की ओर खारे समुद्र (मृत सागर - Dead Sea) की ओर बहती है, जो बंजरपन, नमक और निर्जीवता से जुड़ा स्थान है। यह विवरण मायने रखता है।

यीशु जानबूझकर निचले स्थानों की ओर चले।

उन्होंने बार-बार खुद को वहाँ स्थापित किया जहाँ टूटी हुई मानवता मौजूद थी।

जब उन्होंने यरदन में प्रवेश किया, तो वे इसलिए प्रवेश नहीं कर रहे थे क्योंकि उन्हें शुद्धिकरण (cleansing) की आवश्यकता थी।

यूहन्ना ने स्वयं विरोध किया था:

"परन्तु यूहन्ना यह कहकर उसे रोकने लगा, 'मुझे तो तेरे हाथ से बपतिस्मा लेने की आवश्यकता है, और तू मेरे पास आया है?'"

– मत्ती 3:14 (हिंदी बाइबिल)

यीशु ने उन जलों में इसलिए प्रवेश किया क्योंकि पहचान (identification) हमेशा छुटकारे (redemption) से पहले आती है।

उन्होंने मानवीय असफलता से जुड़े जलों में कदम रखा।

उन्होंने राष्ट्रीय इतिहास से जुड़े जलों में कदम रखा।

उन्होंने पार करने, परिवर्तन और वाचा से जुड़े जलों में कदम रखा।

पूरे पवित्रशास्त्र में, मुख्य परिवर्तन यरदन के आस-पास ही हुए।

इस्राएल ने मिरास (inheritance) में प्रवेश करने के लिए यरदन को पार किया।

एलीयाह ने उठाए जाने (ascension) से पहले यरदन को पार किया।

एलीशा ने मंत्रालय में प्रवेश करने के लिए इसे पार किया।

अब यीशु सार्वजनिक मंत्रालय से पहले यरदन में प्रवेश करते हैं।

यह एक पैटर्न को प्रकट करता है:

परमेश्वर अक्सर नए कार्यों से पहले परिवर्तन के क्षेत्रों (transition zones) का उपयोग करता|

स्वर्ग फिर से खुलता है: अलगाव का अंत (The End of Separation)

मत्ती दर्ज करता है:

"और यीशु बपतिस्मा लेकर तुरन्त पानी में से ऊपर आया, और देखो, उसके लिये आकाश खुल गया..."

– मत्ती 3:16 (हिंदी बाइबिल)

पीढ़ियों से मानवता ने दूरी का अनुभव किया था।

पाप ने अलगाव (separation) पैदा किया था।
धर्म ने बाधाएँ खड़ी की थीं।
याजकपद ने परतें बनाई थीं।
पहुँच सीमित महसूस होती थी।
तब स्वर्ग खुल गया।
यह केवल वायुमंडलीय गतिविधि से बढ़कर था।
यह पुनर्स्थापित पहुँच (restored access) का प्रतीक था।
स्वर्ग के खुलने ने कुछ नया घोषित किया।
संवाद वापस लौट रहा था।
उपस्थिति बढ़ रही थी।
दूरी समाप्त हो रही थी।
बपतिस्मा का यह दृश्य लगभग एक सार्वजनिक घोषणा की तरह काम करता है कि पाप के कारण हुआ अलगाव स्थायी नहीं रहेगा।
परमेश्वर फिर से मानवता की ओर बढ़ रहा था।
परछाइयों के माध्यम से नहीं।
अस्थायी मुलाकातों के माध्यम से नहीं।
बल्कि स्थायी निवास स्थान (habitation) के माध्यम से।

कबूतर ही क्यों? आत्मा के चरित्र का प्रकटीकरण (The Character of the Spirit Revealed)

इस कहानी के सबसे सुंदर विवरणों में से एक वह रूप है जिसे आत्मा ने चुना।

पवित्रशास्त्र कहता है:

"...और उसने परमेश्वर के आत्मा को कबूतर के समान उतरते और अपने ऊपर आते देखा।"

– मत्ती 3:16 (हिंदी बाइबिल)

कबूतर (dove) ही क्यों?

गर्जन क्यों नहीं?

उकाब क्यों नहीं?

आग क्यों नहीं?

क्योंकि रूप चरित्र (character) को संप्रेषित करता है।

कबूतर शिकारी जीवों से अलग तरह से व्यवहार करते हैं।

कबूतर कोमल (gentle) होते हैं।

संवेदनशील होते हैं।

शांतिप्रिय होते हैं।

वे जल्दी चौंक जाते हैं।

वे आक्रामक रूप से वातावरण पर हावी नहीं होते।

यह पवित्र आत्मा के काम करने के तरीके के बारे में कुछ महत्वपूर्ण प्रकट करता है।

वह हिंसक हुए बिना सामर्थ्यी है।

कठोर हुए बिना मजबूत है।

क्रूर हुए बिना कायल (convicting) करने वाला है।
कई विश्वासी केवल नाटकीय क्षणों में परमेश्वर की अपेक्षा करते हैं।
कभी-कभी वह चुपचाप आता है।
कभी-कभी कोमलता से।
कभी-कभी धीरे से।
कबूतर विश्वासियों को कोमलता को शक्ति के रूप में पहचानना सिखाता है।

नूह का कबूतर और विश्राम की खोज (Noah's Dove and the Search for Rest)

बपतिस्मा की कहानी चुपचाप नूह (Noah) से वापस जुड़ती है।
जब न्याय के जल ने पृथ्वी को जलमग्न कर दिया था, तो नूह ने एक कबूतर को छोड़ा।
कबूतर ने विश्राम के स्थानों की खोज की।
शुरू में, वह लौट आया।
टिकाव के लिए कोई शुद्ध स्थान नहीं था।
अंततः, उसे भूमि मिल गई।
पीढ़ियों से, मानवता बार-बार असफल हुई थी।
राजा असफल हुए।
याजक असफल हुए।
भविष्यद्वक्ता असफल हुए।

प्रणालियाँ विफल रहीं।

आत्मा लोगों के बीच कार्य करती थी लेकिन शायद ही कभी स्थायी रूप से ठहरती थी।

तब यीशु यरदन से बाहर निकले।

अदन की वाटिका के बाद पहली बार, मानवता स्वर्ग के सामने पूरी तरह से संरेखित (aligned) खड़ी थी।

पूर्ण आज्ञाकारिता।

पूर्ण समर्पण।

पूर्ण पवित्रता।

आत्मा उतरी और ठहर गई (remained)।

विश्राम के स्थान की खोज को अंततः अपनी मंज़िल मिल गई थी।

पिता बोलता है: सार्वजनिक मंत्रालय से पहले सार्वजनिक पहचान (Public Identity Before Public Ministry)

क्रम पर ध्यान दें।

चमत्कारों से पहले।

उपदेशों से पहले।

भीड़ से पहले।

सार्वजनिक सफलता से पहले।

पिता बोलता है:

"और देखो, यह आकाशवाणी हुई: 'यह मेरा प्रिय पुत्र है, जिससे मैं अत्यन्त प्रसन्न हूँ।'"

– मत्ती 3:17 (हिंदी बाइबिल)

पहचान प्रदर्शन (performance) से पहले आई।

पुष्टि (affirmation) सेवा से पहले आई।

प्रेम उपलब्धि से पहले आया।

यह इसलिए महत्वपूर्ण है क्योंकि कई विश्वासी इस क्रम को उलट देते हैं।

लोग अक्सर सोचते हैं:

यदि मैं पर्याप्त प्रदर्शन करूँगा $\rightarrow$ तो परमेश्वर मुझे स्वीकार करेगा।

यरदन नदी प्रकट करती है:

परमेश्वर पुष्टि करता है $\rightarrow$ इसलिए मंत्रालय प्रवाहित होता है।

पिता ने सार्वजनिक जिम्मेदारी से पहले सार्वजनिक रूप से पहचान स्थापित की।

पवित्र आत्मा अक्सर इसी तरह कार्य करती है।

वह कार्यों के विस्तृत होने से पहले पहचान को मजबूत करती है।

जल में खड़ा कुटुंब-मुक्तिदाता (The Kinsman Redeemer Standing in the Water)

यीशु का यरदन में प्रवेश करना मुक्तिदाता (Goel / Redeemer) के रूप में उनकी भूमिका को भी प्रकट करता है।

बाइबिल की सोच में एक छुड़ाने वाला (redeemer) दूरी से लोगों को नहीं बचाता था।

वह उनकी परिस्थिति के भीतर प्रवेश करता था।

वह वहीं खड़ा होता था जहाँ वे खड़े थे।

वह उसे वहन करता था जो उनका था।

यरदन पर, यीशु मानवता के दुखों में प्रवेश करने से पहले मानवता के जलों में प्रवेश करते हैं।

वे बलिदान में कदम रखने से पहले पहचान (identification) में कदम रखते हैं।

यही कारण है कि आत्मा का उतरना मायने रखता है।

पवित्र आत्मा सार्वजनिक रूप से यीशु पर स्वर्ग के चुने हुए मुक्तिदाता के रूप में निशान लगाती है।

केवल शिक्षक के रूप में नहीं।

केवल आश्चर्यकर्म करने वाले के रूप में नहीं।

बल्कि मुक्तिदाता (Redeemer) के रूप में।

वह जो व्यक्तिगत रूप से टूटी हुई प्रणालियों के भीतर प्रवेश करता है।

आगमन से निवास स्थान की ओर बदलाव (The Shift from Visitation to Habitation)

यहाँ एक बड़ा बदलाव होता है।

पुराने नियम (Old Testament) के अधिकांश भाग में, आत्मा अक्सर लोगों पर अस्थायी रूप से आती थी।

शमशोन के लिए सामर्थ्य।

नेताओं के लिए बुद्धि।

भविष्यद्वक्ताओं के लिए भविष्यद्वाणी के क्षण।

लेकिन अस्थायी सशक्तिकरण ने अस्थिरता पैदा की।

लोग परमेश्वर की उपस्थिति खोने से डरते थे।

दाऊद ने प्रार्थना की थी:

"मुझे अपने सम्मुख से निकाल न दे, और अपने पवित्र आत्मा को मुझसे अलग न कर।"

– भजन संहिता 51:11 (हिंदी बाइबिल)

यरदन इस व्यवस्था को बदलना शुरू करती है।

आत्मा उतरती है और ठहर जाती है (remains)।

यह स्थायित्व नई वाचा (New Covenant) के विश्वासियों के लिए बुनियादी बन जाता है।

आत्मा अब केवल मिलने नहीं आती।

वह निवास (inhabits) करती है।

यह मसीही जीवन को पूरी तरह से बदल देता है।

आप परमेश्वर का ध्यान बार-बार आकर्षित करने की कोशिश नहीं कर रहे हैं।
आप उसकी उपस्थिति को अपने भीतर लेकर चलते हैं।

खुले आकाश के नीचे जीना (Living Under Open Heavens)

कई विश्वासी लगातार प्रार्थना करते हैं:
"प्रभु आकाश को खोल दे।"
यरदन प्रकट करती है कि स्वर्ग ने पहले ही कदम उठा लिया है।
बाधा को संबोधित किया जा चुका है।
आत्मा उतर चुकी है।
आमंत्रण दिया जा चुका है।
इसका अर्थ यह नहीं है कि विश्वासी कभी संघर्ष नहीं करते।
इसका अर्थ यह है कि पहुँच (access) मौजूद है।
आप भरोसे के साथ निकट आ सकते हैं।
भरोसे के साथ प्रार्थना कर सकते हैं।
भरोसे के साथ आराधना कर सकते हैं।
भरोसे के साथ चल सकते हैं।
क्योंकि जो आत्मा मसीह पर उतरी थी, वही अब विश्वासियों के भीतर रहती है।

जब कबूतर धूल पर उतरता है
यरदन नदी का संगम पवित्र आत्मा के हृदय को प्रकट करता है।
वह निचले स्थानों की ओर उतरता है।
वह समर्पित मानवता पर विश्राम करता है।
वह पहचान की पुष्टि करता है।
वह सौंपे गए कार्य को सामर्थ्य देता है।
वह स्वर्ग और पृथ्वी को जोड़ता है।
जो आत्मा कभी उथल-पुथल के ऊपर मँडराती थी, वह अब छुड़ाए गए मानव जीवन के भीतर विश्राम करती है।
आकाश खुल गया।
पिता ने बात की।
कबूतर उतरा।
और इतिहास हमेशा के लिए बदल गया।
क्योंकि जब वह कबूतर यीशु पर उतरा, तो स्वर्ग ने घोषित कर दिया कि नाज़ुक मानवीय धूल को अब कभी अकेले चलने की आवश्यकता नहीं होगी।

15: मरुस्थल की प्रेरणा – आत्मा का गतिक आवेग और पुत्र की परीक्षा (The Wilderness Driving – The Kinetic Impulse of the Spirit and the Testing of the Son)

आराम का चौंकाने वाला व्यवधान: जब उत्सव अचानक अकेलेपन में बदल जाता है (The Shocking Interruption of Comfort)

यरदन पर हुआ बपतिस्मा सार्वजनिक गति (momentum) की शुरुआत होना चाहिए था। स्वर्ग खुला था। पिता ने बात की थी। आत्मा उतरी थी। यीशु ने पवित्रशास्त्र में दर्ज सबसे असाधारण सार्वजनिक पुष्टियों में से एक का अनुभव किया था। उस दृश्य की कल्पना कीजिए।

भीड़ इकट्ठा थी।

यूहन्ना बपतिस्मा दे रहा था।

आकाश खुल रहा था।

पिता की सुनाई देने वाली आवाज़ घोषित कर रही थी:

"यह मेरा प्रिय पुत्र है, जिससे मैं अत्यन्त प्रसन्न हूँ।"
– मत्ती 3:17 (हिंदी बाइबिल)

यदि मानवीय रणनीति इस कहानी को लिख रही होती, तो अगले अध्याय में संभवतः यरूशलेम में चमत्कार, यीशु के चारों ओर इकट्ठा होती भीड़, तीव्र प्रभाव, और तुरंत मिलने वाली सफलता शामिल होती।

इसके विपरीत, कुछ चौंकाने वाला घटित होता है।

पुष्टि के तुरंत बाद अकेलापन (isolation) आता है।

सार्वजनिक मान्यता के तुरंत बाद निजी परीक्षा (private testing) आती है।

कबूतर के तुरंत बाद मरुस्थल (desert) आता है।

यह पवित्र आत्मा के बारे में सबसे पहले दर्दनाक सत्यों में से एक को प्रकट करता है: उसके सौंपे गए कार्य हमेशा मानवीय अपेक्षाओं के अनुसार नहीं होते।

कई विश्वासी मान लेते हैं कि आत्मिक पुष्टि का स्वचालित रूप से अर्थ तत्काल आराम होता है।

पवित्रशास्त्र बार-बार कुछ अलग दिखाता है।

अक्सर पुष्टि ही तैयारी (preparation) बन जाती है।

अक्सर बुलाहट परीक्षा से परिचित कराती है।

अक्सर नियति छिपे हुए स्थानों में शुरू होती है।

आत्मा कठिन स्थानों में क्यों ले जाती है (Why the Spirit Leads into Hard Places)

मत्ती दर्ज करता है:

"तब आत्मा यीशु को जंगल में ले गया ताकि इब्लीस से उसकी परीक्षा की जाए।"

– मत्ती 4:1 (हिंदी बाइबिल)

मरकुस इस क्षण का वर्णन और भी तीव्रता से करता है:

"और तुरन्त आत्मा ने उसे जंगल की ओर निकाला।"

– मरकुस 1:12 (हिंदी बाइबिल)

इसे ध्यान से देखें।

यीशु भटके नहीं थे।

वे अगुवाई पाए हुए (led) थे।

मरुस्थल कोई दंड नहीं था।

वह सौंपे गए कार्य (assignment) का हिस्सा था।

यह बदल देता है कि विश्वासी कठिन समयों की व्याख्या कैसे करते हैं।

हर एक कठिन स्थान का मतलब यह नहीं होता कि कुछ गलत है।

हर एक मरुस्थल का मतलब परित्याग नहीं होता।

कभी-कभी आत्मा जानबूझकर लोगों को उन स्थानों पर ले जाती है जहाँ से आराम गायब हो जाता है क्योंकि जब तक आराम हर चीज़ को नियंत्रित करता है, तब तक निर्भरता (dependence) पूरी तरह से विकसित नहीं हो सकती।

पवित्र आत्मा विश्वासियों को सांत्वना देती है।

लेकिन वह विश्वासियों को खींचती (stretches) भी है।

वह मजबूत करती है।

वह बेनकाब करती है।

वह तैयार करती है।

विकास के लिए अक्सर ऐसे वातावरण की आवश्यकता होती है जिससे मानव स्वभाव स्वाभाविक रूप से बचता है।

परमेश्वर की कक्षा के रूप में मरुस्थल (The Wilderness as God's Classroom)

पूरे पवित्रशास्त्र में, मरुस्थल के मौसम बार-बार कक्षाओं की तरह काम करते हैं।

मूसा ने मिद्यान में वर्ष बिताए।

इस्राएल रेगिस्तानों में भटका।

दाऊद गुफाओं में छिपा।

एलीयाह अकेले नालों के पास बैठा।

पौलुस अरब देश में ओझल हो गया।

अब यीशु मरुस्थल में प्रवेश करते हैं।

क्यों?

क्योंकि मरुस्थल ध्यान भटकाने वाली चीज़ों (distractions) को हटा देता है।

रेगिस्तान शोर को छीन लेते हैं।

अकेलापन निर्भरता को उजागर करता है।
जब बाहरी सहारे गायब हो जाते हैं, तो आंतरिक बुनियाद दिखाई देने लगती है।
मरुस्थल उस चीज़ को प्रकट करता है जिसे भीड़ अक्सर छिपा देती है।
भीड़ असुरक्षा को छिपा सकती है।
मंच कमजोरी को छिपा सकते हैं।
गतिविधि अपरिपक्वता को छिपा सकती है।
लेकिन मरुस्थल वास्तविकता को उजागर करता है।
यीशु आत्मा से भरकर मरुस्थल में प्रविष्ट हुए थे।
मरुस्थल ने प्रकट किया कि दबाव के तहत वह परिपूर्णता कैसी दिखती थी।

चालीस दिन: तत्काल राहत के बिना दबाव (The Forty Days)

पवित्रशास्त्र कहता है:
"वह चालीस दिन और चालीस रात निराहार रहा, तब उसे भूख लगी।"
– मत्ती 4:2 (हिंदी बाइबिल)
यह वाक्य सरल लगता है।
यह है नहीं।
चालीस दिन का अर्थ है कमजोरी।
थकान।

शारीरिक रूप से खाली हो जाना।

मानसिक दबाव।

भावनात्मक संवेदनशीलता (vulnerability)।

शत्रु ने रणनीतिक रूप से प्रतीक्षा की।

प्रलोभन (Temptation) अक्सर तब तीव्र होता है जब शक्ति कम हो जाती है।

ध्यान दें कि शैतान तुरंत प्रकट नहीं होता।

वह प्रतीक्षा करता है।

वह अध्ययन करता है।

वह देखता है।

फिर कमजोरी के दौरान हमला करता है।

यह पैटर्न आज भी होता है।

लोग थकावट के दौरान असुरक्षित हो जाते हैं।

अकेलेपन में।

निराशा में।

देरी से मिले उत्तरों में।

मरुस्थल विश्वासियों को कमजोरी के क्षणों की उपेक्षा न करना सिखाता है।

आत्मिक लड़ाइयाँ अक्सर वहीं तीव्र होती हैं जहाँ शक्ति घट जाती है।

पहला हमला: तत्काल संतुष्टि का दबाव (The First Attack)

शैतान कहता है:

"...यदि तू परमेश्वर का पुत्र है, तो कह दे कि ये पत्थर रोटियाँ बन जाएँ।"

– मत्ती 4:3 (हिंदी बाइबिल)

यह प्रलोभन भोजन से बड़ा था।

इस प्रलोभन के नीचे छिपा प्रश्न यह था:

"क्या तुम पिता के समय (timing) पर भरोसा करोगे?"

भूख तात्कालिकता (urgency) पैदा करती है।

तात्कालिकता छोटे रास्ते (shortcuts) बनाती है।

छोटे रास्ते समझौता (compromise) पैदा करते हैं।

यीशु उत्तर देते हैं:

"...'मनुष्य केवल रोटी ही से नहीं, परन्तु हर एक वचन से जो परमेश्वर के मुख से निकलता है जीवित रहेगा।'"

– मत्ती 4:4 (हिंदी बाइबिल)

यीशु एक असहज सत्य सिखाते हैं।

मनुष्यों को शारीरिक आपूर्ति से कहीं अधिक की आवश्यकता है।

शरीर को भोजन चाहिए।

प्राण को सत्य चाहिए।

आत्मा को संगति चाहिए।

परमेश्वर की आवाज़ के बिना, बाहरी आपूर्ति कभी भी पूरी तरह संतुष्ट नहीं करती।

दूसरा हमला: पहचान साबित करने की आवश्यकता (The Second Attack)

इसके बाद शैतान पहचान को चुनौती देता है।

"...यदि तू परमेश्वर का पुत्र है, तो अपने आप को नीचे गिरा दे..."

– मत्ती 4:6 (हिंदी बाइबिल)

यह प्रलोभन असुरक्षा (insecurity) को निशाना बनाता था।

इसने अनिवार्य रूप से पूछा:

"साबित करो कि तुम कौन हो।"

कई विश्वासी आज भी रोज़ इस प्रलोभन से लड़ते हैं।

खुद को साबित करो।

अपनी बुलाहट को साबित करो।

अपने मूल्य को साबित करो।

अपनी आत्मिकता को साबित करो।

यीशु ने इनकार कर दिया।

क्योंकि पिता द्वारा सुरक्षित की गई पहचान के लिए निरंतर प्रदर्शन (performance) की आवश्यकता नहीं होती।

जो लोग जानते हैं कि वे कौन हैं, उन्हें शायद ही कभी सार्वजनिक मान्यता की आवश्यकता होती है।
मरुस्थल ने पहचान को मजबूत किया।

तीसरा हमला: दुखों से बचने के छोटे रास्ते (The Third Attack)

अंततः शैतान राज्यों की पेशकश करता है।
सामर्थ्य।
प्रभाव।
नियंत्रण।
क्रूस के बिना।
यह प्रलोभन आज भी मौजूद है।
लोग प्रक्रिया (process) के बिना प्रभाव चाहते हैं।
नम्रता के बिना प्रभाव।
बलिदान के बिना अधिकार।
समर्पण के बिना सफलता।
यीशु इनकार करते हैं।
क्योंकि परमेश्वर का समय उतना ही मायने रखता है जितनी परमेश्वर की प्रतिज्ञाएँ।
छोटे रास्ते अक्सर दीर्घकालिक नुकसान पैदा करते हैं।
पवित्र आत्मा अक्सर विश्वासियों को उस चीज़ में देरी करके बचाती है जिसे वे बेताबी से चाहते हैं।

वचन यीशु का हथियार क्यों बना (Why the Word Became Jesus 'Weapon)

हर एक प्रलोभन को एक ही उत्तर मिलता है:

"यह लिखा है..."

यीशु भावना के साथ नहीं लड़े।

ट्सास के साथ नहीं।

व्यक्तिगत रचनात्मकता के साथ नहीं।

वे सत्य (truth) का उपयोग करके लड़े।

यह कुछ महत्वपूर्ण सिखाता है।

मरुस्थल उजागर करता है कि विश्वासी वास्तव में किस पर भरोसा करते हैं।

दबाव बुनियाद को प्रकट करता है।

जब दबाव आया, तो पवित्रशास्त्र यीशु के भीतर से बाहर बह निकला क्योंकि पवित्रशास्त्र पहले से ही उनके भीतर रहता था।

जो लगातार भीतर प्रवेश करता है, वह अंततः स्वाभाविक रूप से बाहर निकलता है।

परिपूर्णता से सामर्थ्य की ओर: मरुस्थल का रूपांतरण (The Wilderness Transformation)

लूका कुछ अद्भुत दर्ज करता है।

मरुस्थल से पहले:

यीशु "पवित्र आत्मा से भरा हुआ" थे।

– लूका 4:1 (हिंदी बाइबिल)

मरुस्थल के बाद:

यीशु "आत्मा की सामर्थ्य से भरा हुआ" लौटे।

– लूका 4:14 (हिंदी बाइबिल)

कुछ बदल गया था।

परिपूर्णता (Fullness) को परखा गया था।

परखने ने अधिकार (authority) पैदा किया।

अधिकार ने सामर्थ्य (power) पैदा की।

यह पैटर्न मायने रखता है।

केवल क्षमता (capacity) ही पर्याप्त नहीं है।

दबाव के तहत बना रहने वाला चरित्र अधिकार का निर्माण करता है।

मरुस्थल ने आंतरिक परिपूर्णता को बाहरी प्रभावशीलता में बदल दिया।

आज विश्वासियों के मरुस्थल के मौसम (The Desert Seasons of Believers Today)

कई विश्वासी तब डर जाते हैं जब मरुस्थल के मौसम आते हैं।

संसाधन सिकुड़ जाते हैं।

मित्र गायब हो जाते हैं।

दरवाजे बंद हो जाते हैं।

भावनाओं में उतार-चढ़ाव आता है।

कुछ भी स्पष्ट महसूस नहीं होता।

फिर भी कभी-कभी ये मौसम गहराई से आत्मिक होते हैं।

मरुस्थल अक्सर प्रतिस्पर्धी आवाज़ों को हटा देता है।

यह निर्भरता सिखाता है।

यह मूरतों (idols) को बेनकाब करता है।

यह पहचान को मजबूत करता है।

यह सहनशीलता का निर्माण करता है।

यदि पवित्र आत्मा आपको किसी कठिन मौसम में ले गई है, तो स्वचालित रूप से इसे अस्वीकृति मत मान लें।

कभी-कभी रेगिस्तान तैयारी के क्षेत्र (preparation zones) होते हैं।

जब आत्मा अधिकार के निर्माण के लिए अकेलेपन का उपयोग करती है

मरुस्थल कभी भी अंतिम मंज़िल नहीं था।

वह तैयारी थी।

यीशु छिपे हुए प्रवेश किए थे।

वे सशक्त होकर बाहर निकले।

वे अकेले प्रवेश किए थे।

वे तैयार होकर बाहर निकले।

वे भूखे प्रवेश किए थे।

वे मजबूत होकर बाहर निकले।

आत्मा आज भी इसी तरह कार्य करती है।
वह सांत्वना देती है।
वह मार्गदर्शन करती है।
वह सामर्थ्य देती है।
लेकिन कभी-कभी वह विश्वासियों को रेगिस्तानों में भी ले जाती है जहाँ निर्भरता गहरी होती है और अधिकार का निर्माण होता है।
मरुस्थल के मौसमों को तुच्छ मत समझें।
स्वर्ग के कुछ सबसे बड़े रूपांतरण वहीं होते हैं जहाँ भीड़ गायब हो जाती है और केवल परमेश्वर शेष रहता है।
क्योंकि अक्सर आत्मा निजी रेगिस्तानों में ही सार्वजनिक अधिकार को तैयार करती है।

16: आराधनालय से निष्कासन – स्वतंत्रता की आत्मा और धार्मिक घेरों का टूटना (The Synagogue Eviction – The Spirit of Liberation and the Breaking of Religious Enclosures)

जब आत्मा मरुस्थल में रहने से इनकार करती है (When the Spirit Refuses to Stay in the Desert)

मरुस्थल (wilderness) का समय समाप्त हो चुका था।

यीशु ने भूख, अकेलेपन, प्रलोभन और तीव्र आत्मिक दबाव का सामना किया था। वे आत्मा से भरकर जंगल में प्रविष्ट हुए थे और दिखाई देने वाले अधिकार (authority) को लेकर लौटे थे। अब उनके मिशन का अगला चरण शुरू होने वाला था।

कई लोग कल्पना करते हैं कि मरुस्थल की इतनी शक्तिशाली विजय के बाद, यीशु तुरंत राजनीतिक केंद्रों की यात्रा करेंगे, रोमी शक्तियों का सामना करेंगे, या बड़े सार्वजनिक आंदोलनों का निर्माण शुरू करेंगे।

इसके विपरीत, कुछ चौंकाने वाला घटित होता है।

आत्मा उन्हें सीधे परिचित क्षेत्र में ले जाती है।

उनके अपने गृहनगर (hometown) में।

धार्मिक प्रणालियों के भीतर।

उन वातावरणों में जहाँ परंपरा (tradition) परिवर्तन (transformation) से अधिक मजबूत हो चुकी थी।

यह पवित्र आत्मा के बारे में कुछ महत्वपूर्ण प्रकट करता है: वह केवल प्रार्थना के कमरों, पहाड़ों या अलग-थलग आत्मिक अनुभवों में ही कार्य नहीं करता। वह जानबूझकर उन साधारण स्थानों में प्रवेश करता है जहाँ मानवीय प्रणालियाँ कठोर और निर्जीव हो चुकी हैं।

यीशु के सार्वजनिक मंत्रालय (public ministry) का पहला बड़ा टकराव राजनेताओं के साथ नहीं था।

वह मरे हुए धर्म (dead religion) के साथ था।

आत्मा की सामर्थ्य में लौटना (Returning in the Power of the Spirit)

लूका दर्ज करता है:

"फिर यीशु आत्मा की सामर्थ्य से भरा हुआ गलील को लौटा..."

– लूका 4:14 (हिंदी बाइबिल)

शब्दों पर ध्यान दें।

यीशु केवल शिक्षित होकर नहीं लौटे थे।

वे केवल प्रेरित (motivated) होकर नहीं लौटे थे।

वे सामर्थ्य पाकर (empowered) लौटे थे।

सामर्थ्य लोगों के चलने का तरीका बदल देती है।
सामर्थ्य लोगों के बोलने का तरीका बदल देती है।
सामर्थ्य वातावरण को बदल देती है।
मरुस्थल ने उनके भीतर कुछ ऐसा पैदा किया जिसने अब उनके आस-पास की हर चीज़ को प्रभावित करना शुरू कर दिया।
आत्मा कभी भी विश्वासियों को केवल निजी तौर पर जीवित रहने के लिए तैयार नहीं करती।
तैयारी हमेशा सौंपे गए कार्य (assignment) से जुड़ी होती है।

आराधनालय: आराधना का एक ऐसा स्थान जिसे व्यवधान की आवश्यकता थी (The Synagogue)

यीशु ने नासरत के आराधनालय (synagogue) में प्रवेश किया।
यह परिचित क्षेत्र था।
वे यहीं पले-बढ़े थे।
लोग उनके परिवार को जानते थे।
उन्होंने उन्हें बचपन में देखा था।
वे उनके व्यवसाय (बढ़ई के काम) को जानते थे।
यह परिचय जल्द ही एक समस्या बनने वाला था।
क्योंकि अक्सर परिचय (familiarity) रूपांतरण को पहचानने में संघर्ष करता है।

कभी-कभी लोग हमारे पुराने रूपों को अधिक आसानी से स्वीकार कर सकते हैं, बजाय उन नए मौसमों के जो परमेश्वर बनाता है।

यीशु पढ़ने के लिए खड़े होते हैं।

उन्हें एक पुस्तक (scroll) सौंपी जाती है।

सभी संभावित वचनों में से, वे यशायाह का एक भाग चुनते हैं।

अकारण नहीं।

दुर्घटनावश नहीं।

रणनीतिक (Strategic)।

आत्मा का घोषणापत्र (The Manifesto of the Spirit)

यीशु पढ़ते हैं:

"प्रभु का आत्मा मुझ पर है, इसलिये कि उसने मेरा अभिषेक किया है..."

– लूका 4:18 (हिंदी बाइबिल)

यह कथन एक घोषणा (announcement) की तरह काम करता है।

वे अनिवार्य रूप से घोषित कर रहे हैं:

"प्रतीक्षा का समय समाप्त हो गया है।"

"मिशन शुरू हो चुका है।"

"राज्य अब गति में है।"

फिर वे रूपरेखा तैयार करते हैं कि आत्मा से भरा मंत्रालय वास्तव में कैसा दिखता है:

सुसमाचार सुनाना (Preaching good news)।

टूटे मनों को चंगा करना (Healing broken hearts)।

बंधियों को छुड़ाना (Setting captives free)।

दृष्टि देना (Giving sight)।

स्वतंत्रता लाना (Bringing liberty)।

एक बात पर ध्यान से गौर करें।

पवित्र आत्मा की सेवा लगातार उन लोगों की ओर बढ़ती है जो बोझ उठाए हुए हैं।

दरिद्र (The poor)।

टूटे हुए (The broken)।

कुचले हुए (The oppressed)।

भूले हुए (The forgotten)।

आत्मा उन स्थानों की ओर बढ़ती है जहाँ पुनर्स्थापना (restoration) की आवश्यकता होती है।

दरिद्र: आर्थिक कमी से कहीं बढ़कर (The Poor: More Than Financial Lack)

यीशु कहते हैं कि वे दरिद्रों को सुसमाचार सुनाने आए हैं।

इसमें निश्चित रूप से भौतिक कंगाली शामिल है।

लेकिन पवित्रशास्त्र बार-बार कंगाली का विस्तार आर्थिक स्थिति से आगे करता है।

कई लोग धन रखते हैं लेकिन भावनात्मक रूप से दरिद्र (poor) बने रहते हैं।

रिश्तों के मामले में दरिद्र।

आत्मिक रूप से दरिद्र।

मानसिक रूप से थके हुए।

आंतरिक रूप से दिवालिया।

पवित्र आत्मा आंतरिक दरिद्रता के स्थानों में प्रवेश करती है और बहुतायत (abundance) को लाती है।

केवल संसाधन नहीं।

बल्कि जीवन।

आशा।

पहचान।

उद्देश्य।

खेदित मनों को चंगा करना (Healing the Brokenhearted)

खेदित मन (Broken hearts) कठिन होते हैं क्योंकि वे अक्सर अदृश्य होते हैं।

लोग उन्हें छिपाते हैं।

उन पर मुस्कुराते हैं।

उन्हें गतिविधियों से ढक देते हैं।

फिर भी पवित्रशास्त्र विशेष रूप से उन्हें उजागर करता है।

पवित्र आत्मा छिपे हुए घावों की ओर बढ़ती है।

सदमे (Trauma)।

अस्वीकृति (Rejection)।

परित्याग (Abandonment)।

निराशा।

हानि (नुकसान)।

कई विश्वासी सामर्थ्य के अनुभवों को तो चाहते हैं, लेकिन चंगाई के अनुभवों से बचते हैं।

आत्मा अक्सर विस्तार से पहले पुनर्स्थापना (restoration) को प्राथमिकता देती है।

बंधियों को छुटकारा (Liberty for Captives)

बंधी होना (Captivity) कई रूप लेता है।

व्यसन (Addictions)।

भय।

लज्जा (Shame)।

कड़वाहट।

पीढ़ियों के चक्र।

झूठे विश्वास।

धार्मिक प्रदर्शन (Performance)।

यीशु का मंत्रालय कभी भी केवल सूचनात्मक (informational) नहीं था।
वह मुक्तिदायक (liberational) था।
आत्मा केवल स्वतंत्रता की व्याख्या नहीं करती।
वह स्वतंत्रता का निर्माण करती है।
पूरे सुसमाचारों में, लोग बार-बार यीशु से मिलते हैं और आने की तुलना में अधिक हल्के (बोझमुक्त) होकर निकलते हैं।
यह पैटर्न आज भी आत्मा के माध्यम से जारी है।

धार्मिक प्रणालियाँ क्यों खतरा महसूस करने लगती हैं (Why Religious Systems Become Threatened)

शुरू में, लोगों ने उनके वचनों की प्रशंसा की।
वे प्रभावित थे।
सहज थे।
इच्छुक थे।
तभी यीशु एक कथन कहते हैं:
"आज ही यह व्यवस्था का लेख तुम्हारे सामने पूरा हुआ है।"
– लूका 4:21 (हिंदी बाइबिल)
सब कुछ बदल जाता है।
क्यों?

क्योंकि भविष्यद्वाणी का दूर रहना सुरक्षित महसूस कराता है।
उसका प्रकटीकरण (Manifestation) खतरा महसूस कराता है।
लोग अक्सर वर्तमान के परिवर्तन का विरोध करते हुए भविष्य की जागृति (revival) का उत्सव मनाते हैं।
आराधनालय को यशायाह का पढ़ा जाना अच्छा लगा।
उन्हें तब संघर्ष करना पड़ा जब यशायाह दिखाई देने लगा।

परिचय प्रतिरोध का निर्माण करता है (Familiarity Creates Resistance)

लोग पूछना शुरू करते हैं:
"...क्या यह यूसुफ का पुत्र नहीं?"
– लूका 4:22 (हिंदी बाइबिल)
परिचय (Familiarity) अंधापन पैदा कर सकता है।
लोग तब संघर्ष करते हैं जब कोई व्यक्ति जिसे उन्होंने एक श्रेणी में सीमित कर दिया था, अचानक बदल जाता है।
यह पूरे पवित्रशास्त्र में बार-बार होता है।
दाऊद को अभी भी एक चरवाहे के रूप में देखा जाता था।

यूसुफ को एक कैदी के रूप में।
मूसा को एक भगोड़े के रूप में।
यीशु को एक बढ़ई के रूप में।
मानवीय प्रणालियाँ अक्सर उसे पहचानने में संघर्ष करती हैं जिसे परमेश्वर विकसित कर रहा है।

आत्मा विशिष्टता को चुनौती देती है (The Spirit Challenges Exclusivity)

यीशु उन्हें एलिय्याह के बारे में याद दिलाते हैं।
इस्राएल से बाहर की विधवाओं के बारे में।
सीरिया के नामान के बारे में।
उनका उद्देश्य स्पष्ट हो जाता है:
परमेश्वर की दया को मानवीय सीमाओं द्वारा नियंत्रित नहीं किया जा सकता।
धार्मिक प्रणालियाँ अक्सर घेरे (circles) बनाती हैं।
आत्मा विस्तार (expansion) का निर्माण करती है।
धर्म अक्सर पूछता है:
"कौन पहुँच का हकदार है?"
आत्मा पूछती है:
"किसे अनुग्रह की आवश्यकता है?"

वातावरण जल्दी बदल जाता है (The Atmosphere Changes Quickly)

लूका कहता है:
"आराधनालय के सब लोग ये बातें सुनकर क्रोध से भर गए।"
– लूका 4:28 (हिंदी बाइबिल)
कुछ क्षण पहले वे उनकी प्रशंसा कर रहे थे।
अब वे उन्हें मारना चाहते हैं।
सत्य अक्सर छिपे हुए प्रतिरोध (प्रतिरोध/विरोध) को उजागर करता है।
पवित्र आत्मा के पास सतहों के नीचे पहले से मौजूद चीज़ों को बेनकाब करने का एक तरीका होता है।
विरोध कभी-कभी यह प्रकट करता है कि मूरतें (idols) कहाँ छिपी हुई हैं।

निष्कासन का प्रयास (The Attempted Eviction)
भीड़ यीशु को पहाड़ की चोटी की ओर धकेलती है।
इस क्षण के बारे में सोचें।
ये गैर-यूदी (pagans) नहीं थे।
सैनिक नहीं थे।
अपराधी नहीं थे।
आराधनालय में आने वाले लोग थे।
पवित्रशास्त्र से परिचित लोग।
फिर भी आत्मिक परिचय स्वचालित रूप से आत्मिक समर्पण पैदा नहीं करता।

परिवर्तन के बिना ज्ञान खतरनाक हो सकता है।

शत्रुता के बीच से होकर चलना (Walking Through Hostility)

लूका कुछ असाधारण दर्ज करता है।
"परन्तु वह उनके बीच में से होकर निकल गया।"
– लूका 4:30 (हिंदी बाइबिल)
कोई लड़ाई नहीं।
कोई बहस नहीं।
कोई घबराहट नहीं।
वे बस सीधे चले गए।
यह कुछ शक्तिशाली प्रदर्शित करता है।
जब परमेश्वर का समय (timing) सक्रिय रहता है, तो विरोध सौंपे गए कार्य को समय से पहले नहीं रोक सकता।
लोग विरोध कर सकते हैं।
आलोचना कर सकते हैं।
खारिज कर सकते हैं।
फिर भी उद्देश्य तब तक जीवित रहता है जब तक स्वर्ग का समय कुछ और न कहे।

आधुनिक आराधनालय की समस्या (The Modern Synagogue Problem)

कई विश्वासी आज भी अपने भीतर आराधनालयों का निर्माण करते हैं।
ऐसी संरचनाएँ जो कठोर हो जाती हैं।
अनुमान के योग्य।
नियंत्रित।
ऐसी प्रणालियाँ जहाँ परमेश्वर को संभालना आसान हो जाता है।
हम आत्मिकता को दिनचर्या (routines) तक सीमित कर देते हैं।
कार्यक्रमों तक।
चे‌‌क‌लिस्ट तक।
प्रदर्शन तक।
पवित्र आत्मा इन घेरों को तोड़ती है।
क्योंकि जीवित रिश्ते rigid (कठोर) बक्सों के भीतर हमेशा के लिए जीवित नहीं रह सकते।

आत्मा आंतरिक जेलों को तोड़ती है (The Spirit Breaks Internal Prisons)

कई जेलें अदृश्य होती हैं।
भय।
दोषभावना (Condemnation)।
परफेक्शनिज़्म (पूर्णतावाद)।
धार्मिक अपराधबोध।

प्रदर्शन की लत।

आत्मा इन स्थानों में केवल सांत्वना देने के लिए प्रवेश नहीं करती बल्कि स्वतंत्र करने के लिए आती है।

स्वतंत्रता अक्सर शुरू में असहज महसूस होती है क्योंकि बंधी होना (captivity) अंततः सामान्य लगने लगता है।

हमारे भीतर प्रतिरोध क्यों होता है (Why Resistance Happens Inside Us)

कभी-कभी विश्वासी उसी स्वतंत्रता का विरोध करते हैं जिसके लिए वे प्रार्थना करते हैं।

क्यों?

क्योंकि स्वतंत्रता जिम्मेदारी (responsibility) लेकर आती है।

विकास के लिए बदलाव की आवश्यकता होती है।

चंगाई के लिए संवेदनशीलता की आवश्यकता होती है।

रूपांतरण के लिए समर्पण की आवश्यकता होती है।

हमारा आंतरिक प्रतिरोध अक्सर नासरत जैसा दिखता है।

हम यीशु की प्रशंसा तब तक करते हैं जब तक वे हमारे आंतरिक फर्नीचर को पुनर्व्यवस्थित नहीं करते।

आत्मा गति का निर्माण करती है (The Spirit Creates Movement)

पूरे सुसमाचारों में एक सुसंगत पैटर्न दिखाई देता है।

जहाँ कहीं भी यीशु आत्मा में चले:

चीजें बदल गईं।

बंदी बदल गए।

प्रणालियाँ हिल गईं।

लोग चंगे हुए।

दुष्टात्माएँ चली गईं।

समुदाय रूपांतरित हो गए।

आत्मा शायद ही कभी वातावरण को अपरिवर्तित छोड़ती है।

मरे हुए धर्म का खतरा (The Danger of Dead Religion)

मरा हुआ धर्म नियंत्रण पसंद करता है।

अनुमान लगाने की क्षमता।

दिखावा।

प्रदर्शन।

आत्मा जीवन पसंद करती है।

गति (Movement)।

विकास।

रूपांतरण (Transformation)।

जब धर्म रिश्ते को खो देता है, तो संरचनाएँ तो बची रहती हैं लेकिन जीवन गायब हो जाता है।
यीशु ने बार-बार इसका सामना किया।

जीवनशैली के रूप में स्वतंत्रता (Liberty as Lifestyle)

पवित्रशास्त्र में स्वतंत्रता केवल एक घटना नहीं है।
वह जीवनशैली (lifestyle) बन जाती है।
डर के बिना जीना सीखना।
बिना अंतहीन दोषभावना के।
प्रदर्शन की गुलामी के बिना।
पवित्र आत्मा लगातार विश्वासियों को सिखाती है कि कैसे स्वतंत्र बने रहना है।

आत्मा को सीमित नहीं किया जा सकता (The Spirit Cannot Be Contained)

नासरत ने यीशु को बाहर धकेलने की कोशिश की।
फिर भी उनका मिशन जारी रहा।
यह आज भी सच है।
मानवीय प्रणालियाँ उस चीज़ को स्थायी रूप से सीमित नहीं कर सकतीं जिसे परमेश्वर शुरू करता है।

जब आत्मा चलने का निर्णय करती है, तो संरचनाओं को अंततः तालमेल बिठाना ही पड़ता है।

पवित्र आत्मा आज भी घेरों को तोड़ती है (The Holy Spirit Still Breaks Enclosures)

आराधनालय का यह टकराव कुछ गहरा प्रकट करता है।

पवित्र आत्मा केवल विश्वासियों को प्रेरित नहीं करती।

वह उन्हें स्वतंत्र (liberates) करती है।

वह प्रणालियों को चुनौती देती है।

वह बंधी होने की स्थिति को बाधित करती है।

वह घेरों को तोड़ती है।

वह गति का निर्माण करती है।

यदि आप खुद को चक्रों, संरचनाओं, अपेक्षाओं, या आंतरिक जेलों के भीतर फंसा हुआ महसूस करते हैं, तो इसे याद रखें:

जो आत्मा नासरत में प्रविष्ट हुई थी, वह आज भी सीमित स्थानों में प्रवेश करती है।

और वह आज भी स्वतंत्रता की घोषणा करती है।

क्योंकि उसका मिशन हमेशा धार्मिक प्रणालियों को बनाए रखने से कहीं बड़ा रहा है।

उसका मिशन रूपांतरण (transformation) है।

और रूपांतरित लोग अपने आस-पास के संसार को बदल देते हैं।

17: परमेश्वर की उंगली – ईश्वरीय छुटकारे की सटीकता और आत्मिक कब्ज़े का हटाया जाना (The Finger of God – The Precision of Divine Deliverance and the Removal of Spiritual Occupation)

जब मुक्ति टकराव बन जाती है (When Liberation Becomes Confrontation)

यीशु पहले ही स्वतंत्रता की घोषणा कर चुके थे। उन्होंने आराधनालयों (synagogues) में स्वतंत्रता का प्रचार किया था। उन्होंने टूटे हुए लोगों को चंगा किया था। उन्होंने धार्मिक प्रणालियों का सामना किया था। लेकिन केवल घोषणाएँ ही पर्याप्त नहीं थीं। स्वतंत्रता को दिखाई देना था। बंधी होने की स्थिति को चुनौती दी जानी थी। वास्तविक मानव जीवन से अंधकार को हटाया जाना था।

जैसे-जैसे यीशु गाँवों, घरों, सड़कों और आराधनालयों से होकर गुज़रे, उनका सामना बार-बार ऐसे लोगों से हुआ जिनके मन, शरीर, भावनाएँ और वाणी कब्ज़े में लिए गए क्षेत्र (occupied territory) बन चुके थे। यहीं पर पवित्र आत्मा की सेवा एक बार फिर बदलती है। केवल सांत्वना देना नहीं। केवल सिखाना नहीं।

केवल रोशन करना नहीं। अब आत्मा उस क्षेत्र पर अपना अधिकार लागू करना (enforcing territory) शुरू करती है।

छुटकारा कोई प्रदर्शन नहीं है (Deliverance Is Not Performance)

छुटकारे (Deliverance) के संबंध में आधुनिक चर्चाएँ अक्सर चरम सीमाओं की ओर चली जाती हैं। कुछ लोग आत्मिक युद्ध (spiritual warfare) को केवल मनोरंजन तक सीमित कर देते हैं। अन्य लोग इसे पूरी तरह से खारिज कर देते हैं। पवित्रशास्त्र कुछ अलग प्रस्तुत करता है। जब यीशु ने अंधकार का सामना किया, तो उन्होंने शायद ही कभी नाटकीय प्रदर्शन (dramatic performances) किए। वे बोलते थे। आज्ञा देते थे। छूते थे। स्वतंत्र करते थे। और चीजें हट जाती थीं। परमेश्वर का अधिकार इसलिए शोर-शराबा करने वाला नहीं था क्योंकि वह अनिश्चित था। वह इसलिए शांत था क्योंकि वह परम (absolute) था।

लूका अध्याय 11 का टकराव (The Confrontation in Luke 11)

लूका दर्ज करता है कि यीशु ने एक ऐसे व्यक्ति को छुटकारा दिया जो दुष्टात्मा के प्रभाव (demonic oppression) के कारण बोलने में असमर्थ था। वह आश्चर्यकर्म अकाट्य था। लोगों ने तुरंत बदलाव देखा। फिर भी स्वतंत्रता का उत्सव मनाने के बजाय, आलोचकों ने उसके स्रोत पर हमला किया। उन्होंने यीशु पर दुष्टात्माओं की सामर्थ्य से काम करने का आरोप लगाया। जब भी वास्तविक स्वतंत्रता प्रकट होती है, विरोध अक्सर पीछे चलता है। क्योंकि अंधकार शायद ही कभी गुलामी पर बहस करता है। वह मुक्ति (liberation) पर बहस करता है।

यीशु ने उन्हें अद्भुत स्पष्टता के साथ उत्तर दिया: "परन्तु यदि मैं परमेश्वर की उंगली की सहायता से दुष्टात्माओं को निकालता हूँ, तो परमेश्वर का राज्य तुम्हारे पास आ पहुँचा है।" – लूका 11:20 (हिंदी बाइबिल)

यह कथन पवित्र आत्मा के सबसे गहरे चित्रों में से एक को खोलता है।

"हाथ" के बजाय "उंगली" ही क्यों? (Why "Finger" Instead of "Hand"?)

मानव शरीर की संरचना (human anatomy) के बारे में सोचें। एक हाथ शक्ति (force) का प्रतिनिधित्व करता है। एक बांह सामर्थ्य (strength) का प्रतिनिधित्व करती है। एक कंधा बोझ उठाने (burden-bearing) का प्रतिनिधित्व करता है। लेकिन उंगलियाँ सटीकता (precision) का प्रतिनिधित्व करती हैं। हम उंगलियों से लिखते हैं। उंगलियों से नाजुक उपकरणों को चलाते हैं। उंगलियों से सर्जरी (ऑपरेशन) करते हैं। उंगलियों से सटीक स्थानों को छूते हैं।

यीशु ने जानबूझकर सटीकता की भाषा को चुना। पवित्र आत्मा अनियंत्रित शक्ति के साथ कार्य नहीं करती। वह पूर्ण सटीकता (exactness) के साथ कार्य करती है। वह जड़ों को छूती है। स्रोतों को। छिपी हुई संरचनाओं को। दबे हुए स्थानों को।

छुटकारे के भीतर छिपा राज्य का विज्ञापन (The Kingdom Announcement Hidden in Deliverance)

ध्यान दें कि यीशु क्या कहते हैं। छुटकारा स्वयं एक प्रमाण बन जाता है। "परमेश्वर का राज्य तुम्हारे पास आ पहुँचा है।" इसका अर्थ यह है कि छुटकारा केवल

बुराई को हटाने के बारे में नहीं है। यह शासन (government) को बदलने के बारे में है। अंधकार चला जाता है। राज्य प्रवेश करता है। गुलामी समाप्त होती है। नया स्वामित्व (ownership) शुरू होता है। छुटकारा क्षेत्र का एक स्थानांतरण (transfer of territory) है।

मिस्र में पुराने नियम का प्रतिरूप (The Old Testament Pattern in Egypt)

इस भाषा का पहला प्रकटीकरण सदियों पहले दिखाई देता है। मूसा फिरौन के सामने खड़ा हुआ। विपत्तियाँ (plagues) प्रकट हुईं। मिस्र के जादूगरों ने कई चिन्हों की नकल की। लेकिन अंततः वे अपनी सीमा पर पहुँच गए। जब धूल जीवित कुटकियों (gnats) में बदल गई, तो वे रुक गए। और उन्होंने स्वीकार किया: "...यह तो परमेश्वर की उंगली का काम है..." – निर्गमन 8:19 (हिंदी बाइबिल)

यही क्षण क्यों? क्योंकि धूल से जीवन का निर्माण करना दुष्टात्माओं की नकल से परे था। अंधकार की शक्तियाँ कई चीज़ों का ढोंग कर सकती हैं। लेकिन वे जीवन का निर्माण नहीं कर सकतीं। केवल परमेश्वर निर्माण करता है। केवल परमेश्वर पुनर्स्थापित करता

है। केवल परमेश्वर धूल को नियति (destiny) में बदलता है।

धूल और छुटकारा (Dust and Deliverance)

यह संबंध मायने रखता है। मनुष्य धूल से रचे गए थे। विपत्तियों ने धूल को छुआ। यीशु ने धूल से भरी मानवता को चंगा किया। पवित्र आत्मा बार-बार नाजुक मानवीय सामग्री के भीतर कार्य करती है। परमेश्वर कमजोरी को छूने में महारत रखता है। टूटेपन को। नाजुकी को। मानवीय सीमाएँ उसे दूर नहीं भगातीं। वे उसके हस्तक्षेप (intervention) को आकर्षित करती हैं।

वह उंगली जिसने व्यवस्था को लिखा (The Finger That Wrote the Law)

परमेश्वर की उंगली (Finger of God) सीनै पर्वत पर फिर से प्रकट होती है। परमेश्वर पत्थर पर आज्ञाओं को लिखता है। मानवीय औज़ारों से नहीं। स्याही से नहीं। ईश्वरीय कार्य (divine action) के द्वारा।

यह कुछ महत्वपूर्ण सिखाता है। जो परमेश्वर व्यवस्था लिखता है, वही व्यवस्था को लागू भी करता है। छुटकारा कोई अकारण लगी आत्मिक शक्ति नहीं है। यह न्यायसंगत अधिकार (lawful authority) है। अंधकार इसलिए हार जाता है क्योंकि स्वर्ग के पास कानूनी स्वामित्व (legal ownership) मौजूद है।

आत्मिक कब्ज़ा और अवैध उपस्थिति (Spiritual Occupation and Illegal Presence)

कई लोग सोचते हैं कि आत्मिक उत्पीड़न (oppression) का मतलब है कि शैतान उस क्षेत्र का मालिक है। पवित्रशास्त्र बार-बार एक दूसरा चित्र प्रस्तुत करता है। अंधकार अक्सर अतिचारियों (trespassers), अनधिकृत कब्ज़ा करने वालों, या अवैध निवासियों की तरह काम करता है। शत्रु वहाँ पनपता है जहाँ झूठ को चुनौती नहीं दी जाती। जहाँ घाव खुले रहते हैं। जहाँ डर सक्रिय रहता है। जहाँ धोखे को संबोधित नहीं किया जाता। आत्मा इन स्थानों में केवल भावनात्मक रूप से प्रवेश नहीं करती। वह कानूनी रूप से (legally) प्रवेश करती है।

बलवंत मनुष्य की शिक्षा (The Strong Man Teaching)

यीशु तुरंत एक दृष्टांत के माध्यम से छुटकारे की व्याख्या करते हैं। एक बलवंत मनुष्य अपने घर की रक्षा करता है। भीतर की हर चीज़ सुरक्षित दिखाई देती है। तब उससे कोई बलवंत (stronger) आ जाता है। वह बलवंत व्यक्ति उसके हथियार हटा देता है। अधिकार ले लेता है। क्षेत्र पर दोबारा दावा करता है।

यहाँ ज़ोर देना महत्वपूर्ण है। यीशु ने कभी भी अंधकार को एक समान विरोधी के रूप में प्रस्तुत नहीं किया। उन्होंने खुद को उससे बलवंत के रूप में प्रस्तुत किया। हमेशा बलवंत।

बलवंत मनुष्य के हथियार क्या हैं? (What Is the Strong Man's Armor?)

लोग अक्सर हथियारों की कल्पना रहस्यमयी वस्तुओं के रूप में करते हैं। लेकिन पवित्रशास्त्र अक्सर सुरक्षा के गहरे रूपों को प्रकट करता है: भय। लज्जा। क्षमा न करना (Unforgiveness)। घमंड। व्यसन (लत)। झूठी पहचान। पीढ़ियों के झूठ। सदमा (Trauma)। ये रक्षात्मक प्रणालियाँ बन जाती हैं जो लोगों को कैद में रखती हैं। आत्मा इन संरचनाओं को छिन्न-भिन्न कर देती है।

छुटकारा अक्सर परतों में होता है (Deliverance Is Often Layered)

हर एक गुलामी एक ही तरह से नहीं टूटती। कभी-कभी स्वतंत्रता तुरंत आती है। कभी-कभी चंगाई धीरे-धीरे (progressively) प्रकट होती है। कभी-कभी सत्य समय के साथ झूठ को हटा देता है। परमेश्वर की उंगली अलग-अलग घावों के साथ अलग-अलग तरह से कार्य करती है। सटीकता का अर्थ है व्यक्तिगत उपचार (individualized treatment)। परमेश्वर लोगों को व्यक्तिगत रूप से चंगा करता है। यांत्रिक (mechanically) रूप से नहीं।

पवित्र आत्मा जड़ों को निशाना बनाती है (The Holy Spirit Targets Roots)

मनुष्य अक्सर लक्षणों (symptoms) पर हमला करते हैं। परमेश्वर जड़ों (roots) को निशाना बनाता है। लक्षण क्रोध के रूप में प्रकट हो सकते हैं। जड़ अस्वीकृति (rejection) हो सकती है। लक्षण व्यसन के रूप में प्रकट हो सकते हैं। जड़ गहरा अकेलापन हो सकती है। लक्षण भय के रूप में प्रकट हो सकते हैं। जड़ अनसुलझा सदमा हो सकती है। परमेश्वर की उंगली सतहों के नीचे चलती है।

यीशु कभी क्यों भयभीत नहीं हुए (Why Jesus Was Never Intimidated)

सुसमाचारों को ध्यान से पढ़ें। यीशु दुष्टात्माओं के आस-पास कभी घबराए हुए दिखाई नहीं देते। वे कभी समझौता नहीं करते। कभी पैनिक (हड़बड़ाते) नहीं होते। कभी पीछे नहीं हटते।

क्यों? क्योंकि अधिकार कभी विद्रोह से नहीं डरता। पवित्र आत्मा जीतने की उम्मीद में अंधकार का सामना नहीं करती। वह जय (victory) के स्थान से अंधकार का सामना करती है।

छुटकारा और पहचान (Deliverance and Identity)

शैतान की सबसे मजबूत रणनीतियों में से एक पहचान का भ्रम (identity confusion) शामिल है। "तुम कभी नहीं बदलोगे।" "तुम अपने अतीत के हो।" "तुम वही हो जो तुम्हारे साथ घटित हुआ था।" पवित्र आत्मा बार-बार इन झूठों को बाधित करती है। स्वतंत्रता तब शुरू होती है जब पहचान बदलती है। क्योंकि लोग उसी के अनुसार जीते हैं जो वे खुद को मानते हैं।

वास्तविक अधिकार का शांत स्वभाव (The Quiet Nature of Real Authority)

स्वर्ग के कुछ सबसे मजबूत क्षण शांत दिखाई देते हैं। एक शब्द। एक स्पर्श। एक आज्ञा। एक प्रार्थना। एक आंतरिक बदलाव। अधिकार हमेशा खुद को नाटकीय रूप से घोषित नहीं करता। कभी-कभी जंजीरें खामोशी से टूट जाती हैं।

दुष्टात्मा ग्रस्त होने से परे छुटकारा (Deliverance Beyond Demonization)

हर एक संघर्ष दुष्टात्मा ग्रस्त होने (demonization) के बराबर नहीं होता। पवित्रशास्त्र मानवीय कमजोरी को दिखाता है। भावनात्मक दर्द को। शारीरिक बीमारी को। व्यक्तिगत जिम्मेदारी को। आत्मिक हमले को। बुद्धि के लिए परख (discernment) की आवश्यकता होती है। पवित्र आत्मा संतुलन लाती है। भय नहीं। जुनून (obsession) नहीं। बल्कि सत्य।

विश्वासी अंधकार से अत्यधिक क्यों डरते हैं (Why Believers Fear Darkness Too Much)

कई मसीही आत्मिक युद्ध से डरे हुए जीते हैं। लगातार भय। लगातार संदेह। लगातार चिंता। फिर भी पवित्रशास्त्र बार-बार ध्यान को बदलता है। अंधकार पर कम ध्यान दें। उस पर अधिक ध्यान दें जो आपके भीतर रह रहा है। परमेश्वर की उंगली उन ताकतों से बड़ी है जो आपका विरोध कर रही हैं।

आपका मन एक क्षेत्र के रूप में (Your Mind as Territory)

एक बड़ा युद्धक्षेत्र आंतरिक बना रहता है। विचारों के पैटर्न (Thought patterns)। यादें। विश्वास। अपेक्षाएँ। आत्मा अक्सर मन के भीतर से मुक्ति की शुरुआत करती है। क्योंकि बदला हुआ चिंतन व्यवहार को बदल देता है।

स्वतंत्रता के लिए सहयोग की आवश्यकता होती है (Freedom Requires Cooperation)

आत्मा छुटकारा देती है। लेकिन लोगों को प्रतिक्रिया देनी चाहिए। सत्य को अपनाना चाहिए। क्षमा का अभ्यास करना चाहिए। दरवाजे बंद करने चाहिए। पैटर्न बदलने चाहिए। छुटकारा अलौकिक रूप से शुरू

होता है। उसे बनाए रखना चेलेपन (discipleship) बन जाता है।

छुटकारों का लक्ष्य (The Goal of Deliverance)

लक्ष्य तमाशा (spectacle) नहीं है। कहानियाँ नहीं। आकर्षण नहीं। लक्ष्य पुनर्स्थापना (restoration) है। स्वस्थ मन। स्वस्थ आराधना। स्वस्थ रिश्ते। स्वस्थ पहचान। यीशु ने अंधकार को इसलिए हटाया ताकि लोग जी सकें।

वह उंगली आज भी कार्य करती है (The Finger Still Works Today)

जिस आत्मा ने मिस्र को छुआ। जिस आत्मा ने पत्थर पर लिखा। जिस आत्मा ने यीशु के माध्यम से कार्य किया। वह अब भी चलती है। अब भी चंगा करती है। अब भी झूठ को बेनकाब करती है। अब भी स्वतंत्र करती है। अब भी पुनर्स्थापित करती है।

घबराहट के ऊपर सटीकता (Precision Over Panic)

परमेश्वर की उंगली के रूप में पवित्र आत्मा इस बात को बदल देती है कि हम आत्मिक युद्ध को कैसे

देखते हैं। आप अकेले अंधकार का सामना नहीं कर रहे हैं। आपसे यह अपेक्षा नहीं की जाती कि आप मानवीय शक्ति से लड़ें। आप उसकी उपस्थिति को लेकर चलते हैं जो पूर्ण सटीकता के साथ कार्य करता है। वह जानता है कि सदमा कहाँ छिपा है। डर कहाँ रहता है। झूठ कहाँ बोया गया था। उत्पीड़न कहाँ जुड़ा था।

और ईश्वरीय सटीकता (divine accuracy) के साथ, वह बिल्कुल उसी चीज़ को छूता है जिसे चंगाई की आवश्यकता है। वह उंगली जिसने व्यवस्था को लिखा। वह उंगली जिसने धूल को छुआ। वह उंगली जिसने अंधकार को निशस्त्र किया। वह आज भी साधारण मानव जीवन के भीतर चलती है। और जब वह उस चीज़ की ओर इशारा करता है जो आपको बांधती है, तो गुलामी अपने ठहरने का अधिकार खो देती है।

18: अक्षम्य दरार – पवित्र आत्मा की सीमा रेखा और अनुग्रह का अंतिम विरोध (The Unpardonable Fracture – The Boundary Line of the Holy Spirit and the Final Resistance to Grace)

जब ज्योति को अंधकार कहा जाता है (When Light Is Called Darkness)

इस पूरी यात्रा के दौरान, हमने पवित्र आत्मा (Holy Spirit) को सृष्टि करते, जीवन का श्वास फूंकते, सशक्त करते, चंगा करते, सांत्वना देते, स्वतंत्र करते, और पुनर्स्थापित करते देखा है।

हमने उसे हवा की तरह कार्य करते देखा है।

आग की तरह।

जल की तरह।

तेल की तरह।

मुहर की तरह।

मार्गदर्शक की तरह।

मुक्तिदाता की तरह।

फिर भी पवित्रशास्त्र अंततः हमें पूरी बाइबिल की सबसे गंभीर वास्तविकताओं में से एक के सामने लाकर खड़ा करता है:

एक ऐसी सीमा रेखा मौजूद है जिसे पार करने के लिए मनुष्य कभी नहीं बनाया गया था।
एक ऐसा बिंदु जहाँ प्रतिरोध (resistance) विद्रोह (rebellion) बन जाता है।
एक ऐसा स्थान जहाँ अस्वीकृति स्थाई रूप से इनकार में बदल जाती है।
यह अध्याय भय पैदा करने के लिए नहीं है।
यह आत्मा की पवित्रता और उसके कार्य का लगातार विरोध करने की गंभीरता को समझने के बारे में है।

इस चेतावनी के पीछे का संदर्भ (The Context Behind the Warning)

यीशु ने एक ऐसे व्यक्ति को चंगा किया जो दुष्टात्मा के प्रभाव (demonic oppression) के कारण अंधा और गूंगा था।
लोगों ने वास्तविक समय में स्वतंत्रता को घटित होते देखा।
गुलामी गायब हो गई।
वाणी लौट आई।
आँखें खुल गईं।
फिर भी पुनर्स्थापना का उत्सव मनाने के बजाय, धार्मिक नेताओं ने उसके स्रोत पर हमला किया।

उन्होंने दावा किया कि यीशु के पीछे जो सामर्थ्य है वह बुराई से आई है।
उन्होंने मुक्ति को देखा और उसे अंधकार का नाम दे दिया।
उन्होंने चंगाई देखी और उसे धोखा कहा।
उन्होंने परमेश्वर को कार्य करते देखा और उसके काम को शैतान (Satan) के नाम मढ़ दिया।
यह वह माहौल है जहाँ यीशु अपनी सबसे कड़ी चेतावनियों में से एक देते हैं।

वह कथन जो कमरे को स्तब्ध कर देता है (The Statement That Stops the Room)

यीशु कहते हैं:
"इसलिये मैं तुम से कहता हूँ कि मनुष्य का सब प्रकार का पाप और निन्दा क्षमा की जाएगी, परन्तु पवित्र आत्मा की निन्दा क्षमा न की जाएगी।"
– मत्ती 12:31 (हिंदी बाइबिल)
ध्यान दें कि यह कथन कितना चौंकाने वाला है।
यीशु शुरुआत एक बहुत बड़े अनुग्रह (mercy) से करते हैं।
हर एक पाप।
हर एक असफलता।
हर एक विद्रोह।

हर एक पतन।
अनुग्रह अभी भी उपलब्ध है।
फिर अचानक वे एक रेखा खींच देते हैं।
इसलिए नहीं कि दया छोटी है।
बल्कि इसलिए कि विरोध स्थायी रूप से कठोर हो सकता है।

यह समझना कि यह पाप क्या नहीं है (Understanding What This Sin Is Not)

यह पाप क्या है, इसे समझने से पहले हमें यह समझना होगा कि यह क्या नहीं है।
यह कोई नहीं है:
अचानक आने वाला कोई बुरा विचार।
संदेह का एक क्षण।
दुख के समय परमेश्वर के प्रति निकाला गया क्रोध।
विश्वास के संघर्षों के दौरान उठने वाले प्रश्न।
पीछे हट जाना (Backsliding)।
उदासी (Depression)।
भय।
भ्रम।
यहाँ तक कि पतरस ने सार्वजनिक रूप से यीशु का इनकार किया और उसे पुनर्स्थापित किया गया।

पौलुस ने विश्वासियों को सताया और उस पर दया की गई।
बाइबिल बार-बार कमजोरी के प्रति अत्यधिक अनुग्रह (grace) को दिखाती है।
इसलिए यह चेतावनी किसी अधिक गहरी चीज़ की ओर संकेत करती है।

यीशु स्वयं में और आत्मा में अंतर क्यों करते हैं (Why Jesus Differentiates Between Himself and the Spirit)

यीशु कुछ आश्चर्यजनक कहते हैं।
उनके विरोध में बोलना क्षमा किया जा सकता था।
आत्मा के विरोध में बोलना एक अनोखी चेतावनी लेकर आया।
क्यों?
क्योंकि उनकी सांसारिक सेवा (earthly ministry) के दौरान, कई लोगों ने यीशु का सामना सामान्य मानवीय सीमाओं के माध्यम से किया था।
उन्होंने एक बढ़ई (carpenter) को देखा था।
गलील के एक शिक्षक को।
धूल भरी सड़कों पर चलते हुए एक मनुष्य को।
कुछ लोग उनकी मानवता के कारण ठोकर खा गए।
वहाँ अज्ञानता (ignorance) संभव थी।

लेकिन जब पवित्र आत्मा खुले तौर पर सत्य को प्रकट करती है और एक व्यक्ति जानबूझकर उस प्रकट ज्योति को खारिज कर देता है, तो स्थिति और अधिक गंभीर हो जाती है।

समस्या अज्ञानता नहीं थी (The Problem Was Not Ignorance)

फरीसी भ्रमित नहीं थे।

वे जानकार थे।

उन्होंने बार-बार चमत्कारों को देखा था।

उन्होंने प्रमाणों की जाँच की थी।

उन्होंने रूपांतरण को करीब से देखा था।

फिर उन्होंने जानबूझकर सच्चाई को विकृत (distortion) करने का चुनाव किया।

उनकी समस्या जानकारी की कमी नहीं थी।

वह जानकारी की जानबूझकर की गई अस्वीकृति थी।

कठोरता की ओर क्रमिक प्रगति (The Progression Toward Hardness)

आत्मिक रूप से कठोर होना शायद ही कभी तुरंत होता है।

यह आमतौर पर धीरे-धीरे आगे बढ़ता है।

दोषसिद्धि (conviction / कायल होना) आती है।

पीछे-पीछे विरोध आता है।
दोषसिद्धि दोबारा लौटती है।
बहाने बढ़ जाते हैं।
अंततः संवेदनशीलता घट जाती है।
बार-बार का विरोध और गहरे विरोध का निर्माण करता है।
समय के साथ, हृदय प्रतिक्रिया देना कम कर देता है।
जो चीज़ कभी कायल (conviction) करती थी, वह अब कुछ भी पैदा नहीं करती।
यही कारण है कि पवित्रशास्त्र बार-बार चेतावनी देता है:
"...'यदि आज तुम उसका शब्द सुनो, तो अपने मनों को कठोर न करो...'"
– इब्रानियों 3:15 (हिंदी बाइबिल)

यह पाप क्यों खतरनाक बन जाता है (Why This Sin Becomes Dangerous)

पवित्र आत्मा विशिष्ट कार्य करती है।
वह कायल (convicts) करती है।
आकर्षित करती है।
रोशन (illuminates) करती है।
प्रकट करती है।

बुलाती है।
रूपांतरित करती है।
यदि कोई व्यक्ति इन कार्यों को करने वाली आत्मा को लगातार खारिज करता रहता है, तो अंततः वह खुद को उसी प्रक्रिया से अलग कर लेता है जो पश्चाताप (repentance) की ओर ले जाती है।
यह बात इस स्थिति को खतरनाक बनाती है।
इसलिए नहीं कि परमेश्वर अनिच्छुक हो जाता है।
बल्कि इसलिए कि वह व्यक्ति स्वयं अनिच्छुक (unwilling) हो जाता है।

पश्चाताप की क्षमता का विनाश (The Destruction of Repentance)

पश्चाताप के लिए संवेदनशीलता (sensitivity) की आवश्यकता होती है।
संवेदनशीलता के लिए प्रतिक्रियाशीलता की आवश्यकता होती है।
प्रतिक्रियाशीलता के लिए नम्रता की आवश्यकता होती है।
निरंतर विरोध धीरे-धीरे इन क्षमताओं को नष्ट कर देता है।
अंततः एक व्यक्ति विद्रोह में सहज हो जाता है।
विकृति में सहज।

भले को बुरा और बुरे को भला कहने में सहज।
यह उलटफेर आत्मिक रूप से विनाशकारी है।

धार्मिक लोगों को ही चेतावनी क्यों दी गई थी (Why Religious People Were the Ones Warned)

यह चेतावनी धार्मिक नेताओं को दी गई थी।
गैर-यहूदियों (pagans) को नहीं।
बाहरी लोगों को नहीं।
बिना जानकारी वाले लोगों को नहीं।
धार्मिक परिचय (Familiarity) कभी-कभी झूठा भरोसा पैदा कर सकता है।
लोग रूपांतरण के बिना भाषा को जान सकते हैं।
समर्पण के बिना पवित्रशास्त्र को।
रिश्ते के बिना जानकारी को।
फरीसियों के पास अत्यधिक ज्ञान था।
लेकिन उन्होंने अपने सामने खड़े व्यक्ति (Person) का विरोध किया।

नैतिक उलटफेर का खतरा (The Danger of Moral Inversion)

आत्मिक जीवन में सबसे अंधकारमय क्षणों में से एक तब घटित होता है जब लोग श्रेणियों को उलट देते हैं।

ज्योति अंधकार बन जाती है।
दोषसिद्धि उत्पीड़न (oppression) बन जाती है।
सत्य ठेस (offense) बन जाता है।
स्वतंत्रता खतरा बन जाती है।
जब यह उलटफेर स्थायी हो जाता है, तो परखने की क्षमता (discernment) समाप्त हो जाती है।

दया की अंतिम सीमा रेखा (The Final Boundary of Mercy)

छुटकारे (redemption) को संरचनात्मक रूप से सोचें।
पिता ने उद्धार की योजना बनाई।
पुत्र ने उद्धार को पूरा किया।
आत्मा उद्धार को लागू (applies) करती है।
आत्मा स्वर्ग की प्रत्यक्ष अनुप्रयोग प्रणाली (application system) के रूप में कार्य करती है।
यदि कोई अनुग्रह को लागू करने वाली आत्मा को लगातार खारिज करता रहता है, तो वह संपर्क के अंतिम बिंदु को खारिज कर रहा है।
यह स्पष्ट करता है कि पवित्रशास्त्र यहाँ इतनी गंभीरता से क्यों बोलता है।

संवेदनशील विश्वासी इस अंश से क्यों डरते हैं (Why Sensitive Believers Fear This Passage)

विडंबना यह है कि जो लोग इस पाप को करने से सबसे ज़्यादा डरते हैं, वे आमतौर पर इसे करने के सबसे कम भागीदार होते हैं।

संवेदनशील विश्वासी अक्सर पूछते हैं:

"क्या होगा यदि मैंने उस रेखा को पार कर लिया हो?"

"क्या होगा यदि मैंने परमेश्वर को ठेस पहुँचाई हो?"

"क्या होगा यदि वह मुझे छोड़कर चला गया हो?"

ये डर आमतौर पर संवेदनशीलता को प्रकट करते हैं। कठोरता को नहीं।

कठोर हृदय शायद ही कभी कठोर होने की चिंता करते हैं।

आत्मिक जीवन का प्रमाण (The Evidence of Spiritual Life)

खुद से पूछें:

क्या आप परमेश्वर की परवाह करते हैं?

क्या आप पश्चाताप की इच्छा रखते हैं?

क्या आप दोषसिद्धि (conviction) महसूस करते हैं?

क्या आप उसकी उपस्थिति के लिए लालायित रहते हैं?

क्या आप पुनर्स्थापना चाहते हैं?

ये इच्छाएँ स्वयं प्रकट करती हैं कि आपका हृदय आत्मिक रूप से प्रतिक्रिया दे रहा है।
आत्मा अभी भी कार्य कर रही है।

दोषसिद्धि बनाम दोषभावना (Conviction Versus Condemnation)

शत्रु अक्सर इस सिद्धांत को एक हथियार की तरह इस्तेमाल करता है।
वह फुसफुसाता है:
"तुमने सब कुछ बर्बाद कर दिया।"
"तुमने सीमा पार कर ली है।"
"तुम खत्म हो चुके हो।"
अंतर पर ध्यान दें:
दोषभावना (Condemnation) परमेश्वर से दूर धकेलती है।
दोषसिद्धि (Conviction) परमेश्वर की ओर खींचती है।
पवित्र आत्मा पुनर्स्थापित करने के लिए कायल (convicts) करती है।
शत्रु अलग-थलग करने के लिए दोषी (condemns) ठहराता है।

कोमल हृदय क्यों मायने रखते हैं (Why Soft Hearts Matter)

पूरे पवित्रशास्त्र में, परमेश्वर बार-बार हृदय की कोमलता पर ज़ोर देता है।

कोमल हृदय सुधार को स्वीकार करते हैं।

कठोर हृदय सुधार को खारिज करते हैं।

आत्मिक परिपक्वता का लक्ष्य परिपूर्णता (perfection) नहीं है।

वह प्रतिक्रियाशीलता (responsiveness) है।

संवेदनशीलता की रक्षा करना (Protecting Sensitivity)

संवेदनशीलता मूल्यवान बनी हुई है।

इसकी रक्षा करें।

दोषसिद्धि पर तुरंत प्रतिक्रिया दें।

नम्र बने रहें।

सीखने के लिए तैयार रहें।

नियमित रूप से पश्चाताप का अभ्यास करें।

परमेश्वर के साथ अपने खातों को साफ रखें।

हृदय जितना अधिक प्रतिक्रियाशील बनता जाता है, उतना ही सुरक्षित रहता है।

पवित्र आत्मा जाने के बहाने नहीं ढूंढ रही है (The Holy Spirit Is Not Looking for Reasons to Leave)

कई विश्वासी कल्पना करते हैं कि आत्मा दरवाजे पर खड़ी होकर उन्हें छोड़ने का इंतजार कर रही है।

पवित्रशास्त्र बार-बार कुछ अलग दिखाता है।

वह पीछा करती है।

कायल करती है।

बुलाती है।

पुनर्स्थापित करती है।

सुधारती है।

सांत्वना देती है।

ये चेतावनी वाले अंश इसलिए मौजूद हैं क्योंकि परमेश्वर रिश्ते को बहुत गहराई से मूल्य देता है– इसलिए नहीं कि वह अस्वीकार करने में आनंद लेता है।

निरंतर विरोध की गंभीरता (The Seriousness of Continuous Resistance)

यह अध्याय आदर (reverence) पैदा करने के लिए होना चाहिए।

घबराहट (panic) नहीं।

गंभीरता (sobriety)।

निराशा नहीं।
यह चेतावनी इसलिए मौजूद है क्योंकि चुनाव मायने रखते हैं।
हृदय मायने रखते हैं।
प्रतिक्रियाएँ मायने रखती हैं।

चेतावनी के भीतर छिपा अनुग्रह (The Grace Hidden Inside the Warning)

इस गंभीर चेतावनी में भी दया छिपी हुई है।
क्यों?
क्योंकि चेतावनी स्वयं अपने आप में अनुग्रह (grace) है।
परमेश्वर इसलिए चेतावनी देता है क्योंकि वह बचाना चाहता है।
वह इसलिए बोलता है क्योंकि वह प्रतिक्रिया चाहता है।
सन्नाटा होना कहीं अधिक भयानक होता।

आवाज़ के करीब बने रहें (Stay Close to the Voice)

पवित्र आत्मा मानवता के लिए स्वर्ग की सबसे निकटतम आवाज़ बनी हुई है।
वह कायल करती है।

आकर्षित करती है।

सिखाती है।

सुधारती है।

सांत्वना देती है।

अगुवाई करती है।

यदि आपका हृदय अभी भी उसके प्रति प्रतिक्रिया देता है, तो आनंद मनाएँ।

यदि दोषसिद्धि अभी भी आपको झकझोरती है, तो आनंद मनाएँ।

यदि आप अभी भी उसकी इच्छा रखते हैं, तो आनंद मनाएँ।

कांपता हुआ अंतःकरण परित्याग का प्रमाण नहीं है।

यह जीवन का प्रमाण है।

उसकी आवाज़ के करीब बने रहें।

जब वह बोले, तो प्रतिक्रिया दें।

कोमलता की रक्षा करें।

क्योंकि नाजुक मानवीय धूल के लिए सबसे सुरक्षित स्थान हमेशा उसी आत्मा के करीब होना रहा है जो आज भी इसके भीतर जीवन का श्वास फूंकती है।

19: ऊपरी कोठरी की विरासत – आपके पास रहने वाले परमेश्वर से आपके भीतर रहने वाले परमेश्वर तक (The Upper Room Legacy – From God Beside You to God Within You)

वह रात जब सब कुछ बदल गया (The Night Everything Changed)

क्रूस से पहले के अंतिम घंटों में एक अजीब सा तनाव था।

तीन साल तक चेले यीशु के बिल्कुल पास (साथ-साथ) चले थे।

उन्होंने उन्हें चंगा करते देखा था।

उन्होंने उन्हें आंधियों का सामना करते देखा था।

उन्होंने उन्हें भीड़ को खिलाते देखा था।

जब भी खतरा प्रकट होता, वे अपने पास देखते और उन्हें वहाँ पाते थे।

लेकिन अब उस कमरे का माहौल अलग था।

वहाँ का वातावरण भारी था।

यीशु बार-बार जाने के बारे में बात कर रहे थे।

चेले भ्रमित थे क्योंकि उनकी पूरी सुरक्षा प्रणाली शारीरिक निकटता (physical proximity) के इर्द-गिर्द बनी थी।

जब तक यीशु उनके पास बने रहे, वे सुरक्षित महसूस करते थे।
वे यह नहीं समझ पा रहे थे कि स्वर्ग मानव इतिहास के सबसे बड़े आत्मिक परिवर्तन (spiritual transition) की तैयारी कर रहा था।

शारीरिक निर्भरता का संकट (The Crisis of Physical Dependence)

मनुष्य स्वाभाविक रूप से उसी पर भरोसा करते हैं जिसे वे छू सकते हैं।
चेले भी इससे अलग नहीं थे।
यीशु उनके दिखाई देने वाले केंद्र बन चुके थे।
जब भी प्रश्न उठते, वे उनसे पूछते।
जब भी डर आता, वे उनकी ओर देखते।
जब भी आंधियां दिखाई देतीं, वे उन्हें जगाते।
फिर भी, दिखाई देने वाली उपस्थिति पर निर्भरता कभी भी अंतिम लक्ष्य नहीं था।
नई वाचा (New Covenant) के लिए किसी और गहरी चीज़ की आवश्यकता थी।

वह कथन जिसका कोई अर्थ नहीं निकलता था (The Statement That Made No Sense)

यीशु कुछ चौंकाने वाली बात कहते हैं:

"तौभी मैं तुम से सच कहता हूँ कि मेरा जाना तुम्हारे लिये अच्छा है..."

– यूहन्ना 16:7 (हिंदी बाइबिल)

चेलों के लिए यह कथन बिल्कुल असंभव लगा।

यीशु को खोना उनके लिए अच्छा (advantage) कैसे हो सकता था?

उनकी अनुपस्थिति एक सुधार कैसे बन सकती थी?

उनका जाना किसी बेहतर चीज़ का निर्माण कैसे कर सकता था?

फिर भी यीशु उस बात को समझ रहे थे जिसे वे अभी नहीं देख पा रहे थे।

भूगोल की सीमा (The Limitation of Geography)

यीशु ने मानव देह (human flesh) में रहते हुए स्वेच्छा से मानवीय सीमाओं को स्वीकार किया था।

वे एक भौतिक स्थान में रहते थे।

सड़कों पर चलते थे।

दूरियों की यात्रा करते थे।

सोते थे।

थक जाते थे।

यदि वे एक शहर में सेवा कर रहे होते, तो वे शारीरिक रूप से दूसरे शहर से अनुपस्थित होते थे।

यह कोई कमजोरी नहीं थी।
यह देहधारण (incarnation) था।
लेकिन परमेश्वर के मिशन को भूगोल से परे बहुगुणित (multiplication) होने की आवश्यकता थी।

जाना क्यों आवश्यक था (Why Departure Was Necessary)

बादलों पर उठाया जाना (ascension) स्वर्ग द्वारा यीशु को मानवता से दूर करना नहीं था।
यह स्वर्ग द्वारा उनकी उपस्थिति का विस्तार करना था।
यीशु स्थानीय स्तर की सेवा से बदलकर वैश्विक निवास स्थान (global habitation) की तैयारी कर रहे थे।
चेले यीशु को अपने पास रखने के आदी हो चुके थे।
अब परमेश्वर अपनी उपस्थिति को उनके भीतर (inside them) रखने वाला था।

महान परिवर्तन (The Great Transition)

यीशु इस बदलाव को ध्यान से समझाते हैं:
"...वह तुम्हारे साथ रहता है, और तुम में होगा।"
– यूहन्ना 14:17 (हिंदी बाइबिल)
यहाँ दो वास्तविकताएँ मौजूद हैं।

तुम्हारे साथ (With you)।
तुम में (In you)।
ये दो वाक्यांश पुरानी वाचा (Old Covenant) के अनुभव और नई वाचा (New Covenant) के जीवन के बीच के पूरे अंतर को समझाते हैं।

लोगों के पास रहने वाले परमेश्वर (God Beside People)

पूरे पवित्रशास्त्र में, आत्मा अक्सर लोगों पर अस्थायी रूप से आती थी।
भविष्यद्वक्ताओं ने सशक्तिकरण के क्षणों का अनुभव किया।
राजाओं ने अभिषेक के मौसमों का अनुभव किया।
न्यायियों ने सामर्थ्य के उभारों का अनुभव किया।
लेकिन ये अनुभव अक्सर बाहरी बने रहे।
आत्मा मिलने आती थी।
सशक्त करती थी।
कार्य करती थी।
फिर कभी-कभी वापस चली जाती थी।
लोग अपने आस-पास परमेश्वर का अनुभव करते थे।

लोगों के भीतर रहने वाले परमेश्वर (God Within People)

यीशु बिल्कुल नई बात की घोषणा करते हैं।
आत्मा अब केवल मिलने नहीं आएगी।
वह निवास (inhabit) करेगी।
अब केवल घेरेगी नहीं।
वह भीतर वास (indwell) करेगी।
अब वह केवल बाहरी सहारा नहीं बनी रहेगी।
वह आंतरिक जीवन बन जाएगी।
यह सब कुछ बदल देता है।

उधार ली गई उपस्थिति का अंत (The End of Borrowed Presence)

पुरानी प्रणालियों के तहत, लोग अक्सर उधार ली गई मुलाकातों (borrowed encounters) पर निर्भर रहते थे।
वे भविष्यद्वक्ताओं पर निर्भर थे।
याजकों पर।
राजाओं पर।
मंदिरों पर।
पवित्र स्थानों पर।
ऊपरी कोठरी (Upper Room) इस वास्तुकला को बदल देती है।
विश्वासी स्वयं निवास स्थान बन जाता है।

उपस्थिति साथ ले जाने योग्य (portable) बन जाती है।

एक पवित्र स्थान के रूप में मानव हृदय (The Human Heart as Sanctuary)

यरूशलेम का मंदिर कभी स्वर्ग और पृथ्वी के बीच मिलन स्थल के रूप में कार्य करता था।
लेकिन यीशु स्थान बदलने की तैयारी कर रहे थे।
पत्थर की इमारतें अब मुख्य मिलन बिंदु नहीं बनी रहेंगी।
मानव जीवन (human beings) बनेगा।
आत्मा साधारण लोगों को जीवित पवित्र स्थानों (living sanctuaries) में बदल देगी।

पवित्र आत्मा अलग तरह से क्यों सिखात| है (Why the Holy Spirit Teaches Differently)

यीशु ने प्रतिज्ञा की थी:
"...वह तुम्हें सब बातें सिखाएगा..."
– यूहन्ना 14:26 (हिंदी बाइबिल)
ध्यान दें कि यीशु क्या नहीं कहते हैं।
वे असीमित जानकारी का वादा नहीं करते।
वे निर्देशित रूपांतरण (guided transformation) का वादा करते हैं।

आत्मा अलग तरह से सिखाती है क्योंकि वह आंतरिक रूप से सिखाती है।
वह विचारों के भीतर कार्य करती है।
उद्देश्यों के भीतर।
समझ के भीतर।

स्मरण कराने की सेवा (The Ministry of Remembrance)

यीशु कहते हैं:
"...और जो कुछ मैं ने तुम से कहा है, वह सब तुम्हें स्मरण कराएगा।"
– यूहन्ना 14:26 (हिंदी बाइबिल)
यह गहराई से मायने रखता है।
आत्मा केवल नई जानकारी का परिचय नहीं देती।
वह पहले से मौजूद सत्य को रोशन (illuminates) करती है।
पवित्रशास्त्र अचानक जीवित हो उठता है।
पुराने उपदेश अचानक समझ में आने लगते हैं।
भूले हुए वचन संकट के समय अचानक वापस आ जाते हैं।
आत्मा सही समय पर सत्य को सक्रिय (activates) करती है।

मार्गदर्शन जानकारी से कहीं बढ़कर है (Guidance Is More Than Information)

यीशु कहते हैं:

"परन्तु जब वह अर्थात् सत्य का आत्मा आएगा, तो तुम्हें सब सत्य का मार्ग बताएगा..."

– यूहन्ना 16:13 (हिंदी बाइबिल)

मार्ग बताना या मार्गदर्शन (Guidance) करने में गति शामिल है।

यात्रा।

प्रगति।

सत्य को केवल रटा नहीं जाता।

सत्य पर चला (walked) जाता है।

पवित्र आत्मा एक आंतरिक मार्गदर्शक (internal navigator) बन जाती है जो विश्वासियों को जटिल परिस्थितियों के बीच से आगे बढ़ने में मदद करती है।

आंतरिक कम्पास (The Internal Compass)

कई लोग पूछते हैं:

"आत्मा मार्गदर्शन कैसे करती है?"

अक्सर खामोशी से।

दोषसिद्धि (Conviction) के द्वारा।

रोशन किए गए पवित्रशास्त्र के द्वारा।

शांति या रुकावट के द्वारा।
सत्य के साथ संरेखित होने वाले बार-बार के विचारों के द्वारा।
समय के साथ बढ़ते ज्ञान के द्वारा।
वह अक्सर बिजली कड़कने की तरह नहीं, बल्कि एक कम्पास (compass) की तरह मार्गदर्शन करती है।

बाहरी नियंत्रण से आंतरिक निर्माण की ओर (From External Control to Internal Formation)

धर्म अक्सर बाहरी रूप से व्यवहार को नियंत्रित करने पर ध्यान केंद्रित करता है।
आत्मा आंतरिक रूप से कार्य करती है।
वह इच्छाओं को बदल देती है।
उद्देश्यों को।
प्रेम को।
प्राथमिकताओं को।
वह केवल कार्यों में बदलाव नहीं करती।
वह आंतरिक संरचना (architecture) को बदल देती है।

यह डर को क्यों बदल देता है (Why This Changes Fear)

चेले परित्याग (abandonment/छोड़े जाने) से डरते थे।
कई विश्वासी आज भी डरते हैं।
लेकिन ऊपरी कोठरी इस बातचीत को बदल देती है।
जब आप परमेश्वर को शारीरिक रूप से नहीं देख पाते, तब आप त्यागे हुए नहीं होते।
आप निवास किए हुए (inhabited) होते हैं।
उपस्थिति दृष्टि की तुलना में अधिक निकट आ गई।

आत्मा आत्म-प्रशंसा को खारिज करती है (The Spirit Refuses Self-Exaltation)

यीशु कुछ सुंदर प्रकट करते हैं:
"वह मेरी महिमा करेगा..."
– यूहन्ना 16:14 (हिंदी बाइबिल)
पवित्र आत्मा लगातार मसीह की ओर संकेत करती है।
वह खुद के लिए स्मारक नहीं बनाती।
वह यीशु को प्रकट करती है।
यीशु को बड़ा करके दिखाती है।
विश्वासियो के भीतर यीशु का प्रतिरूप बनाती है।
उसकी सेवा गहराई से नम्रता से भरी है।

त्रिएक का एक साथ मिलकर कार्य करना (The Trinity Working Together)

पिता ने छुटकारे की योजना बनाई।

पुत्र ने छुटकारे को पूरा किया।

आत्मा छुटकारे को लागू (applies) करती है।

परमेश्वर का कार्य गहराई से व्यक्तिगत बन जाता है क्योंकि आत्मा लगातार स्वर्गीय वास्तविकताओं का दैनिक अनुभव में अनुवाद (translates) करती है।

क्रूस व्यक्तिगत बन जाता है (The Cross Becomes Personal)

आत्मा के बिना, क्रूस केवल इतिहास बना रहता है।

महत्वपूर्ण इतिहास।

सामर्थ्यी इतिहास।

लेकिन केवल इतिहास।

आत्मा इतिहास को जीवित वास्तविकता में बदल देती है।

क्षमा का अनुभव होने लगता है।

शांति महसूस होने लगती है।

लेपालकपन (गोद लिया जाना) आंतरिक बन जाता है।

आशा जीवित हो उठती है।

अंदर से बाहर की ओर जीना (Living From the Inside Out)

अधिकांश लोग बाहरी परिस्थितियों के आधार पर जीते हैं।

अच्छी परिस्थितियाँ आनंद का निर्माण करती हैं।

बुरी परिस्थितियाँ पतन लाती हैं।

आत्मा एक दूसरी प्रणाली का परिचय देती है।

अंदर से मिलने वाला जीवन।

परिस्थितियों से स्वतंत्र रहने वाली शांति।

वातावरण से परे की शक्ति।

अस्थिरता के दौरान भी बनी रहने वाली आशा।

आंतरिक पवित्र स्थान (The Internal Sanctuary)

बाहरी उथल-पुथल हमेशा मौजूद रहेगी।

आर्थिक दबाव।

टकराव।

बीमारी।

हानि (नुकसान)।

निराशा।

ऊपरी कोठरी की विरासत का अर्थ है कि विश्वासियों के पास एक ऐसा आंतरिक पवित्र स्थान मौजूद है जिसे बाहरी आंधियां छू भी नहीं सकतीं।

आत्मा स्वयं वह पवित्र स्थान बन जाती है।

अब आपको निरंतर दृश्यता की आवश्यकता क्यों नहीं है (Why You No Longer Need Constant Visibility)

चेलों को यीशु की शारीरिक रूप से दिखाई देने वाली उपस्थिति की आवश्यकता थी।

आधुनिक विश्वासी अक्सर वही चाहते हैं।

दिखाई देने वाले उत्तर।

दिखाई देने वाले चिन्ह।

दिखाई देने वाली निश्चितता।

लेकिन परिपक्व विश्वास एक दूसरी वास्तविकता को सीखता है:

उपस्थिति अदृश्य होकर भी वास्तविक हो सकती है।

महान अपग्रेड (The Great Upgrade)

यीशु का जाना कोई घटाव (subtraction) नहीं था।

वह विस्तार (expansion) था।

परित्याग नहीं था।

वह बहुगुणन (multiplication) था।

नुकसान नहीं था।

वह रूपांतरण (transformation) था।

परमेश्वर मानवता के पास खड़े रहने की स्थिति से बदलकर मानवता के भीतर निवास करने की स्थिति में आ गया।

ऊपरी कोठरी की विरासत (The Legacy of the Upper Room)

ऊपरी कोठरी का सबसे बड़ा आश्चर्यकर्म केवल आग की जीभें नहीं था।

वह स्थान का परिवर्तन (relocation) था।

स्वर्ग ने अपना पता बदल लिया था।

आत्मा ने मनुष्यों के भीतर अपना निवास स्थान बना लिया।

यह नई वाचा के जीवन का सबसे मुख्य विशेषाधिकार बना हुआ है।

सांस से भी अधिक निकट परमेश्वर (God Closer Than Breath)

अब आपको परमेश्वर को केवल बाहरी स्थानों में खोजने की आवश्यकता नहीं है।

आत्मा अब साधारण लोगों के भीतर निवास करती है।

वह सिखाती है।

सांत्वना देती है।

सुधारती है।

मार्गदर्शन करती है।

मजबूत करती है।

स्मरण कराती है।

रूपांतरित करती है।

चेले यीशु को खोने से डरते थे क्योंकि वे परमेश्वर के केवल अपने पास होने के जीवन की ही कल्पना कर सकते थे।

ऊपरी कोठरी ने उससे बड़ी वास्तविकता को प्रकट किया:

परमेश्वर उनके भीतर (God inside them)।

और यही वास्तविकता आज आपका मिरास (inheritance) बनी हुई है।

अब आप केवल साथ दिए हुए नहीं हैं।

आप निवास किए हुए (inhabited) हैं।

20: सामूहिक विस्फोट – आत्मा से भरे समुदाय का जन्म (The Corporate Explosion – The Birth of the Spirit-Filled Community)

जब आग एक परिवार बन गई (When Fire Became a Family)

पवित्र आत्मा का कार्य कभी भी केवल व्यक्तिगत परिवर्तन (individual transformation) तक रुकने के लिए तैयार नहीं किया गया था।
ऊपरी कोठरी ने लोगों को आंतरिक रूप से बदला।
लेकिन पिन्तेकुस्त (Pentecost) ने बाहरी रूप से इतिहास को बदल दिया।
पीढ़ियों से, परमेश्वर व्यक्तियों के माध्यम से कार्य करता था–भविष्यद्वक्ता, याजक, न्यायी, राजा, और अस्थायी कार्यों को ले जाने वाली अलग-थलग आवाज़ें। फिर भी यीशु के पुनरुत्थान और बादलों पर उठाए जाने के बाद, स्वर्ग ने बिल्कुल अलग बात पेश की।
पवित्र आत्मा अब अपनी उपस्थिति के अलग-थलग वाहक नहीं चाहती थी।
वह एक प्रजा चाहती थी।
एक परिवार।

एक देह (body)।

एक जीवित समुदाय जिसके माध्यम से मसीह पृथ्वी पर अपनी सेवा को जारी रखेंगे।

यहीं से कलीसिया (Church) की कहानी वास्तव में शुरू होती है।

पिन्तेकुस्त व्यक्तिगत जागृति से कहीं बढ़कर था (Pentecost Was More Than Personal Revival)

जब पिन्तेकुस्त का दिन आया, तो आग की जीभें व्यक्तिगत लोगों पर आ ठहरीं।

फिर भी वे लपटें कभी अलग-थलग नहीं रहीं।

एक सौ बीस लोगों ने एक साथ एक ही आत्मा का अनुभव किया।

एक कमरा एक जीव (organism) बन गया।

एक ही उपस्थिति ने एक साथ कई बर्तनों को भर दिया।

आश्चर्यकर्म केवल यह नहीं था कि व्यक्तियों ने सामर्थ्य प्राप्त की।

आश्चर्यकर्म यह था कि व्यक्ति आपस में जुड़ गए (connected)।

बुलाए हुओं का अर्थ (The Meaning of the Called-Out Ones)

यीशु ने एक ऐसे समुदाय का परिचय दिया जैसा दुनिया ने पहले कभी नहीं देखा था।

शुरुआती विश्वासी केवल सभाओं में शामिल नहीं हो रहे थे।

वे कुछ नया बन रहे थे।

कलीसिया कभी भी मुख्य रूप से इमारतों के बारे में नहीं थी।

इमारतें सभाओं को जगह देती हैं।

कलीसिया वह सभा (gathering) स्वयं है।

लोग स्वयं ईश्वरीय गतिविधि का स्थान बन गए।

एक ही आत्मा, अनेक लोग (One Spirit, Many People)

पौलुस इस भेद को समझाता है:

"क्योंकि हम सब ने... एक ही आत्मा के द्वारा एक ही देह होने के लिये बपतिस्मा लिया..."

– 1 कुरुन्थियों 12:13 (हिंदी बाइबिल)

भाषा पर ध्यान दें।

अलग-अलग देह नहीं।

अलग-थलग आत्मिक अनुभव नहीं।

बल्कि एक ही देह (One body)।

पवित्र आत्मा विविध लोगों को लेती है और अलौकिक एकता (supernatural unity) का निर्माण करती है।

विविधता एकता के लिए खतरा नहीं है (Diversity Does Not Threaten Unity)

शुरुआती कलीसिया में बहुत बड़े अंतर शामिल थे।

अलग-अलग संस्कृतियाँ।

अलग-अलग भाषाएँ।

अलग-अलग सामाजिक वर्ग।

अलग-अलग व्यक्तित्व।

अलग-अलग पृष्ठभूमि।

फिर भी आत्मा ने वह कार्य पूरा किया जिसे राजनीति हासिल नहीं कर सकती और संस्कृति निर्मित नहीं कर सकती।

उसने अलौकिक परिवार (supernatural family) का निर्माण किया।

आत्मिक बपतिस्मा (डूबने) का आश्चर्यकर्म (The Miracle of Spiritual Immersion)

आत्मा का कार्य पहचान (identity) को बदल देता है।

उद्धार से पहले, लोग स्वाभाविक रूप से खुद को जाति, राष्ट्रीयता, स्थिति, सफलता या असफलता से परिभाषित करते हैं।

पवित्र आत्मा एक दूसरा केंद्र बनाती है।

मसीह पहचान बन जाते हैं।
पुराने विभाजनों का अधिकार समाप्त हो जाता है।
यह अंतरों को मिटाता नहीं है।
यह उन्हें पुनर्व्यवस्थित (reorders) करता है।

अकेलापन खतरनाक क्यों है (Why Isolation Is Dangerous)

आधुनिक आध्यात्मिकता अक्सर स्वतंत्रता का उत्सव मनाती है।
निजी विश्वास।
व्यक्तिगत प्रकटीकरण।
व्यक्तिगत सफलता।
फिर भी पवित्रशास्त्र बार-बार विश्वासियों को समुदाय (community) की ओर धकेलता है।
क्यों?
क्योंकि अलग-थलग पड़े विश्वासी आसानी से विकृत विश्वासी बन जाते हैं।
परमेश्वर ने आत्मिक विकास को लोगों के बीच ही घटित होने के लिए तैयार किया है।

जीवित पत्थर, न कि बिखरी हुई चट्टानें (Living Stones, Not Loose Rocks)

पवित्रशास्त्र बार-बार विश्वासियों का वर्णन एक साथ जोड़े जाने वाले पत्थरों के रूप में करता है।
एक पत्थर अपने आप में प्रभावशाली दिख सकता है।
लेकिन अलग-थलग पड़े पत्थर घरों का निर्माण नहीं कर सकते।
दीवारें नहीं बना सकते।
वजन नहीं संभाल सकते।
पवित्र आत्मा सजावटी पत्थरों को इकट्ठा नहीं करती।
वह संरचनाओं (structures) का निर्माण करती है।

समुदाय का आपसी घर्षण जानबूझकर रखा गया है (The Friction of Community Is Intentional)

कई विश्वासी तब निराश हो जाते हैं जब रिश्ते कठिन हो जाते हैं।
गलतफहमियाँ होती हैं।
व्यक्तित्व आपस में टकराते हैं।
अपेक्षाएँ टूटती हैं।
फिर भी अक्सर वह घर्षण (friction) स्वयं आत्मिक निर्माण (spiritual formation) का हिस्सा बन जाता है।
परमेश्वर अक्सर लोगों को लोगों के माध्यम से आकार देता है।
समुदाय घमंड को बेनकाब करता है।

समुदाय स्वार्थ को प्रकट करता है।
समुदाय धीरज सिखाता है।

कठिन लोग कभी-कभी आत्मिक औज़ार क्यों बन जाते हैं (Why Difficult People Sometimes Become Spiritual Tools)

जो व्यक्ति आपको परेशान करता है, वह परमेश्वर के उपकरणों में से एक बन सकता है।
इसलिए नहीं कि टकराव अपने आप में पवित्र है।
बल्कि इसलिए क्योंकि छिपी हुई कमजोरियाँ रिश्तों में ही सतह पर आती हैं।
आत्मा अक्सर असाधारण अपरिपक्वता को उजागर करने के लिए साधारण आपसी बातचीत का उपयोग करती है।
विकास शायद ही कभी अकेलेपन में होता है।

आत्मा निवास स्थानों का निर्माण करती है, दर्शकों का नहीं (The Spirit Builds Habitations, Not Audiences)

कई लोग सभाओं में शामिल होते हैं।
आत्मा निवास स्थानों (dwelling places) का निर्माण करती है।
दोनों में अंतर है।

भीड़ आयोजनों के आस-पास इकट्ठा होती है।
आत्मा लोगों को एक साथ तब तक जोड़ती है जब तक कि वे ऐसा वातावरण न बन जाएँ जहाँ परमेश्वर की उपस्थिति लगातार विश्राम करे।
परमेश्वर मिलने आने से कहीं अधिक निवास स्थान (habitation) चाहता है।

एकता एकरूपता नहीं है (Unity Is Not Uniformity)

एकता के लिए यह आवश्यक नहीं है कि हर कोई बिल्कुल एक जैसा सोचे।
या बिल्कुल एक जैसा बोले।
या बिल्कुल एक जैसे वरदान रखे।
मानव शरीर बिल्कुल इसलिए जीवित रहता है क्योंकि उसके अंग अलग-अलग बने रहते हैं।
अंतर होना कमजोरी नहीं है।
कटे रहना (Disconnection) कमजोरी है।
देह का सिद्धांत **(The Body Principle)**
पौलुस बार-बार देह की भाषा की ओर लौटता है।
आँखों को हाथों की आवश्यकता है।
हाथों को पैरों की।
पैरों को कानों की।
कोई भी एक अंग सब कुछ अपने भीतर नहीं रखता।

पवित्र आत्मा जानबूझकर पूरे समुदाय में शक्तियों का वितरण करती है।
यह निर्भरता (dependence) को मजबूर करता है।
निर्भरता नम्रता की रक्षा करती है।

शत्रु सबसे पहले संबंधों पर हमला करता है (The Enemy Attacks Connections)

आत्मिक युद्ध अक्सर सबसे पहले रिश्तों को निशाना बनाता है।
ठेस (Offense)।
विभाजन।
संदेह।
ईर्ष्या।
प्रतिस्पर्धा (होड़)।
अकेलापन।
शत्रु एक महत्वपूर्ण बात समझता है:
अलग किए गए विश्वासियों को कमजोर करना आसान होता है।
एकजुट विश्वासियों को रोकना कठिन हो जाता है।

एकता की रक्षा करना मायने रखता है (Guarding Unity Matters)

पवित्रशास्त्र विश्वासियों को एकता की रक्षा करने के लिए कहता है।

क्यों?

क्योंकि एकता आत्मिक रूप से पहले से ही मौजूद है।

जिम्मेदारी इसका निर्माण करना नहीं है।

जिम्मेदारी इसकी रक्षा (protecting) करना है।

रिश्तों की रक्षा करना।

शांति की रक्षा करना।

जुड़ाव की रक्षा करना।

कानाफूसी (निंदा) आत्मिक वातावरण को क्यों नुकसान पहुँचाती है (Why Gossip Damages Spiritual Atmospheres)

शब्द वातावरण का निर्माण करते हैं या उसे नष्ट कर देते हैं।

एक विभाजित वातावरण आत्मिक संवेदनशीलता को सीमित कर देता है।

संदेह भरोसे का दम घोंट देता है।

कड़वाहट प्रार्थना को कमजोर कर देती है।

क्षमा न करना दूरी पैदा करता है।

आत्मा स्वस्थ पारिस्थितिकी तंत्र (ecosystems) चाहती है जहाँ जीवन स्वतंत्र रूप से बह सके।

प्रार्थना का सामूहिक आयाम (The Corporate Dimension of Prayer)

जब विश्वासी एक साथ इकट्ठा होते हैं, तो कुछ शक्तिशाली घटित होता है।

प्रेरितों के काम बार-बार समुदायों को एक साथ प्रार्थना करते दिखाता है।

एक साथ आराधना करते हुए।

एक साथ प्रतीक्षा करते हुए।

एक साथ खोजते हुए।

सामूहिक प्रार्थना आत्मिक गति (spiritual momentum) का निर्माण करती है।

इसलिए नहीं कि बड़ी संख्या परमेश्वर को प्रभावित करती है।

बल्कि इसलिए कि एकीकृत हृदय एक मजबूत संरेखण (alignment) बनाते हैं।

जब समुदाय आत्मिक इंजन बन जाते हैं (When Communities Become Spiritual Engines)

प्रेरितों के काम अध्याय 4 विश्वासियों को एक साथ प्रार्थना करते हुए दर्ज करता है।

तब कुछ अद्भुत घटित हुआ:

"जब वे प्रार्थना कर चुके, तो वह स्थान जहाँ वे इकट्ठा थे हिल गया..."

– प्रेरितों के काम 4:31 (हिंदी बाइबिल)

परमेश्वर ने केवल व्यक्तिगत विश्वास का उत्तर नहीं दिया।

उसने एकीकृत संरेखण (unified alignment) का उत्तर दिया।

पूरा वातावरण बदल गया।

एक दूतावास के रूप में कलीसिया (The Church as an Embassy)

कलीसिया को कभी भी केवल एक साप्ताहिक आयोजन के रूप में तैयार नहीं किया गया था।

यह एक दूतावास (embassy) के रूप में कार्य करती है।

एक ऐसा स्थान जहाँ स्वर्ग की संस्कृति पृथ्वी पर प्रवेश करती है।

एक ऐसा स्थान जहाँ चंगाई बहती है।

सत्य सुरक्षित रखा जाता है।

टूटे हुए लोग पुनर्स्थापित किए जाते हैं।

अंधकार को चुनौती दी जाती है।

समुदाय बुलाहट की रक्षा क्यों करता है (Why Community Protects Calling)

लोग अक्सर समुदाय के माध्यम से ही उद्देश्य की खोज करते हैं।
दूसरे लोग वरदानों की पुष्टि करते हैं।
अंधे बिंदुओं (blind spots) को सुधारते हैं।
बने रहने के लिए प्रोत्साहित करते हैं।
कमजोरी के क्षणों को मजबूत करते हैं।
बुलाहट अक्सर स्वस्थ रिश्तों के भीतर ही विकसित होती है।

अकेलेपन की आध्यात्मिकता की कीमत (The Cost of Lone Spirituality)

अकेलापन अक्सर असंतुलन (imbalance) पैदा करता है।
लोग घमंड के प्रति असुरक्षित हो जाते हैं।
बिना चुनौती वाले विचारों के प्रति।
चरम सोच के प्रति।
आत्मिक थकावट के प्रति।
परमेश्वर ने विश्वासियों को जुड़ाव के लिए बनाया क्योंकि जुड़ाव स्वास्थ्य की रक्षा करता है।

आत्मा साझा शक्ति उत्पन्न करती है (The Spirit Produces Shared Strength)

व्यक्तिगत विश्वासी थक जाते हैं।

समुदाय मिलकर बोझ उठाते हैं।
एक व्यक्ति संघर्ष करता है।
दूसरे मजबूत करते हैं।
एक गिरता है।
दूसरे उठाते हैं।
एक दुख सहता है।
दूसरे सहारा देते हैं।
देह को कार्य करने के लिए आत्मा ने इसी तरह तैयार किया था।

पृथ्वी के लिए स्वर्ग की रणनीति (Heaven's Strategy for the Earth)

अंधकार के लिए परमेश्वर का उत्तर कभी भी केवल व्यक्तिगत नायक नहीं थे।
वह आत्मा से भरे समुदाय (Spirit-filled communities) थे।
स्वस्थ कलीसियाएँ।
एकजुट विश्वासी।
असाधारण अनुग्रह के तहत एक साथ जुड़े साधारण लोग।

सामूहिक रूप से भरे जाने का लक्ष्य (The Goal of Corporate Filling)

पवित्र आत्मा निजी मुलाकातों से कहीं अधिक की इच्छा रखती है।

वह ऐसे समुदायों की इच्छा रखती है जो मिलकर मसीह को प्रतिबिंबित करें।

ऐसे स्थान जहाँ लोग सत्य का सामना करें।

चंगाई का।

प्रेम का।

सुधार का।

सामर्थ्य का।

उपस्थिति का।

व्यक्तिगत आग से सामूहिक महिमा तक (From Individual Fire to Corporate Glory)

पिन्तेकुस्त की शुरुआत व्यक्तियों द्वारा आग प्राप्त करने से हुई थी।

परंतु अंतिम लक्ष्य हमेशा बड़ा था।

पवित्र आत्मा समुदायों का निर्माण करती है।

परिवारों को बनाती है।

जीवित मंदिरों को आकार देती है।

एकीकृत देह का निर्माण करती है।

आपको कभी भी उपस्थिति को अकेले ले जाने के लिए तैयार नहीं किया गया था।

आपको किसी बड़ी चीज़ का हिस्सा बनने के लिए तैयार किया गया था।
एक आत्मा से भरी प्रजा।
एक जीवित मंदिर।
पृथ्वी पर चलते हुए स्वयं मसीह की एक सामूहिक अभिव्यक्ति।
क्योंकि जब कई बर्तन एक ही आत्मा के सामने समर्पित होते हैं, तो स्वर्ग को दुनिया में एक पता (address) मिल जाता है।

21: लहू और जल की गवाही – तीन गुना प्रमाण जो पृथ्वी पर छुटकारे को स्थापित करता है (The Witness of Blood and Water – The Threefold Testimony That Establishes Redemption on Earth)

स्वर्ग भावनाओं पर मुकदमों का निर्माण नहीं करता (Heaven Does Not Build Cases on Emotion)

मनुष्य स्वाभाविक रूप से निश्चितता (certainty) की खोज करते हैं।

जब हम संपत्ति खरीदते हैं तो हमें प्रमाण चाहिए होता है। जब हम धन का लेन-देन करते हैं तो हमें अनुबंधों (contracts) की आवश्यकता होती है। जब कानूनी विवाद उठते हैं तो हमें गवाहों (witnesses) की आवश्यकता होती है। मानव योजना के भीतर गहराई में सत्यापन (verification) के लिए एक तीव्र लालसा होती है क्योंकि अनिश्चितता अस्थिरता पैदा करती है। यही कारण है कि अदालतों को सबूतों की आवश्यकता होती है, न्यायाधीशों को गवाहों की आवश्यकता होती है, और वाचाओं (covenants) को हस्ताक्षरों की आवश्यकता होती है। जिस परमेश्वर ने मानवता की रचना की, वह निश्चितता के लिए इस

मानवीय लालसा को समझता है, और इसलिए उसने उद्धार (salvation) को केवल अस्पष्ट भावनाओं या व्यक्तिपरक (subjective) आत्मिक अनुभवों पर तैरने के लिए तैयार नहीं किया। उसने उद्धार का निर्माण गवाही (testimony) पर किया है।

पूरे पवित्रशास्त्र में, परमेश्वर बार-बार गवाहों के माध्यम से सत्य को स्थापित करता है। वह भविष्यद्वक्ताओं के माध्यम से बोलता है, चिन्हों के माध्यम से पुष्टि करता है, लहू के साथ वाचाओं को स्थापित करता है, और कई गवाहियों के माध्यम से सत्य को प्रमाणित (validates) करता है। स्वयं पवित्र आत्मा एक गवाह (witness) के रूप में कार्य करता है। वह केवल अनुभवों का निर्माण नहीं करता; वह वास्तविकताओं को सत्यापित करता है। नई वाचा (New Covenant) एक ऐसी अदालती (forensic) संरचना पर टिकी है जो संदेह, आरोप और दुष्टात्माओं के विरोध के हमलों में भी बची रह सकती है।

यूहन्ना इस बात को गहराई से समझता था। पहली शताब्दी के अंत में लिखते हुए, उसने उन झूठे शिक्षकों का सामना किया जिन्होंने यीशु मसीह के व्यक्तित्व को विकृत (distort) करने का प्रयास किया था। कुछ

ने उनकी मानवता का इनकार किया। दूसरों ने उनकी शारीरिक मृत्यु का इनकार किया। दूसरों ने उद्धार को इतिहास से कटे हुए एक गुप्त ज्ञान तक सीमित कर दिया। यूहन्ना एक न्यायालय (courtroom) का निर्माण करके इसका उत्तर देता है। वह गवाहों को कटघरे में बुलाता है।

वह घोषणा करता है:

"और गवाही देने वाले तीन हैं; अर्थात् आत्मा, और जल, और लहू: और ये तीनों एक ही बात पर सहमत हैं।"

– 1 यूहन्ना 5:7-8 (हिंदी बाइबिल)

ये तीन गवाह पृथ्वी पर स्वर्ग की गवाही का निर्माण करते हैं। वे छुटकारे (redemption) को केवल स्वर्ग की अदालतों में ही नहीं बल्कि स्वयं मानव इतिहास के भीतर स्थापित करते हैं।

परमेश्वर अनेक गवाहों का उपयोग क्यों करता है (Why God Uses Multiple Witnesses)

अनेक गवाहों का होना यह सिद्धांत बाइबिल के कानून में गहराई से बुना गया है। व्यवस्थाविवरण की किताब ने यह आवश्यकता स्थापित की कि महत्वपूर्ण मामले किसी एक अलग-थलग पड़ी गवाही पर टिके नहीं रह सकते। केवल एक आवाज़ के साथ

छेड़छाड़ की जा सकती थी। एक गवाह से गलती हो सकती थी। इसलिए परमेश्वर ने एक पैटर्न स्थापित किया:

"...दो या तीन गवाहों के कहने से बात पक्की की जाए।"

– व्यवस्थाविवरण 19:15 (हिंदी बाइबिल)

यह सिद्धांत हर जगह दिखाई देता है। अब्राहम के पास गवाह थे। वाचाओं के पास गवाह थे। विवाह के पास गवाह थे। भविष्यद्वाणी के वचनों के पास गवाह थे। यहाँ तक कि पुनरुत्थान (resurrection) के पास भी गवाह थे।

इसलिए उद्धार के पास भी गवाह मौजूद हैं।

परमेश्वर जानता था कि विश्वासियों को आरोपों का सामना करना पड़ेगा। वह जानता था कि भावनाओं में उतार-चढ़ाव आएगा। वह जानता था कि सूखे के मौसम आएंगे। इसलिए उसने वस्तुनिष्ठ (objective) गवाहियाँ स्थापित कीं जो भावनाओं के गायब होने के लंबे समय बाद भी बोलना जारी रखती हैं।

पहला गवाह: लहू कानूनी रूप से बोलता है (The First Witness: The Blood Speaks Legally)

पहला गवाह जिसे यूहन्ना प्रस्तुत करता है, वह लहू (Blood) है।

पूरे पवित्रशास्त्र में लहू जीवन, वाचा, बलिदान, भुगतान और स्वामित्व (ownership) का प्रतिनिधित्व करता है। उत्पत्ति की किताब से लेकर आगे तक लहू न्यायिक भार (judicial weight) लेकर चलता है। हाबिल का लहू भूमि से चिल्लाता था। फसह (Passover) के लहू ने घरों को न्याय से बचाया। वाचा के समारोहों ने अनुबंधों को बांधने के लिए लहू का उपयोग किया।

जब यीशु ने कलवरी के क्रूस पर अपना लहू बहाया, तो वे केवल शारीरिक रूप से दुख नहीं उठा रहे थे। वे एक कानूनी लेन-देन (legal transaction) को पूरा कर रहे थे।

पाप ने कर्ज (debt) पैदा किया था।

न्याय को भुगतान की आवश्यकता थी।

मानवता के पास संसाधनों की कमी थी।

मसीह ने उनकी आपूर्ति की।

इसलिए लहू खरीद की स्वर्गीय रसीद (receipt of purchase) बन जाता है।

पौलुस इसे बार-बार समझाता है। हम उसके लहू के द्वारा छुड़ाए गए (redeemed) हैं। हम उसके लहू के द्वारा धर्मी ठहराए (justified) गए हैं। हमें उसके लहू के द्वारा शांति मिली है। लहू लगातार यह गवाही देता है कि उद्धार मानवीय उपलब्धि के बजाय बदले

में दिए गए प्राण (substitution) के माध्यम से खरीदा गया था।

आरोप के खिलाफ एक सबूत के रूप में लहू (The Blood as Evidence Against Accusation)

शत्रु मुख्य रूप से आरोप लगाने (accusation) के माध्यम से कार्य करता है।

वह विश्वासियों को उनकी असफलताओं की याद दिलाता है।

कमजोरियों की।

समझौतों की।

अतीत की गलतियों की।

उसकी रणनीति बिना चुकाए गए कर्ज (unpaid debt) पर निर्भर करती है।

लेकिन लहू कानूनी स्थिति (legal standing) को बदल देता है।

यदि किसी कर्ज को संतुष्ट कर दिया गया है, तो आरोप अपनी सामर्थ्य खो देता है।

यह स्पष्ट करता है कि क्यों प्रकाशितवाक्य की किताब घोषित करती है:

"और वे मेम्ने के लोहू के कारण... उस पर जयवन्त हुए..."

– प्रकाशितवाक्य 12:11 (हिंदी बाइबिल)

जय भावनात्मक रूप से अनुभव किए जाने से पहले कानूनी रूप से (legally) शुरू होती है। लहू स्वर्ग के न्यायालय में लगातार बोलता है, यह घोषित करते हुए कि सजा विश्वासी के बजाय मसीह पर पहले ही गिर चुकी है।

लहू और फसह का प्रतिरूप (The Blood and the Passover Pattern)

फसह (Passover) का पर्व इस गवाह के सबसे स्पष्ट चित्रों में से एक प्रदान करता है।

इस्राएली घर इसलिए सुरक्षित नहीं थे क्योंकि भीतर रहने वाले परिवार नैतिक रूप से परिपूर्ण थे। उनकी सुरक्षा पूरी तरह से उस चीज़ पर निर्भर थी जिसने दरवाजे की चौखट को ढका हुआ था।

नाश करने वाले दूत ने उनके व्यक्तित्वों की जाँच नहीं की।

उसने लहू को देखा।

ठीक इसी तरह, उद्धार इसलिए सुरक्षित नहीं है क्योंकि विश्वासी बिना किसी गलती के प्रदर्शन करते हैं। यह आवरण (covering) पर टिका है। लहू का गवाह लगातार स्वामित्व की घोषणा करता है।

दूसरा गवाह: अलगाव का जल (The Second Witness: The Water of Separation)

यूहन्ना इसके बाद जल (Water) का परिचय देता है।
पूरे पवित्रशास्त्र में जल अक्सर परिवर्तन के बिंदुओं (transition points) को चिह्नित करता है।
सृष्टि जलों में से उभरी।
नूह ने जलों को पार किया।
इस्राएल ने जलों को पार किया।
यहोशू ने जलों के माध्यम से प्रतिज्ञा में प्रवेश किया।
यीशु ने जलों में बण्यासमा लिया।
विश्वासी सार्वजनिक रूप से जलों के माध्यम से मसीह के साथ अपनी पहचान स्थापित करते हैं।
जल बार-बार एक राज्य से दूसरे राज्य में जाने की गति को चिह्नित करता है।

जल सार्वजनिक रूप से क्यों मायने रखता है (Why Water Matters Publicly)

लहू कानूनी रूप से काम करता है।
जल दिखाई देने वाले (visibly) रूप में काम करता है।
बपतिस्मा (Baptism) विश्वासी की सार्वजनिक गवाही बन जाता है।

जब कोई बपतिस्मा के जल में प्रवेश करता है, तो वह अलगाव (separation) की घोषणा करता है।
पुरानी पहचान नीचे जाती है।
नई पहचान ऊपर उठती है।
पुराना राज्य अपना स्वामित्व खो देता है।
नया राज्य वफादारी प्राप्त करता है।
इसलिए जल न केवल लोगों के सामने बल्कि आत्मिक ताकतों के सामने भी एक गवाह बन जाता है।

जल दफन किए जाने और पुनरुत्थान के रूप में (Water as Burial and Resurrection)

पौलुस बपतिस्मा की व्याख्या मृत्यु और पुनरुत्थान में भागीदारी के रूप में करता है।
विश्वासी प्रतीकात्मक रूप से कब्र में प्रवेश करता है।
विश्वासी प्रतीकात्मक रूप से दोबारा जी उठता है।
यह एक दिखाई देने वाली घोषणा का निर्माण करता है:
पुराना जीवन समाप्त हो चुका है।
एक नया नागरिक उभर चुका है।
इसलिए जल इस बात की गवाही है कि रूपांतरण केवल बौद्धिक (intellectual) नहीं है। यह स्वयं पहचान को प्रभावित करता है।

यीशु जल के माध्यम से क्यों आए (Why Jesus Came Through Water)

यूहन्ना ध्यान से ज़ोर देता है:

"...वह केवल जल से नहीं, वरन जल और लोहू दोनों से आया था।"

– 1 यूहन्ना 5:6 (हिंदी बाइबिल)

वह इस पर क्यों ज़ोर देता है?

क्योंकि यीशु का मंत्रालय केवल सार्वजनिक पहचान स्थापित करना नहीं था।

वह बलिदान की पूर्णता (sacrificial completion) थी।

कलवरी के बिना यरदन अधूरी रहती है।

प्रायश्चित (atonement) के बिना पहचान बचा नहीं सकती।

इसलिए यूहन्ना इस बात पर अड़ा रहता है कि दोनों गवाह एक साथ रहें।

यरदन नदी का गवाह (The Jordan Witness)

यरदन नदी (Jordan River) पर, स्वर्ग ने सार्वजनिक रूप से यीशु की पुष्टि की थी।

पिता ने बात की।

आत्मा उतरी।

पुत्र प्रगट हुआ।

जल ने पहचान (identification) की गवाही दी।
यीशु मानवता की कहानी में पूरी तरह से प्रविष्ट हुए।
वे वहाँ खड़े हुए जहाँ पापी खड़े थे।
वे उन जलों में प्रविष्ट हुए जिनकी उन्हें व्यक्तिगत रूप से आवश्यकता नहीं थी क्योंकि वे उन लोगों के साथ अपनी पहचान स्थापित कर रहे थे जिन्हें छुटकारे की सख्त आवश्यकता थी।

तीसरा गवाह: पवित्र आत्मा (The Third Witness: The Holy Spirit)

अंतिम गवाह पवित्र आत्मा है।
यह गवाह लहू और जल से भिन्न है क्योंकि यह वर्तमान में सक्रिय (active) बना रहता है।
लहू इतिहास में बहाया गया था।
जल की घटनाएँ शारीरिक रूप से घटित होती हैं।
आत्मा वर्तमान समय में लगातार सेवा करती है।
वह छुटकारे का जीवित गवाह बन जाता है।

आत्मा को गवाही क्यों देनी चाहिए (Why the Spirit Must Testify)

आत्मा के बिना, क्रूस केवल ऐतिहासिक जानकारी बना रहता है।

आत्मा के बिना, बपतिस्मा केवल एक रस्म (ritual) बना रहता है।

आत्मा के बिना, धर्मविज्ञान केवल बौद्धिक बना रहता है।

मसीह ने जो पूरा किया, आत्मा उसे लागू (applies) करती है।

वह बाहरी सत्यों को आंतरिक बनाती है।

वह छुटकारे को अनुभवात्मक (experiential) बनाती है।

आत्मा आंतरिक रूप से गवाही देती है (The Spirit Testifies Internally)

पौलुस लिखता है:

"आत्मा आप ही हमारी आत्मा के साथ गवाही देता है, कि हम परमेश्वर की सन्तान हैं।"

– रोमियों 8:16 (हिंदी बाइबिल)

यह आंतरिक गवाही (internal testimony) बहुत मायने रखती है।

आत्मा कायल (convicts) करती है।

सांत्वना देती है।

मार्गदर्शन करती है।

मुहर लगाती है।

मजबूत करती है।

वह भीतर से बार-बार पहचान की पुष्टि करती है।

गवाहों की सहमति (The Agreement of the Witnesses)

यूहन्ना कहता है:

"...और ये तीनों एक ही बात पर सहमत हैं।"

– 1 यूहन्ना 5:8 (हिंदी बाइबिल)

गवाह कभी भी एक-दूसरे का विरोध नहीं करते।
लहू सुरक्षित करता है।
जल अलग करता है।
आत्मा पुष्टि करती है।
मिलकर वे सामंजस्य (harmony) बनाते हैं।
मिलकर वे निश्चितता स्थापित करते हैं।
मिलकर वे आरोप को खामोश करते हैं।

क्या होता है जब एक गवाह गायब होता है (What Happens When One Witness Is Missing)

visible (दिखाई देने वाले) रूपांतरण के बिना लहू केवल कानूनी निश्चितता का निर्माण कर सकता है।

लहू के बिना जल केवल छुटकारे के बिना रस्म का निर्माण करता है।

लहू और जल के बिना केवल आत्मा की भाषा अस्थिरता और भ्रम पैदा करती है।

स्वस्थ मसीही जीवन के लिए तीनों गवाहों का एक साथ कार्य करना आवश्यक है।

मसीह का बेधा गया पंजर (The Pierced Side of Christ)

यूहन्ना ने व्यक्तिगत रूप से कुछ असाधारण देखा था।

जब यीशु का पंजर बेधा गया:

"...तो उसमें से तुरन्त लोहू और जल निकल आया।"

– यूहन्ना 19:34 (हिंदी बाइबिल)

यूहन्ना जानबूझकर इसे दर्ज करता है क्योंकि गवाह स्वयं मसीह के भीतर से ही उभर रहे थे।

लहू बहा।

जल बहा।

इसके तुरंत बाद, पिन्तेकुस्त का दिन आत्मा को लेकर आया।

गवाह पहले से ही गवाही तैयार कर रहे थे।

गवाहों के खिलाफ शत्रु की रणनीति (The Enemy's Strategy Against Witnesses)

शत्रु लगातार विश्वासियों को इन गवाहियों से अलग करने का प्रयास करता है।

वह लहू पर भरोसे पर हमला करता है।

वह बपतिस्मा की पहचान को छोटा दिखाता है।
वह आत्मा के प्रति संवेदनशीलता को हतोत्साहित करता है।
क्योंकि टूटे हुए गवाह अस्थिर विश्वासियों का निर्माण करते हैं।

असफलता के दौरान गवाहों को बोलने दें **(Let the Witnesses Speak During Failure)**

जब आप आत्मिक रूप से असफल होते हैं:
लहू बोलता है।
जब पहचान भ्रमित हो जाती है:
जल बोलता है।
जब भावनाएं ढह जाती हैं:
आत्मा बोलती है।
विश्वासी केवल अपनी व्यक्तिगत निरंतरता के बल पर जीवित नहीं रहते।
वे इसलिए जीवित रहते हैं क्योंकि गवाह सक्रिय बने रहते हैं।

दैनिक जीवन का न्यायालय (The Courtroom of Daily Life)

हर एक विश्वासी बार-बार अदृश्य न्यायालयों में प्रवेश करता है।
भय मुकदमा चलाता है।

लज्जा मुकदमा चलाती है।
दोषभावना मुकदमा चलाती है।
अतीत के अनुभव मुकदमा चलाते हैं।
सवाल यह बन जाता है:
आपके लिए कौन बोलता है?

तीन गवाह उठते हैं (Three Witnesses Rise)

लहू घोषित करता है:
"कर्ज संतुष्ट हो चुका है।"
जल घोषित करता है:
"पुराना जीवन दफन हो चुका है।"
आत्मा घोषित करती है:
"यह बच्चा परमेश्वर का है।"
तीन आवाजें।
एक गवाही।
एक ही अदालती फैसला (verdict)।

अदालती फैसला पहले ही दिया जा चुका है (The Verdict Has Already Been Given)

मसीही जीवन भावनाओं से बना नहीं रहता।
भावनाएं उठती और गिरती हैं।
परिस्थितियाँ बदलती हैं।
ट'सास बदलते रहते हैं।

गवाह बने रहते हैं।

लहू आपके स्थान (standing) को सुरक्षित करता है।

जल आपके अलगाव की पुष्टि करता है।

आत्मा आपकी पहचान को स्थापित करती है।

इसलिए जब आरोप आए, तो अपने भरोसे का निर्माण अस्थिर भावनाओं पर मत करें।

गवाहों के पास लौटें।

क्योंकि स्वर्ग उनकी गवाही को पहले ही सुन चुका है।

और स्वर्ग का फैसला अपरिवर्तित बना हुआ है:

छुड़ाए गए (Redeemed)।

खरीदे गए।

अलग किए गए।

मुहर लगे हुए।

हमेशा के लिए।

22: प्रधान राजमिस्त्री का साहुल – वचन और आत्मा का संरचनात्मक तुल्यकालन (The Master Builder's Plumb Line – The Architectural Synchronization of the Word and the Spirit)

जब सामर्थ्य अपनी संरचना खो देती है (When Power Loses Structure)

आत्मिक जीवन में सबसे बड़े खतरों में से एक आमतौर पर विद्रोह (rebellion) से शुरू नहीं होता है। बहुत बार, यह असंतुलन (imbalance) से शुरू होता है। मनुष्य स्वाभाविक रूप से चरम सीमाओं (extremes) की ओर बह जाते हैं। कुछ विश्वासी आत्मिक जीवन को छोड़कर केवल ढांचे (structure) के प्रति आकर्षित हो जाते हैं। अन्य लोग धर्मविज्ञानी बुनियादों (theological foundations) की उपेक्षा करते हुए केवल आत्मिक अनुभवों के प्रति आकर्षित हो जाते हैं। इसका परिणाम अक्सर भ्रम, अस्थिरता और अंततः पतन (collapse) होता है।

पूरे इतिहास में, ऐसे आंदोलन उठे हैं जिन्होंने पवित्र आत्मा (Holy Spirit) पर ज़ोर देने का दावा किया, जबकि वे धीरे-धीरे बाइबिल की बुनियादों से दूर चले गए। अन्य आंदोलनों ने सिद्धांत (doctrine) पर

इतना भारी ज़ोर दिया कि आत्मिक जीवंतता पूरी तरह से गायब हो गई। दोनों ही विकृतियाँ समस्याएँ पैदा करती हैं क्योंकि पवित्रशास्त्र कभी भी वचन (Word) और आत्मा (Spirit) को प्रतिस्पर्धियों के रूप में प्रस्तुत नहीं करता है। वे एक साथ मिलकर कार्य करते हैं।

पवित्र आत्मा कोई अराजक ऊर्जा (chaotic energy) नहीं है जो इतिहास में अकारण घूम रही हो। वह व्यवस्था का आत्मा (Spirit of order) है। उसने पूर्ण सटीकता (precision) के साथ आकाशगंगाओं का निर्माण किया, उद्देश्यपूर्णता के साथ मानव शरीर की संरचना बनाई, और प्रतिज्ञाओं, समय-रेखाओं, भविष्यद्वाणियों और पूरी हुई प्रतिज्ञाओं के माध्यम से छुटकारे को व्यवस्थित किया। वह जो कुछ भी बनाता है, उसमें एक योजना (design) होती है।

आधुनिक दुनिया अक्सर यह मान लेती है कि स्वतंत्रता (freedom) का अर्थ सीमाओं के बिना कार्य करना है। पवित्रशास्त्र इसके विपरीत सिखाता है। सच्ची स्वतंत्रता ईश्वरीय योजना के भीतर सुरक्षित रूप से कार्य करती है। जब किनारे गायब हो जाते हैं, तो नदियाँ विनाशकारी बाढ़ बन जाती हैं। बिना इंसुलेशन (सुरक्षा आवरण) के बिजली खतरनाक हो जाती है। जब आग को उसके उचित वातावरण से

हटा दिया जाता है, तो वह विनाशकारी बन जाती है। इसी तरह, पवित्रशास्त्र की बुनियादों से कटे हुए आत्मिक अनुभव अस्थिर हो जाते हैं।

यह अध्याय आत्मिक परिपक्वता (spiritual maturity) की सबसे महत्वपूर्ण वास्तविकताओं में से एक की पड़ताल करता है: पवित्र आत्मा केवल स्वर्ग के खाके (blueprint) के अनुसार ही निर्माण करता है। वह सामर्थ्य की आपूर्ति करता है, लेकिन वह संरेखण या सीध (alignment) को भी लागू करता है।

निर्माण करने वाला परमेश्वर बढ़ाने से पहले नापता है (God the Builder Measures Before He Expands)

पवित्रशास्त्र बार-बार परमेश्वर को एक राजमिस्त्री या निर्माता (builder) के रूप में प्रस्तुत करता है।

उसने सृष्टि का निर्माण किया।

उसने मिलापवाले तम्बू का खाका तैयार किया।

उसने मन्दिर की संरचना बनाई।

वह कलीसिया (Church) का निर्माण करता है।

वह व्यक्तिगत विश्वासियों को आकार देता है।

राजमिस्त्री केवल अकारण ही सामग्री नहीं जोड़ते। राजमिस्त्री नापते हैं। राजमिस्त्री निरीक्षण (inspect)

करते हैं। राजमिस्त्री ऊंचे स्तरों का निर्माण करने से पहले बुनियाद को सीधा करते हैं।

पवित्र आत्मा लगातार इस पैटर्न का अनुसरण करता है। विस्तार (expansion) से पहले नाप (measurement) आता है। बड़े अधिकार से पहले बड़ा संरेखण (alignment) आता है। प्रभाव के नए आयामों से पहले संरचनात्मक निरीक्षण आते हैं।

कई विश्वासी सीधे विस्तार के लिए प्रार्थना करते हैं जबकि वे संरेखण की उपेक्षा करते हैं। फिर भी परमेश्वर बहुगुणित करने से पहले लगातार नापता है।

आमोस और साहुल का दर्शन (Amos and the Vision of the Plumb Line)

आमोस ने एक ऐसे समय में अपनी सेवा पूरी की जब इस्राएल बाहरी रूप से आत्मिक रूप से सफल दिखाई देता था। धार्मिक पर्व जारी थे। बलिदान जारी थे। आराधना की सभाएँ जारी थीं। बाहरी दिखावा स्वास्थ्य का संकेत देता था।

लेकिन परमेश्वर झुकी हुई दीवारें देख रहा था।

इसलिए उसने आमोस को एक राजमिस्त्री का औज़ार दिखाया।

"फिर उसने मुझे यह दिखाया: देख, प्रभु हाथ में साहुल लिये हुए साहुल के अनुसार बनी हुई एक दीवार के पास खड़ा है।"

– आमोस 7:7 (हिंदी बाइबिल)

प्राचीन दुनिया में यह चित्र तुरंत समझ में आने वाला था। राजमिस्त्री लंबवत नाप (vertical measurement) के औज़ारों पर बहुत अधिक निर्भर रहते थे क्योंकि छोटे से भटकाव से भी अंततः विनाशकारी पतन (catastrophic collapses) हो जाता था।

परमेश्वर एक भयानक बात प्रकट कर रहा था।

राष्ट्र सफल दिख रहा था।

लेकिन संरचना टेढ़ी (crooked) थी।

साहुल वास्तव में क्या करता है (What a Plumb Line Actually Does)

साहुल (plumb line) अद्‌भुत रूप से सरल होता है।

एक धागे से एक वजन लटका होता है।

गुरुत्वाकर्षण स्वचालित रूप से वजन को नीचे की ओर खींचता है।

इसका परिणाम एक पूर्ण लंबवत नाप (vertical measurement) होता है।

मानवीय राय इसे बदल नहीं सकती।

भावनाएं इसे मोड़ नहीं सकतीं।
संस्कृति इसे तालमेल में नहीं ला सकती।
वह रेखा स्थिर (fixed) रहती है।
यह पवित्रशास्त्र (Scripture) का एक असाधारण चित्र बन जाता है।
मानवीय प्राथमिकताएँ लगातार बदलती हैं।
सांस्कृतिक मूल्य बदलते हैं।
लोकप्रिय धर्मविज्ञान विकसित होता है।
लेकिन पवित्रशास्त्र स्थिर रहता है।
पवित्र आत्मा उस लंबवत मानक (vertical standard) के सामने जीवनों, मंत्रालयों, सिद्धांतों और अनुभवों को बार-बार परखता है।

झुकी हुई संरचनाएँ खतरनाक क्यों हो जाती हैं (Why Leaning Structures Become Dangerous)

शुरुआत में छोटे भटकाव (deviations) शायद ही कभी खतरनाक दिखाई देते हैं।
एक इंच झुकी हुई दीवार महत्वहीन लग सकती है।
लेकिन ऊंचाई त्रुटि (error) को कई गुना बढ़ा देती है।
संरचना जितनी ऊंची होती जाती है, थोड़ा सा भटकाव उतना ही खतरनाक बनता जाता है।

यह स्पष्ट करता है कि क्यों आत्मिक रूप से वरदान पाए हुए लोग कभी-कभी नाटकीय रूप से ढह जाते हैं।

सामर्थ्य ने उस भटकाव को बढ़ा दिया था।

प्रभाव ने छिपी हुई कमजोरियों को कई गुना कर दिया।

मंचों ने संरचनात्मक समस्याओं को बेनकाब कर दिया।

इसलिए पवित्र आत्मा विस्तार से पहले संरेखण (alignment) को प्राथमिकता देता है।

आत्मा कभी पवित्रशास्त्र के साथ प्रतिस्पर्धा नहीं करती (The Spirit Never Competes With Scripture)

कई लोग अनजाने में आत्मिक अनुभव और बाइबिल के सत्य के बीच एक झूठा तनाव पैदा कर देते हैं।

जैसे कथन:

"आत्मा ने मुझसे कहा।"

"मैं बस अगुवाई महसूस कर रहा हूँ।"

"मैं जानता हूँ कि बाइबिल यह कहती है, लेकिन..."

ये वाक्यांश तब खतरनाक बन जाते हैं जब अनुभव पवित्रशास्त्र से ऊँचा अधिकार (higher authority) प्राप्त कर लेते हैं।

आत्मा ने ही पवित्रशास्त्र को प्रेरित (inspired) किया है।
इसलिए वह कभी खुद का विरोध नहीं करता।
लेखक अपने स्वयं के कार्य के साथ हमेशा सुसंगत (consistent) रहता है।
बाइबिल के सत्य का विरोध करने वाली कोई भी आवाज़ सत्य के आत्मा (Spirit of Truth) से उत्पन्न नहीं हो सकती।

सृष्टि इस साझेदारी को प्रकट करती है (Creation Reveals the Partnership)

उत्पत्ति की शुरुआत दो वास्तविकताओं के एक साथ कार्य करने से होती है।
आत्मा मँडराती (hovers) है।
परमेश्वर बोलता है (speaks)।
सामर्थ्य और वचन एक साथ काम करते हैं।
मँडराती हुई आत्मा गति (movement) प्रदान करती है।
बोला गया वचन परिभाषा (definition) प्रदान करता है।
वाणी के बिना, मँडराना अपरिभाषित रहता है।
आत्मा के बिना, वाणी निष्क्रिय रहती है।

सृष्टि स्वयं सिखाती है कि ईश्वरीय सामर्थ्य और ईश्वरीय प्रकटीकरण साझेदारी में काम करते हैं।

आत्मा ऊर्जा प्रदान करती है (The Spirit Provides Energy)

पवित्र आत्मा ऊर्जा देती है।

वह कायल (convicts) करती है।

मजबूत करती है।

सामर्थ्य देती है।

रोशन (illuminates) करती है।

रूपांतरित करती है।

फल उत्पन्न करती है।

वरदान बांटती है।

साहस पैदा करती है।

लेकिन दिशा के बिना ऊर्जा विनाशकारी बन जाती है। इसलिए सामर्थ्य को संरचना (structure) की आवश्यकता होती है।

वचन संरचना प्रदान करता है **(The Word Provides Structure)**

पवित्रशास्त्र श्रेणियाँ (categories) प्रदान करता है।

परिभाषाएँ।

सीमाएँ।

सुधार (Correction)।

ताड़ना (Reproof)।
उपदेश (Instruction)।
बुद्धि।
यह विश्वासियों को बताता है कि प्रेम कैसा दिखता है।
पवित्रता का क्या अर्थ है।
सत्य के लिए क्या आवश्यक है।
भ्रम कैसा होता है।
पवित्रशास्त्र के बिना, आध्यात्मिकता जल्दी ही व्यक्तिपरक (subjective) बन जाती है।

भावनात्मक अनुभवों को क्यों परखा जाना चाहिए (Why Emotional Experiences Must Be Tested)

भावनाएं वास्तविक हैं।
अनुभव मायने रखते हैं।
आत्मिक मुलाकातें होती हैं।
लेकिन कोई भी अंतिम अधिकार (final authorities) नहीं बनता।
पवित्रशास्त्र बार-बार परख (discernment) की आज्ञा देता है।
क्यों?

क्योंकि ईमानदार लोग भी अनुभवों की गलत व्याख्या कर सकते हैं।
डर आत्मिक महसूस हो सकता है।
उत्तेजना दोषसिद्धि (conviction) की नकल कर सकती है।
प्राथमिकताएं प्रकटीकरण (revelation) का ढोंग कर सकती हैं।
परखना विश्वासियों की रक्षा करता है।

यीशु ने इसे पूरी तरह से आदर्श के रूप में दिखाया (Jesus Modeled This Perfectly)

मरुस्थल के प्रलोभन के दौरान, यीशु के पास पूर्ण आत्मिक संवेदनशीलता थी।
फिर भी वे लगातार उत्तर देते रहे:
"यह लिखा है..."
वे केवल आंतरिक विचारों पर निर्भर नहीं रहे।
उन्होंने पवित्रशास्त्र का उपयोग किया।
स्वयं परमेश्वर के पुत्र ने लिखित प्रकटीकरण के सामने अपने अनुभवों को समर्पित किया।
यदि यीशु ने ऐसा किया, तो विश्वासियों को निश्चित रूप से इसकी आवश्यकता है।

आत्मा की तलवार (The Sword of the Spirit)

पौलुस पवित्रशास्त्र को कहता है:

"...और आत्मा की तलवार जो परमेश्वर का वचन है, ले लो।"

– इफिसियों 6:17 (हिंदी बाइबिल)

ध्यान से देखें।

तलवार आत्मा की है।

विश्वासी इसे थामते हैं।

आत्मा इसे सामर्थ्य देती है।

इसका अर्थ है कि पवित्रशास्त्र तब सबसे अधिक प्रभावी होता है जब वह ईश्वरीय जीवन से सक्रिय (animated) होता है।

केवल रट ली गई निर्जीव जानकारी में सामर्थ्य की कमी होती है।

आत्मा से भरा हुआ अनुप्रयोग जीवनों को बदल देता है।

जानकारी और प्रकाश के बीच अंतर (The Difference Between Information and Illumination)

कई लोगों के पास बाइबिल की जानकारी (information) होती है।

कम लोग प्रकाश (illumination) का अनुभव करते हैं।

जानकारी दिमाग को भरती है।

प्रकाश परख को बदल देता है।

आत्मा परिचित वचनों को लेती है और अचानक उन्हें पूर्ण सटीकता के साथ लागू करती है।

यह आंतरिक प्रकाश स्पष्ट करता है कि क्यों विश्वासी अक्सर वचनों को बार-बार पढ़ते हैं और अचानक उन सत्यों को देख लेते हैं जिन्हें पहले कभी नहीं देखा था।

आत्मा अंदर से सिखाती है।

झूठी शिक्षा तेजी से क्यों बढ़ती है (Why False Teaching Grows Quickly)

झूठी शिक्षा आमतौर पर भावनात्मक रूप से आकर्षित करती है।

यह छोटे रास्तों (shortcuts) का वादा करती है।

विशेष प्रकटीकरणों का।

विशिष्ट ज्ञान का।

व्यक्तिगत सशक्तिकरण का।

साहुल (plumb line) इससे रक्षा करता है।

सत्य निरीक्षण में बच जाता है।

भ्रम नाप से बचता है।

आंतरिक नापने की प्रक्रिया (The Internal Measuring Process)

आत्मा लगातार उद्देश्यों को नापती है।

रवैयों को।

महत्वाकांक्षाओं को।

रिश्तों को।

शिक्षा को।

चरित्र को।

यह नापने की प्रक्रिया अक्सर असहज महसूस होती है।

सुधार शायद ही कभी सुखद लगता है।

लेकिन राजमिस्त्री इसलिए सुधार करते हैं क्योंकि दोबारा बनाने की तुलना में ढह जाने की कीमत बहुत अधिक होती है।

आधुनिक प्रकटीकरणों को परखना (Testing Modern Revelations)

हर एक नए प्रकटीकरण को प्रश्नों का उत्तर देना होगा।

क्या यह मसीह के चरित्र को दर्शाता है?

क्या यह पवित्रशास्त्र के साथ मेल खाता है?

क्या यह पवित्रता उत्पन्न करता है?

क्या यह यीशु की महिमा करता है?

क्या यह आज्ञाकारिता को प्रोत्साहित करता है?

ये प्रश्न नकली चीज़ों को जल्दी बेनकाब कर देते हैं।

बहुत तेजी से निर्माण करने का खतरा (The Danger of Building Too Fast)

मनुष्य स्वाभाविक रूप से गति पसंद करते हैं।
परमेश्वर अक्सर गहराई पसंद करता है।
बुनियाद के बिना तेजी से किया गया निर्माण अस्थिरता पैदा करता है।
आत्मा अक्सर भविष्य के सौंपे गए कार्यों की रक्षा के लिए लोगों की गति को धीमा कर देती है।
देरी अक्सर संरचनात्मक सुदृढ़ीकरण (structural reinforcement) के रूप में कार्य करती है।

आत्मा को जांच पसंद है (The Spirit Loves Examination)

कुछ विश्वासी अनुभवों को परखने से डरते हैं।
पवित्र आत्मा नहीं डरती।
सत्य निरीक्षण का स्वागत करता है।
भ्रम बेनकाब होने से डरता है।
आत्मिक अनुभवों को परखना आत्मा का अपमान करना नहीं बल्कि उसका सम्मान (honors) करना है।

व्यक्तिगत साहुल (The Personal Plumb Line)

हर एक विश्वासी अंततः ऐसे क्षणों का सामना करता है जहाँ नाप की आवश्यकता होती है।

रिश्ते।

मंत्रालय के निर्णय।

व्यावसायिक चुनाव।

सिद्धांत के प्रश्न।

आंतरिक संघर्ष।

साहुल हमेशा उपलब्ध रहता है।

पवित्रशास्त्र के पास लौटें।

ध्यान से सुनें।

सुधार की अनुमति दें।

जब दीवारों को दोबारा बनाने की आवश्यकता होती है (When Walls Need Reconstruction)

कभी-कभी आत्मा बड़े भटकाव को प्रकट करती है।

यह दर्दनाक महसूस हो सकता है।

पूरी की पूरी धारणाएँ ढह जाती हैं।

पुरानी आदतों को हटाने की आवश्यकता होती है।

झूठे विश्वासों को मरना पड़ता है।

फिर भी वह छिन्न-भिन्न किया जाना अक्सर दया (mercy) बन जाता है।

टेढ़ी संरचनाएँ अंततः वैसे भी गिर ही जाती हैं।

संरेखण (सीध) के तहत जीना (Living Under Alignment)

सीध में आए विश्वासी स्थिर (stable) हो जाते हैं।
आंधियां आती हैं।
दबाव बढ़ता है।
संस्कृति बदलती है।
फिर भी सीध में बनी संरचनाएँ खड़ी रहती हैं।
क्योंकि बुनियाद ही जीवित बचे रहने को निर्धारित करती है।

निर्माता अभी भी नाप रहा है (The Builder Is Still Measuring)

पवित्र आत्मा केवल लोगों को भर नहीं रही है।
वह लोगों का निर्माण (constructing) कर रही है।
वह केवल सामर्थ्य जारी नहीं कर रही है।
वह मंदिरों का निर्माण कर रही है।
वह आज भी अपने हाथ में साहुल लिए अपनी कलीसिया के बीच चलती है।
वह आज भी दीवारों को नापती है।
वह आज भी बुनियाद को सुधारती है।
वह आज भी हृदयों को सत्य के साथ संरेखित करती है।
इसलिए जांच से डरे नहीं।

इसका स्वागत करें।
क्योंकि जो आत्मा नापती है, वही आत्मा दोबारा निर्माण (rebuilds) भी करती है।
और उसके नाप के अनुसार बनी संरचनाएँ अस्थायी आंदोलनों के गायब होने के लंबे समय बाद भी खड़ी रहती हैं।

23: स्वामी के हस्ताक्षर – आत्मा का प्रतिफल और चरित्र का निर्माण (The Master's Signature – The Fruit of the Spirit and the Formation of Character)

प्रदर्शन और विकास के बीच का अंतर (The Difference Between Display and Development)

आत्मिक परिपक्वता (spiritual maturity) को अक्सर गलत समझा जाता है क्योंकि मनुष्य स्वाभाविक रूप से अदृश्य चीज़ों की तुलना में दिखाई देने वाली चीज़ों का मूल्यांकन अधिक आसानी से करते हैं। हम मंचों, माइक्रोफोनों, भविष्यद्वाणी के वचनों, प्रभाव, भीड़ और अलौकिक प्रकटीकरणों (manifestations) को देखते हैं। ये चीज़ें दिखाई देती हैं। चरित्र आमतौर पर खामोशी से बढ़ता है। पवित्रता धीरे-धीरे विकसित होती है। धीरज छिपे हुए स्थानों में आकार लेता है। इसलिए कई विश्वासी अनजाने में गलत उपकरणों का उपयोग करके परिपक्वता को नापते हैं।

नया नियम (New Testament) बार-बार हमें उन दो वास्तविकताओं को अलग करने के लिए मजबूर करता है जिन्हें कई मसीही अनजाने में मिला देते हैं:

अर्थात् आत्मिक वरदान (spiritual gifts) और आत्मिक चरित्र। वरदान अचानक प्रकट हो सकते हैं। चरित्र शायद ही कभी ऐसा करता है। वरदान सार्वजनिक रूप से कार्य कर सकते हैं। चरित्र व्यक्तिगत जीवन में जीवित रहता है। वरदान भीड़ को आकर्षित कर सकते हैं। चरित्र रिश्तों को बनाए रखता है।

यह अंतर अत्यधिक महत्वपूर्ण बन जाता है क्योंकि पवित्रशास्त्र दिखाता है कि आत्मिक वरदान और आत्मिक प्रतिफल (fruit) पूरी तरह से अलग प्रणालियों के माध्यम से कार्य करते हैं। वरदान पवित्र आत्मा द्वारा ईश्वरीय कार्य (divine assignment) के अनुसार संप्रभुता से बांटे जाते हैं। प्रतिफल धीरे-धीरे समर्पण, दबाव, आज्ञाकारिता और दीर्घकालिक परिवर्तन (long-term transformation) के माध्यम से विकसित होता है।

कलीसिया के इतिहास की त्रासदी आमतौर पर वरदानों की अनुपस्थिति नहीं है। इससे भी बड़ी त्रासदी यह है कि वरदान पाए हुए लोग नाटकीय रूप से ढह जाते हैं क्योंकि उनका आंतरिक चरित्र कभी भी सार्वजनिक प्रभाव की गति से परिपक्व नहीं हुआ।

इसलिए पवित्र आत्मा विश्वासियों को केवल सामर्थ्य देने से कहीं अधिक गहरा कार्य करता है। वह मानव व्यक्तित्व के भीतर मसीह का पुनर्निर्माण करता है।

पौलुस शरीर और आत्मा के बीच अंतर क्यों दिखाता है (Why Paul Contrasts Flesh and Spirit)

गलातियों की पत्री उन विश्वासियों को संबोधित करती है जो प्रदर्शन-आधारित धर्म (performance-based religion) की ओर बह रहे थे। उन्होंने आत्मा पर निर्भरता को हटाकर बाहरी प्रणालियों पर निर्भर रहना शुरू कर दिया था।

पौलुस दो पूरी तरह से अलग आंतरिक इंजनों के बीच अंतर दिखाकर इसका उत्तर देता है।

एक शरीर (flesh) उत्पन्न करता है।

दूसरा प्रतिफल (fruit) उत्पन्न करता है।

एक थकावट पैदा करता है।

दूसरा रूपांतरण (transformation) लाता है।

एक बाहरी रूप से व्यवहार का निर्माण करता है।

दूसरा आंतरिक रूप से पहचान को बदल देता है।

पौलुस जानबूझकर इन प्रणालियों को एक-दूसरे के बगल में रखता है ताकि विश्वासी यह पहचान सकें कि वर्तमान में कौन सा इंजन उनके जीवन को चला रहा है।

शरीर के कामों को "काम" कहा जाता है (The Works of the Flesh Are Called "Works")

पौलुस बहुवचन भाषा का उपयोग करता है:

"शरीर के काम तो प्रगट हैं..."

– गलातियों 5:19 (हिंदी बाइबिल)

यह भाषा मायने रखती है।

कामों (Works) के लिए मानवीय प्रयास की आवश्यकता होती है।

निर्माण।

घिसना।

उत्पादन लाइनें।

मानवीय प्रयास स्वाभाविक रूप से कामों का निर्माण करते हैं क्योंकि पतित स्वभाव (fallen nature) लगातार स्वतंत्र रूप से धार्मिकता उत्पन्न करने का प्रयास करता है।

शरीर प्रदर्शन करता है।

प्रतिस्पर्धा (होड़) करता है।

तुलना करता है।

तनाव लेता है।

मान्यता की मांग करता है।

काम स्वयं की पर्याप्तता (self-sufficiency) से उत्पन्न होते हैं।

प्रतिफल एकवचन क्यों है (Why Fruit Is Singular)

पौलुस नाटकीय रूप से शब्दों को बदलता है:

"परन्तु आत्मा का फल..."

– गलातियों 5:22 (हिंदी बाइबिल)

ध्यान से देखें।

फल (Fruit)।

फलों नहीं।

एकवचन (Singular)।

यह कुछ गहरा प्रकट करता है।

प्रेम आनंद से अलग नहीं है।

शांति आत्म-संयम से कटी हुई नहीं है।

विश्वासयोग्यता को कोमलता से अलग नहीं किया जा सकता।

आत्मा एक एकीकृत व्यक्तित्व रूपरेखा (personality profile) उत्पन्न करती है।

वह फल स्वयं मसीह हैं जिनका मनुष्यों के भीतर पुनर्निर्माण किया गया है।

फल स्वाभाविक रूप से बढ़ता है (Fruit Grows Organically)

फल को शॉर्टकट से तैयार नहीं किया जा सकता।

फल के लिए जबरदस्ती नहीं की जा सकती।

फल प्रक्रिया (process) के माध्यम से विकसित होता है।

मौसम मायने रखते हैं।

जड़ें मायने रखती हैं।

जल मायने रखता है।

सूर्य का प्रकाश मायने रखता है।

समय मायने रखता है।

पवित्र आत्मा जानबूझकर कृषि की भाषा (agricultural language) का उपयोग करती है क्योंकि रूपांतरण आमतौर पर लोगों की पसंद की तुलना में धीमी गति से होता है।

परमेश्वर लोगों को कारखानों की तरह नहीं बल्कि बगीचों (orchards) की तरह उगाता है।

प्रेम: जड़ प्रणाली (Love: The Root System)

पौलुस प्रेम से शुरुआत करता है क्योंकि प्रेम पूरे पेड़ के नीचे जड़ प्रणाली (root system) की तरह काम करता है।

प्रेम के बिना, वरदान केवल प्रदर्शन बन जाते हैं।

ज्ञान घमंड बन जाता है।

अधिकार नियंत्रण बन जाता है।

अनुशासन कठोरता बन जाता है।

बाइबिल का प्रेम केवल भावना नहीं है।

यह व्यक्तिगत कीमत की परवाह किए बिना दूसरे व्यक्ति की सर्वोच्च भलाई को चुनना है।

प्रेम स्पष्ट करता है कि क्यों यीशु ने धोखे को सहा।

क्यों उन्होंने पैर धोए।

क्यों उन्होंने दुश्मनों को क्षमा किया।

आत्मा विश्वासियों के भीतर इसी प्रेम का पुनर्निर्माण करती है।

आनंद: आंतरिक जलाशय **(Joy: The Interior Reservoir)**

आनंद (Joy) सांसारिक खुशी (happiness) से भिन्न होता है।

खुशी बहुत हद तक बाहरी परिस्थितियों पर निर्भर करती है।

आनंद परिस्थितियों के बीच भी जीवित रहता है।

आनंद अधिक गहरा है।

आनंद शोक के दौरान भी मौजूद रहता है।

आनंद जेल की कोठरियों के भीतर भी बना रहता है।

आनंद आर्थिक नुकसान के बीच भी जीवित रहता है।

आनंद जमीन के नीचे के पानी के जलाशयों की तरह काम करता है जो सूखे के मौसम में भी उपलब्ध रहते हैं।

आत्मा आनंद को विकसित करती है क्योंकि बाहरी स्थिरता अंततः गायब हो जाती है।

शांति: आंतरिक शासन (Peace: Internal Government)

बाइबिल की शांति (Peace) का अर्थ केवल भावनात्मक शांति से कहीं बढ़कर है।

शांति आंतरिक व्यवस्था का प्रतिनिधित्व करती है।

इसका अर्थ है कि प्राण ने स्वयं से लड़ना बंद कर दिया है।

शांति अनिश्चितता के दौरान स्थिरता का निर्माण करती है।

आत्मा लगातार ध्यान को ईश्वरीय संप्रभुता की ओर मोड़कर शांति उत्पन्न करती है।

जब शांति आंतरिक रूप से शासन करती है, तो उथल-पुथल बाहरी रूप से अपना अधिकार खो देती है।

धीरज: लंबी बत्ती (Longsuffering: The Long Fuse)

धीरज या सहनशीलता (Longsuffering) मुख्य रूप से कठिन लोगों के आस-पास ही दिखाई देती है।

धीरज का शाब्दिक अर्थ है एक लंबी भावनात्मक बत्ती (fuse) का होना।

मानव स्वभाव त्वरित प्रतिक्रियाओं को पसंद करता है।

तुरंत क्रोध।

तुरंत ठेस लगना।

तुरंत बदला लेना।

आत्मा भावनात्मक क्षमता का विस्तार करती है।

वह प्रतिक्रियाओं को धीमा करती है।

स्थान का निर्माण करती है।

सहनशीलता विकसित करती है।

सहनशीलता अक्सर बार-बार होने वाली झुंझलाहट के बाद ही दिखाई देती है।

कृपा: कोमलता को चुनने वाली ताकत (Kindness: Strength Choosing Gentleness)

कृपा या दयालुता (Kindness) को अक्सर गलत तरीके से कमजोरी समझ लिया जाता है।

बाइबिल की कृपा के लिए ताकत (strength) की आवश्यकता होती है।

कृपा दर्द को देखती है।

कमजोरी की ओर बढ़ती है।

असुरक्षा की रक्षा करती है।

सावधानी से बोलती है।

जानबूझकर कार्य करती है।

कृपा यह दर्शाती है कि कैसे परमेश्वर लगातार नाज़ुक लोगों के साथ व्यवहार करता है।

भलाई: कार्य में बदलती पवित्रता (Goodness: Holiness Becoming Action)

भलाई (Goodness) गति में बदली हुई नैतिकता है।

कई लोग नैतिक विचारों की सराहना करते हैं।

लेकिन भलाई कार्य करती है।

खिलाती है।

सेवा करती है।

रक्षा करती है।

सुधार करती है।

बलिदान देती है।

आत्मा केवल अच्छे इरादों का निर्माण नहीं करती।

वह दिखाई देने वाली धार्मिकता उत्पन्न करती है।

विश्वासयोग्यता: समय के साथ बनी रहने वाली विश्वसनीयता **(Wevashvasyogyata)**

विश्वासयोग्यता (Faithfulness) शायद सबसे कम सराहना पाने वाले फलों में से एक हो सकती है क्योंकि निरंतरता बहुत साधारण महसूस होती है।

फिर भी पवित्रशास्त्र बार-बार सहनशीलता को मूल्य देता है।

विश्वासयोग्यता का अर्थ है भरोसेमंद बने रहना।

प्रतिबद्धताओं को निभाना।

वादों का आदर करना।

बार-बार उपस्थित रहना।

विश्वासयोग्यता भरोसे का निर्माण करती है।
आत्मा विश्वासियों को स्थिर लोगों के रूप में आकार देती है।

नम्रता: नियंत्रित शक्ति (Gentleness: Controlled Strength)

नम्रता या कोमलता (Gentleness) का अर्थ कमजोरी नहीं होता।
प्राचीन लेखक प्रशिक्षित युद्ध के घोड़ों के लिए इसी तरह की भाषा का उपयोग करते थे।
असीम शक्ति।
पूरी तरह से नियंत्रित।
नम्रता का अर्थ है शक्ति रखना लेकिन उसका अनावश्यक रूप से हथियार की तरह उपयोग न करना।
यीशु के पास आंधियों पर अधिकार था फिर भी उन्होंने बच्चों का स्वागत किया।
वही नम्रता है।

आत्म-संयम: आंतरिक शासन (Self-Control: Internal Governance)

आत्म-संयम (Self-control) आत्मिक परिपक्वता के सबसे स्पष्ट प्रमाणों में से एक हो सकता है।

क्योंकि परिपक्वता में शासन शामिल है।
इच्छाओं (Appetites) को प्रबंधन की आवश्यकता होती है।
भावनाओं को सीमाओं की।
लालसाओं को दिशा की।
आत्मा आंतरिक नेतृत्व को मजबूत करती है।
आत्म-संयम के बिना, वरदान खतरनाक बन जाते हैं।

फल जुड़ाव के माध्यम से बढ़ता है (Fruit Grows Through Connection)

यीशु ने फल के उत्पादन को सरलता से समझाया था:
"मुझ में बने रहो..."
– यूहन्ना 15:4 (हिंदी बाइबिल)
डालियाँ तनाव नहीं लेतीं।
डालियाँ जुड़ी रहती हैं।
जुड़ाव प्रवाह (flow) का निर्माण करता है।
प्रवाह विकास लाता है।
विकास फल का निर्माण करता है।
कटे रहना सूखापन पैदा करता है।
आत्मा लगातार विश्वासियों को बने रहने की ओर खींचती है क्योंकि जुड़ाव ही रूपांतरण उत्पन्न करता Lights।

दबाव फल को उजागर करता है (Pressure Reveals Fruit)

दबाव शायद ही कभी चरित्र का निर्माण करता है।
दबाव चरित्र को उजागर (reveals) करता है।
जब दबाया जाता है, तो भीतर जो कुछ भी मौजूद होता है वह बाहरी रूप से दिखाई देने लगता है।
इसलिए कठिन मौसम अक्सर निदान (diagnostically) का कार्य करते हैं।
परमेश्वर दबाव की अनुमति देता है क्योंकि बेनकाब होना रूपांतरण के अवसर बनाता है।

छाँटना आवश्यक है (Pruning Is Necessary)

स्वस्थ डालियों को भी छाँटा (pruned) जाता है।
छाँटना ध्यान भटकाने वाली चीज़ों को हटा देता है।
अत्यधिक वृद्धि को।
प्रतिस्पर्धी प्राथमिकताओं को।
निर्जीव सामग्री को।
छाँटना दर्दनाक महसूस होता है क्योंकि हटाना हमेशा ऐसा ही महसूस कराता है।
फिर भी छाँटना भविष्य की फलवंता को बढ़ा देता है।

फल दूसरों के लिए मौजूद होता है (Fruit Exists For Others)

पेड़ अपने खुद के फल नहीं खाते।
दूसरे लोग लाभ उठाते हैं।
इसी तरह आत्मिक फल मुख्य रूप से हमारे आस-पास के लोगों के लिए मौजूद होता है।
आपका धीरज दूसरों को तृप्त करता है।
की आपकी शांति दूसरों को स्थिर करती है।
आपकी कृपा दूसरों को आश्रय देती है।
फल रिश्तों के बीच दिखाई देने लगता है।

चरित्र आकर्षण से अधिक क्यों टिकता है (Why Character Outlasts Charisma)

मंच गायब हो जाते हैं।
रुझान बदल जाते हैं।
मंत्रालय बदल जाते हैं।
प्रभाव में उतार-चढ़ाव आता है।
लेकिन चरित्र जीवित रहता है।
आत्मा अस्थायी दृश्यता के ऊपर स्थायी निर्माण को प्राथमिकता देती है।

विकास का छिपा हुआ स्वभाव (The Hidden Nature of Growth)

शुरुआत में अधिकांश विकास अदृश्य रहता है।
जड़ें जमीन के नीचे बढ़ती हैं।

सार्वजनिक होने से पहले रूपांतरण अक्सर व्यक्तिगत जीवन में घटित होता है।
इसलिए विश्वासियों को धीमे विकास से हतोत्साहित नहीं होना चाहिए।
स्वस्थ चीजें धीरे-धीरे बढ़ती हैं।

नकली फल (Counterfeit Fruit)
लोग अस्थायी रूप से व्यवहार की नकल कर सकते हैं।
लेकिन लगातार बना रहने वाला फल स्रोत (source) को प्रकट करता है।
बनावटी कृपा अंततः ढह जाती है।
मानव द्वारा निर्मित शांति दबाव में टूट जाती है।
वास्तविक फल निरीक्षण में जीवित रहता है।
क्योंकि आत्मा ही उसका स्रोत बनी रहती है।

स्वर्ग के हस्ताक्षर (The Signature of Heaven)
फल ईश्वरीय लिखावट (divine handwriting) की तरह काम करता है।
लोग अनुभवों पर सवाल उठा सकते हैं।
वरदानों पर बहस कर सकते हैं।
धर्मविज्ञान को चुनौती दे सकते हैं।
चरित्र को खारिज करना अधिक कठिन हो जाता है।

आत्मा रूपांतरित मानवता के माध्यम से अपने कार्य पर हस्ताक्षर करती है।

लक्ष्य समानता है (The Goal Is Resemblance)

पवित्र आत्मा का अंतिम उद्देश्य केवल गतिविधि नहीं है।

वह समानता (resemblance) है।

वह विश्वासियों के भीतर मसीह का प्रतिरूप बनाता है।

विचारों के पैटर्न बदलते हैं।

प्रतिक्रियाएँ बदलती हैं।

प्राथमिकताएँ तालमेल में आती हैं।

पहचान रूपांतरित होती है।

आत्मा का वंशानुगत कार्य (The Spirit's Genetic Work)

पवित्र आत्मा केवल मिलने आने से कहीं बढ़कर कार्य करती है।

वह पुनर्निर्माण करती है।

वह साधारण मानव व्यक्तित्वों को लेती है और धीरे-धीरे उनकी आंतरिक संरचना को दोबारा लिखती है।

वह प्रेम की जड़ें उगाती है।

आनंद के जलाशय।

शांति की संरचनाएँ।
विश्वासयोग्यता के पैटर्न।
वह उन स्थानों पर फलों के गुच्छे उगाती है जहाँ कभी शरीर का बोलबाला था।
और जब दबाव विश्वासियों को निचोड़ता है, तो स्वयं स्वर्ग दिखाई देने लगता है।
वह फल उसके हस्ताक्षर हैं।
उसका प्रमाण।
उसका सबूत कि साधारण धूल ने अनंत काल के चरित्र को लेकर चलना शुरू कर दिया है।

24: प्रसव-पीड़ा की कराह – सृष्टि का ब्रह्मांडीय विलाप और आने वाला नयापन (The Cry of the Birth-Pangs – The Cosmic Groaning of Creation and the Coming Renewal)

मानव प्राण से कहीं बढ़कर उद्धार (Salvation Bigger Than the Human Soul)

कई विश्वासी अनजाने में उद्धार (salvation) को परमेश्वर और एक व्यक्तिगत प्राण के बीच का एक निजी लेन-देन मान लेते हैं। उनका पूरा ध्यान अक्सर व्यक्तिगत क्षमा, व्यक्तिगत आशीष, व्यक्तिगत चंगाई और व्यक्तिगत अनंत काल पर केंद्रित हो जाता है। जबकि ये वास्तविकताएँ गहराई से मायने रखती हैं, पवित्रशास्त्र लगातार एक बहुत बड़ा चित्र प्रस्तुत करता है। छुटकारा (Redemption) केवल व्यक्तिगत नहीं है। छुटकारा ब्रह्मांडीय (cosmic) है।

पवित्र आत्मा को कभी भी केवल अस्थायी संघर्षों के माध्यम से अलग-थलग पड़े व्यक्तियों को सांत्वना देने के लिए नहीं भेजा गया था। उसे इतिहास में एक वैश्विक पुनर्स्थापना परियोजना (universal restoration project) के कार्यकारी एजेंट (Agent) के रूप में जारी किया गया था। उसका सौंपा गया

कार्य हृदयों और कलीसियाओं से परे स्वयं सृष्टि (creation) तक फैला हुआ है।

यह व्यापक दृष्टिकोण इस बात को बदल देता है कि दुख (suffering) को कैसे समझा जाता है। दर्द अकारण दिखना बंद हो जाता है। देरी अर्थहीन दिखना बंद हो जाती है। यहाँ तक कि सृष्टि स्वयं ईश्वरीय देखरेख के तहत प्रकट होने वाली एक बहुत बड़ी कहानी का हिस्सा बन जाती है।

रोमियों अध्याय 8 विश्वासी के क्षितिज का नाटकीय रूप से विस्तार करता है। पौलुस व्यक्तिगत उद्धार से हटकर ब्रह्मांडीय नवीनीकरण (cosmic renewal) की ओर बढ़ता है। वह प्रकट करता है कि पूरी सृष्टि वर्तमान में दबाव, तनाव और प्रतीक्षा का अनुभव कर रही है।

यह ब्रह्मांड स्वयं प्रतीक्षा कर रहा है।

सृष्टि निष्क्रिय नहीं है (The Universe Is Not Passive)

पवित्रशास्त्र बार-बार सृष्टि का मानवीकरण (personifies) करता है।

पहाड़ गाते हैं।

पेड़ तालियाँ बजाते हैं।

नदियाँ आनंद मनाती हैं।

मैदान उत्सव मनाते हैं।
यह भाषा दुर्घटनावश नहीं है।
सृष्टि को निष्क्रिय के बजाय सक्रिय (active) रूप से प्रस्तुत किया गया है।
भौतिक संसार परमेश्वर की उद्धार की कहानी में भाग लेता है।
इसलिए पौलुस सृष्टि का वर्णन लालसा करने वाली, प्रतीक्षा करने वाली और कराहने वाली के रूप में करता है।
यह संसार आत्मिक रूप से तटस्थ (neutral) नहीं है।
यह मानवता के पतन से प्रभावित है और मानवता की पुनर्स्थापना की प्रतीक्षा कर रहा है।

सृष्टि क्यों दुख भोगती है (Why Creation Suffers)

जब आदम ने पाप किया, तो उसके परिणाम व्यक्तिगत नैतिकता से आगे तक फैल गए।
मानवता सृष्टि के प्रबंधक (steward) के रूप में कार्य करती थी।
इसलिए उस विद्रोह ने पूरी संपत्ति (सृष्टि) को अस्त-व्यस्त कर दिया।
भूमि शापित हो गई।

रिश्ते टूट गए।
जीव विज्ञान में मृत्यु ने प्रवेश किया।
पारिस्थितिक तंत्र (ecosystems) में क्षय आ गया।
पशु प्रणालियों में क्रूरता आ गई।
सृष्टि को मानवता का पतन विरासत में मिला।
यह स्पष्ट करता है कि दुख मानवीय अनुभव से आगे क्यों फैला हुआ है।

व्यर्थता का अर्थ (The Meaning of Futility)

पौलुस कहता है कि सृष्टि व्यर्थता के अधीन की गई थी।
व्यर्थता (Futility) का अर्थ है निराशा।
अपूर्णता।
अधूरा उद्देश्य।
सृष्टि वर्तमान में मूल योजना (original design) के अनुसार कार्य नहीं कर सकती।
पृथ्वी अभी भी सुंदरता उत्पन्न करती है।
फिर भी वह सुंदरता क्षतिग्रस्त बनी रहती है।
जीवन मौजूद है।
लेकिन मृत्यु इसे बाधित करती है।
व्यवस्था बनी हुई है।
फिर भी विनाश लगातार आक्रमण करता है।
सृष्टि निराशा के अधीन जीती है।

सृष्टि कराह रही है (Creation Is Groaning)

पौलुस जानबूझकर प्रसव की भाषा (birth language) का उपयोग करता है।

प्रसव की पीड़ा मृत्यु की पीड़ा से भिन्न होती है।

मृत्यु का दर्द अंत की ओर बढ़ता है।

प्रसव का दर्द शुरुआत (beginning) की ओर बढ़ता है।

यह अंतर अत्यधिक मायने रखता है।

पवित्रशास्त्र ब्रह्मांड का वर्णन निराशा में मरते हुए रूप में नहीं करता।

यह सृष्टि का वर्णन अपेक्षा में प्रसव-पीड़ा (laboring expectantly) सहने के रूप में करता है।

दर्द मौजूद है।

लेकिन उस दर्द की एक दिशा है।

प्राकृतिक आपदाएँ और एक टूटी हुई दुनिया (Natural Disasters and a Broken World)

भूकंप।

बाढ़।

बीमारी।

सूखा।

पर्यावरणीय पतन।

ये वास्तविकताएँ मानवता को याद दिलाती हैं कि सृष्टि अभी भी खंडित (fractured) है।
पवित्रशास्त्र कभी यह दिखावा नहीं करता कि सृष्टि वर्तमान में पूरी तरह से कार्य कर रही है।
यह संसार स्वयं गवाही देता है कि पुनर्स्थापना अभी अधूरी है।
पृथ्वी इसलिए कराहती है क्योंकि उसे अपनी मूल रचना तो याद है लेकिन वह विनाश का अनुभव कर रही है।

विश्वासी भी क्यों कराहते हैं (Why Believers Also Groan)

पौलुस अपना ध्यान बाहरी सृष्टि से हटाकर आंतरिक विश्वासियों की ओर मोड़ता है।
मसीही अक्सर मान लेते हैं कि आत्मिक परिपक्वता को संघर्ष समाप्त कर देना चाहिए।
रोमियों की पत्री अलग सिखाती है।
आत्मा से भरे लोग अभी भी कराहते हैं।
विश्वासयोग्य विश्वासी अभी भी दर्द सहते हैं।
परिपक्व संत अभी भी कुश्ती लड़ते हैं।
कराहना स्वचालित रूप से आत्मिक असफलता को नहीं दर्शाता।

कभी-कभी कराहना आत्मिक जागरूकता (spiritual awareness) को प्रकट करता है।

दो दुनियाओं के बीच जीने की समस्या (The Problem of Living Between Worlds)

विश्वासी दो वास्तविकताओं के बीच मौजूद हैं।

आत्मिक रूप से नए किए गए।

शारीरिक रूप से सीमित।

कानूनी रूप से धर्मी ठहराए गए।

जैविक रूप से बूढ़े होते हुए।

स्वर्ग के नागरिक।

पृथ्वी के निवासी।

यह तनाव पैदा करता है।

प्राण मरणशीलता के भीतर जीते हुए अनंत काल का स्वाद चख लेता है।

वह तनाव कराहना (groaning) उत्पन्न करता है।

पहले फल की वास्तविकता (The Firstfruits Reality)

पौलुस कहता है कि विश्वासियों के पास पहला फल (firstfruits) मौजूद है।

पहला फल नमूने (samples) का प्रतिनिधित्व करता है।

शुरुआत का।
गारंटी का।
विश्वासियों ने नए जन्म का अनुभव किया है।
लेकिन पूर्णता का नहीं।
रूपांतरण शुरू हो चुका है।
महिमामयी होना (Glorification) अभी भविष्य में है।
यह अधूरी स्थिति स्पष्ट करती है कि क्यों मसीही एक ही समय में आनंद भी मनाते हैं और कराहते भी हैं।

शरीर अभी भी क्यों संघर्ष करता है (Why the Body Still Struggles)

मानव आत्मा नयापन अनुभव करती है।
लेकिन शरीर अभी भी बूढ़ा होता है।
बीमार पड़ता है।
कमजोर होता है।
सोता है।
टूट जाता है।
यह घर्षण (friction) पैदा करता है।
विश्वासी अस्थायी जीव विज्ञान के भीतर अनंत जीवन को लेकर चलते हैं।
यह विरोधाभास असहज महसूस कराता है।
वह असुविधा लालसा (longing) उत्पन्न करती है।

कराहना विश्वास की कमी नहीं है (Groaning Is Not Lack of Faith)

आधुनिक आध्यात्मिकता कभी-कभी दर्द को संदेह की नज़र से देखती है।

मानो मजबूत विश्वासी कभी संघर्ष नहीं करते।

पौलुस इसे पूरी तरह से खारिज करता है।

वह खुले तौर पर निराशा को स्वीकार करता है।

लालसा को।

कमजोरी को।

प्रतीक्षा को।

विश्वास कराहने को समाप्त नहीं करता।

विश्वास कराहने को एक सही दिशा (direction) देता है।

आत्मा मानवीय कमजोरी में प्रवेश करती है (The Spirit Enters Human Weakness)

रोमियों की पत्री तब फिर से बदलती है।

सृष्टि कराहती है।

विश्वासी कराहते हैं।

तब आत्मा कराहती है।

यह कुछ असाधारण प्रकट करता है।

परमेश्वर मानवीय दुख से बाहर खड़ा नहीं रहता।

आत्मा इसमें प्रवेश करती है।

इसमें भाग लेती है।
इसे उठाती है।
इसे रूपांतरित करती है।

आत्मा दर्द को व्यवस्थित करती है (The Spirit Organizes Pain)

पवित्र आत्मा दुख को व्यर्थ नहीं जाने देती।
वह भ्रम का अनुवाद करती है।
निराशा को सही दिशा देती है।
कमजोरी को उठाती है।
वह बिखरे हुए दर्द को उद्देश्यपूर्ण मध्यस्थता (intercession) में बदल देती है।
यह इस बात को बदल देता है कि दुख को कैसे देखा जाना चाहिए।
दर्द छोड़ दिए जाने के बजाय एक बातचीत (conversation) बन जाता है।

शब्दावली से परे की कराहें (Groans Beyond Vocabulary)

कुछ मौसम भाषा को छीन लेते हैं।
लोगों के पास शब्द खत्म हो जाते हैं।
शोक वाणी पर हावी हो जाता है।
थकान प्रार्थना को खामोश कर देती है।

रोमियों की पत्री कहती है कि आत्मा वहाँ भी सक्रिय रहती है।

वह शब्दावली के नीचे (beneath vocabulary) कार्य करती है।

अभिव्यक्ति से नीचे।

आंतरिक भावनात्मक टूटन के भीतर।

जब भाषा विफल हो जाती है, वह मध्यस्थता को गतिशील रखती है।

प्रतीक्षा करना कठिन क्यों महसूस होता है (Why Waiting Feels Difficult)

प्रतीक्षा करना मानवता को बहुत गहराई से चुनौती देता है।

लोग तुरंत समाधान पसंद करते हैं।

परमेश्वर अक्सर क्रमिक रूप से (progressively) कार्य करता है।

प्रतीक्षा मूरतों को बेनकाब करती है।

उद्देश्यों को शुद्ध करती है।

सहनशीलता का निर्माण करती है।

भरोसा विकसित करती है।

प्रतीक्षा के दौरान कराहना अक्सर तीव्र हो जाता है क्योंकि आशा लालसा को खींच देती है।

पुत्रों का प्रगट होना (The Revealing of the Sons)

सृष्टि किसी विशिष्ट चीज़ की प्रतीक्षा कर रही है।
परमेश्वर की सन्तानों के प्रगट होने (revealing) की।
वर्तमान में विश्वासी साधारण दिखाई देते हैं।
नाजुक।
कमजोर।
सीमित।
सृष्टि दिखावे से परे देखती है।
वह अनावरण (unveiling) का अनुमान लगाती है।

छिपी हुई महिमा (Hidden Glory)

नया नियम बार-बार छिपे रहने (hiddenness) की शिक्षा देता है।
मिट्टी के बर्तनों में छिपा खजाना।
मसीह में छिपा हुआ जीवन।
अदृश्य राज्य की वास्तविकताएँ।
विश्वासी वर्तमान में कमजोरी के नीचे छिपी हुई महिमा को लेकर चलते हैं।
यह छिपा रहना अस्थायी है।

भविष्य का पुनरुत्थान मायने रखता है (Future Resurrection Matters)

मसीही आशा शारीरिक (physical) है।
केवल आत्मिक नहीं।
शरीर मायने रखते हैं।
सृष्टि मायने रखती है।
पदार्थ (Matter) स्वयं नया किया जाएगा।
भविष्य में पुनरुत्थान शामिल है।
यह इस बात को बदल देता है कि दुख की व्याख्या कैसे की जाती है।
टूटे हुए शरीर अस्थायी हैं।

सृष्टि की मुक्ति मानवता से जुड़ी हुई है (Creation's Liberation Is Connected to Humanity)

पौलुस सीधे तौर पर सृष्टि की स्वतंत्रता को छुड़ाए गए मानव जीवन से जोड़ता है।
जब परमेश्वर अपने लोगों में पुनर्स्थापना को पूरा करता है, तो सृष्टि उसमें भाग लेती है।
यह प्रकट करता है कि छुटकारा वास्तव में कितना आपस में जुड़ा हुआ है।
मानवता की पुनर्स्थापना और सृष्टि का नवीनीकरण एक साथ चलते हैं।

आशा कराहने को क्यों बनाए रखती है (Why Hope Sustains Groaning)

आशा दर्द को दूर नहीं करती।
आशा दर्द को एक संदर्भ (context) प्रदान करती है।
लोग प्रसव की पीड़ा इसलिए सहते हैं क्योंकि बाद में बच्चे का जन्म होता है।
एथलीट प्रशिक्षण इसलिए सहते हैं क्योंकि उसके परिणाम सामने आते हैं।
विश्वासी दुख इसलिए सहते हैं क्योंकि महिमा करीब आ रही है।
आशा सहनशीलता को स्थिर करती है।

तनाव के भीतर जीना सीखना (Learning to Live Inside Tension)

मसीही जीवन के लिए विरोधाभास (paradox) को अपनाना आवश्यक है।
उद्धार पा चुके हैं।
अभी तक पूर्ण नहीं हुए हैं।
पहले से भरे हुए हैं।
अभी भी लालायित हैं।
पहले से रूपांतरित हैं।
अभी भी प्रतीक्षा कर रहे हैं।
परिपक्वता अनसुलझे स्थानों के भीतर विश्वासयोग्यता से जीना सीखती है।

कराहना निर्भरता का निर्माण करता है (Groaning Creates Dependence)

दुख अक्सर स्वयं की पर्याप्तता के भ्रम को नष्ट कर देता है।

लोग सीमाओं को खोज लेते हैं।

कमजोरी को।

आवश्यकता को।

निर्भरता को।

ये खोज अक्सर परमेश्वर के साथ घनिष्ठता को गहरा कर देती हैं।

कराहना एक शिक्षक बन जाता है।

पवित्र आत्मा सृष्टि और विश्वासियों को एक साथ जोड़ती है (The Holy Spirit Synchronizes Creation and Believers)

सृष्टि कराहती है।

विश्वासी कराहते हैं।

आत्मा कराहती है।

ये वास्तविकताएँ आपस में जुड़ी (synchronized) हुई हैं।

आपका दुख अलग-थलग नहीं है।

आप पुनर्स्थापना की ओर बढ़ने वाले एक बहुत बड़े आंदोलन में भाग ले रहे हैं।

इतिहास स्वयं नवीनीकरण की ओर बढ़ रहा है।

प्रक्रिया के भीतर झुकें (Lean Into the Process)

हर एक असुविधा से भागना अक्सर विकास में देरी करता है।

कुछ दबाव रूपांतरण उत्पन्न करते हैं।

प्रतीक्षा के कुछ मौसम क्षमता का निर्माण करते हैं।

असहज मौसमों के दौरान आत्मा सक्रिय बनी रहती है।

जब लोग कराहते हैं, वह उन्हें आकार देती है।

महिमा से पहले प्रसव-पीड़ा (Labor Before Glory)

रोमियों अध्याय 8 की भाषा जानबूझकर आशा से भरी हुई है।

सृष्टि कराहती है।

विश्वासी कराहते हैं।

आत्मा कराहती है।

लेकिन कोई भी बिना आशा के नहीं कराहता।

सब अपेक्षा में कराहते हैं।

इस युग के संकुचन (contractions) आने वाले जन्म की ओर संकेत करते हैं।

एक दिन छिपी हुई महिमा दिखाई देने लगेगी।

मरणशीलता अमरता बन जाएगी।

सृष्टि नई हो जाएगी।

और जिस आत्मा ने विश्वासियों को हर एक कराह के बीच संभाला, वह उस कार्य को पूरा करेगी जिसे उसने शुरू किया था–साधारण धूल को पुनरुत्थान की महिमा में बदलते हुए, जबकि खंडित ब्रह्मांड (cosmos) को उसी सुंदरता में पुनर्स्थापित करेगी जो सृष्टिकर्ता द्वारा मूल रूप से सोची गई थी।

25: ज़ोए (ईश्वरीय जीवन) का संचार – मरणहार शरीरों का सजीव होना और पुनरुत्थान के जीवन की वर्तमान वास्तविकता (The Zoe Infusion – The Quickening of Mortal Bodies and the Present Reality of Resurrection Life)

भूमिका: मानवीय कमजोरी का प्रश्न (The Question of Human Weakness)

पूरे पवित्रशास्त्र में, विश्वासियों के जीवन में एक तनाव बार-बार दिखाई देता है। हम आत्मिक रूप से नए किए गए हैं, फिर भी शारीरिक रूप से कमजोर हैं। हम परमेश्वर की उपस्थिति का अनुभव करते हैं, फिर भी हमारे शरीर अभी भी थक जाते हैं। हम अनंत काल की प्रतिज्ञाएँ लेकर चलते हैं, फिर भी हम अभी भी नाजुक जीव विज्ञान (जीवित तंत्र) के भीतर जीते हैं। यह तनाव मसीही धर्मविज्ञान (Theology) में सबसे बड़े प्रश्नों में से एक का निर्माण करता है: पवित्र आत्मा हमारे इन भौतिक शरीरों के साथ वास्तव में क्या करता है जब हम अभी भी एक पतित (गिरे हुए) संसार में जी रहे होते हैं?

कई लोग पवित्र आत्मा के कार्य को केवल भावनाओं, विचारों, दोषसिद्धियों और आत्मिक अनुभवों तक

सीमित कर देते हैं। वे कल्पना करते हैं कि उसकी गतिविधि मानव अस्तित्व के केवल अदृश्य आयामों तक ही सीमित है। शरीर को अक्सर एक अस्थायी खोल (shell) के रूप में देखा जाता है जिसे स्वर्ग के आने तक केवल जीवित रहना है।

लेकिन पवित्रशास्त्र कुछ इससे कहीं बढ़कर प्रस्तुत करता है।

पवित्र आत्मा केवल आपके प्राण (soul) के साथ ही बातचीत नहीं करता। वह एक संपूर्ण व्यक्ति के रूप में आपकी पूरी मानवता के साथ बातचीत करता है।

वह मनों को छूता है।

वह भावनाओं को मजबूत करता है।

वह चिंतन को नया करता है।

और वह इस मरणहार जीव विज्ञान (mortal biology) के भीतर भी कार्य करता है।

रोमियों अध्याय 8 एक ऐसी वास्तविकता को प्रकट करता है जो पुनरुत्थान के जीवन (resurrection life) के बारे में हमारी समझ का नाटकीय रूप से विस्तार करती है।

पुनरुत्थान का जीवन पहले से ही सक्रिय है (Resurrection Life Is Already Operating)

अधिकांश मसीही पुनरुत्थान का संबंध विशेष रूप से भविष्य से जोड़ते हैं।
भविष्य के शरीर।
भविष्य की महिमा।
भविष्य की अमरता।
यह सब सच है।
फिर भी पौलुस एक और आयाम का परिचय देता है।
वह वर्तमान में कार्य करने वाली पुनरुत्थान की सामर्थ्य (resurrection power) के बारे में बोलता है।
जिस आत्मा ने मसीह को मरे हुओं में से जलाया, वही अब विश्वासियों के भीतर रहती है।
वह सब कुछ बदल देता है।
पुनरुत्थान केवल भविष्य की घटना नहीं है।
वह एक वर्तमान वास्तविकता (present reality) भी है।

रोमियों 8:11 और जीवित उपस्थिति (Romans 8:11 and the Living Presence)

पौलुस लिखता है:
"और यदि उसी का आत्मा जिसने यीशु को मरे हुओं में से जिलाया तुम में बसा हुआ है, तो जिसने मसीह को मरे हुओं में से जिलाया, वह तुम्हारी मरणहार

देहों को भी अपने उस आत्मा के द्वारा जो तुम में बसा हुआ है जिलाएगा।"
– रोमियों 8:11 (हिंदी बाइबिल)

पौलुस के ज़ोर देने पर ध्यान दें।

भविष्य के शरीर नहीं।

स्वर्गीय शरीर नहीं।

मरणहार देह (Mortal bodies)।

वर्तमान के शरीर।

आपका वर्तमान ढांचा।

आपकी वर्तमान सीमाएँ।

आपकी वर्तमान मानवता।

यह वचन जानबूझकर पुनरुत्थान को दैनिक जीवन के भीतर लेकर आता है।

पवित्र आत्मा पुनरुत्थान का इतिहास लेकर चलती है (The Holy Spirit Carries Resurrection History)

जब पवित्रशास्त्र आत्मा का वर्णन यीशु को मरे हुओं में से जिलाने वाली के रूप में करता है, तो यह विश्वासियों को एक आवश्यक बात याद दिलाता है।

आत्मा पहले ही एक बार मृत्यु को हरा चुकी है।

वह पहले ही एक मुहरबंद कब्र के भीतर प्रवेश कर चुकी है।

वह पहले ही विनाश को उलट चुकी है।

वह पहले ही मृत ऊतकों (dead tissue) को पुनर्स्थापित कर चुकी है।

वह पहले ही अंत को जीत चुकी है।

इसका अर्थ यह है कि विश्वासियों के भीतर रहने वाली आत्मा प्रमाणित अधिकार (authority) के साथ आती है।

वह कोई प्रयोग नहीं कर रही है।

उसके पास मृत्यु पर पहले से ही विजय मौजूद है।

मरणहार का अर्थ मूल्यहीन होना नहीं है (Mortal Does Not Mean Worthless)

कई विश्वासी अनजाने में अपने शरीरों को तुच्छ समझते हैं।

वे शारीरिक अस्तित्व को नकारात्मक रूप से देखते हैं।

पवित्रशास्त्र कभी यह नहीं सिखाता।

शरीर मायने रखते हैं।

सृष्टि मायने रखती है।

पदार्थ (Matter) मायने रखता है।

परमेश्वर ने मानवता को शारीरिक (physical) बनाया।

यीशु शारीरिक बने।

पुनरुत्थान शारीरिक है।
इसलिए मरणहार देह गरिमा (dignity) रखती हैं।
कमजोरी मूल्य को नहीं हटाती।
नाजुकी उद्देश्य को दूर नहीं करती।

एक घटती हुई प्रणाली के भीतर जीवन (Life in a Declining System)

मानव जीव विज्ञान लगातार ऊर्जा को खोता (leaks) रहता है।
लोग बूढ़े होते हैं।
कोशिकाएं खराब होती हैं।
मांसपेशियां कमजोर होती हैं।
तनाव जमा होता है।
यह पतित संसार शारीरिक प्रणालियों पर निरंतर दबाव डालता है।
शरीर स्वाभाविक रूप से थकावट की ओर बढ़ता है।
यह सार्वभौमिक मानवीय अनुभव है।
रोमियों की पत्री इस वास्तविकता को ईमानदारी से स्वीकार करती है।
फिर भी यह एक साथ काम करने वाली एक दूसरी शक्ति का परिचय देती है।
जीवन विपरीत दिशा में बहता है **(Life Flows in the Opposite Direction)**

प्राकृतिक प्रणालियाँ नीचे की ओर बढ़ती हैं।
आत्मा ऊपर की ओर गति (upward movement) का परिचय देती है।
विनाश एक दिशा में धकेलता है।
जीवन दूसरी दिशा में धकेलता है।
कमजोरी मौजूद है।
लेकिन ईश्वरीय जीवन-शक्ति (divine vitality) भी मौजूद है।
यह एक आंतरिक तनाव पैदा करता है।
विश्वासी एक ही समय में दो वास्तविकताओं को लेकर चलते हैं:
मानवीय सीमा और ईश्वरीय सशक्तिकरण (divine empowerment)।

पुनरुत्थान का जीवन मानवता को मिटाता नहीं है (Resurrection Life Does Not Eliminate Humanity)

कुछ लोग आत्मिक जीवन को गलत समझते हैं।
वे मान लेते हैं कि पुनरुत्थान की सामर्थ्य का अर्थ यह है कि विश्वासी कभी नहीं थकेंगे।
कभी बीमार नहीं पड़ेंगे।
कभी कमजोरी का अनुभव नहीं करेंगे।
पवित्रशास्त्र इसे खारिज करता है।

यहाँ तक कि पौलुस ने भी सीमाओं का अनुभव किया।
उद्देश्य मानवता को हटाना नहीं है।
उद्देश्य मानवता के भीतर ईश्वरीय गतिविधि (divine activity) का होना है।
आत्मा मानवीय कमजोरी को मजबूत करती है।
वह प्राणी होने की स्थिति (creatureliness) को नहीं मिटाती।

वर्तमान काल में सजीव होना (Present-Tense Quickening)

पौलुस कहता है कि आत्मा जीवन देती है (जिलाती है)।
यह भाषा सक्रिय होने (activation) की ओर संकेत करती है।
मजबूत होने की।
पुनर्जीवित होने की।
नया होने की।
सजीव होने (Quickening) का अर्थ केवल भावनात्मक प्रोत्साहन से कहीं बढ़कर है।
यह कमजोरी के भीतर कार्य करने वाली ईश्वरीय ऊर्जा (divine energy) की ओर संकेत करता है।
यह जीवन अक्सर सहनशीलता के माध्यम से प्रकट होता है।

शक्ति के माध्यम से।
लचीलेपन (Resilience) के माध्यम से।
क्षमता के माध्यम से।
दबाव में बनी रहने वाली शांति के माध्यम से।

एक पवित्र स्थान के रूप में शरीर (The Body as Temple)

इससे पहले हमने सीखा है कि विश्वासी मंदिर (temples) हैं।
मंदिर इसलिए मायने रखते हैं क्योंकि परमेश्वर वहाँ रहता है।
यदि आत्मा विश्वासियों के भीतर वास करती है, तो शरीर एक पवित्र स्थान (sacred space) बन जाता है।
यह इस बात को बदल देता है कि मसीही नींद को कैसे देखते हैं।
पोषण को।
स्वास्थ्य को।
तनाव को।
विश्राम को।
शारीरिक देखरेख एक आत्मिक जिम्मेदारी बन जाती है।

यीशु ने शरीरों की सेवा की (Jesus Ministered to Bodies)

मसीह ने लगातार शारीरिक आवश्यकताओं की परवाह की।

अंधी आँखें।

पंगु अंग।

बीमार त्वचा।

शारीरिक भूख।

थकावट।

उन्होंने कभी भी आत्मिक परवाह को शारीरिक परवाह से अलग नहीं किया।

आत्मा आज भी इस सेवा को जारी रखती है।

शरीर आज भी परमेश्वर की छुटकारे की चिंता के भीतर बना हुआ है।

कमजोरी मुलाकात का एक स्थान बन जाती है (Weakness Becomes a Place of Encounter)

कई विश्वासी केवल सामर्थ्य के समय ही परमेश्वर की अपेक्षा करते हैं।

पवित्रशास्त्र अक्सर उसे कमजोरी के दौरान प्रकट करता है।

जब शारीरिक क्षमताएँ ढह जाती हैं, तो निर्भरता बढ़ जाती है।
निर्भरता स्थान का निर्माण करती है।
स्थान समर्पण को आमंत्रित करता है।
समर्पण और गहरी संगति को बुलाता है।
कमजोरी अक्सर एक वेदी (altar) बन जाती है।

शुरुआती विश्वासियों का उदाहरण (The Example of Early Believers)

शुरुआती कलीसिया ने असाधारण सहनशीलता का प्रदर्शन किया।
सताव।
यात्रा।
कैद होना।
उपवास।
शारीरिक कठिनाई।
फिर भी वे बने रहे।
क्यों?
क्योंकि आत्मा ने उन्हें प्राकृतिक क्षमताओं से परे संभाला।
उनकी शक्ति अक्सर सामान्य स्पष्टीकरण से परे होती थी।

ईश्वरीय शक्ति और मानवीय जिम्मेदारी (Divine Strength and Human Responsibility)

रोमियों अध्याय 8 निष्क्रियता (passivity) को बढ़ावा नहीं देता।

विश्वासी अभी भी विश्राम करते हैं।

खाते हैं।

व्यायाम करते हैं।

बुद्धि खोजते हैं।

दवाइयों का उपयोग करते हैं।

स्वस्थ लय का पालन करते हैं।

ईश्वरीय सशक्तिकरण देखरेख (stewardship) को समाप्त नहीं करता।

आत्मा जिम्मेदार मानवता के माध्यम से कार्य करती है।

थकावट और आत्मिक युद्ध (Exhaustion and Spiritual Warfare)

शारीरिक थकान आत्मिक जीवन को गहराई से प्रभावित करती है।

निराशा बढ़ जाती है।

एकाग्रता कमजोर हो जाती है।

आशा घट जाती है।

शत्रु अक्सर थके हुए लोगों पर हमला करता है।

यह शारीरिक परवाह को आत्मिक रूप से महत्वपूर्ण बना देता है।
आत्मा विश्वासियों को व्यावहारिक रूप से मजबूत करती है, केवल सैद्धांतिक रूप से नहीं।

पुराने (दीर्घकालिक) संघर्षों के लिए आशा (Hope for Chronic Struggles)

कुछ विश्वासी लंबे समय की बीमारी के साथ जीते हैं।
दर्द।
अक्षमता।
कमजोरी।
रोमियों अध्याय 8 बिना किसी झूठे वादे के आशा प्रदान करता है।
चंगाई में देरी होने पर भी आत्मा उपस्थित रहती है।
उसका जीवन अभी भी कार्य करता है।
उसकी उपस्थिति अभी भी संभालती है।
उसकी सामर्थ्य अभी भी सीमाओं के भीतर काम करती है।

पुनरुत्थान का जीवन धीरे-धीरे प्रकट होता है (Resurrection Life Appears Gradually)

कभी-कभी जीवन अचानक आता है।

कभी-कभी धीरे-धीरे (progressively)।
कुछ आश्चर्यकर्म तुरंत होते हैं।
अन्य धीरे-धीरे प्रकट होते हैं।
बाइबिल में दोनों पैटर्न दिखाई देते हैं।
आत्मा ईश्वरीय बुद्धि के अनुसार कार्य करती है।
विश्वासी अपेक्षा को छोड़े बिना प्रक्रिया (process) पर भरोसा करते हैं।

बहुतायत का सिद्धांत (The Overflow Principle)
भीतर का जीवन अंततः बाहर को प्रभावित करता है।
आंतरिक नयापन हाव-भाव को प्रभावित करता है।
वाणी को।
चुनावों को।
रिश्तों को।
लचीलेपन को।
शांति को।
आत्मिक जीवंतता शायद ही कभी हमेशा के लिए छिपी रह सकती है।
वह बाहर की ओर रिस (leaks) जाती है।

वर्तमान के शरीर और भविष्य के शरीर (Present Bodies and Future Bodies)
वर्तमान के शरीर अस्थायी बने हुए हैं।

भविष्य का पुनरुत्थान निश्चित बना हुआ है।
ये सत्य एक साथ मिलकर कार्य करते हैं।
वर्तमान का सजीव होना भविष्य के महिमामयी होने की ओर संकेत करता है।
विश्वासी आज जिसका अनुभव करते हैं, वह बाद में आने वाली चीज़ का पूर्वावलोकन (preview) है।

मृत्यु का भय बदल जाता है (Fear of Death Changes)

चूँकि पुनरुत्थान का जीवन पहले से ही कार्य कर रहा है, इसलिए मृत्यु अपना पूर्ण अधिकार खो देती है।
भय कमजोर हो जाता है।
आशा मजबूत होती है।
भरोसा बढ़ता है।
विश्वासी अभी भी शोक मनाते हैं।
लेकिन शोक बदल जाता है जब पुनरुत्थान व्यक्तिगत बन जाता है।

आत्मा सौंपे गए कार्यों को बनाए रखती है (The Spirit Sustains Assignments)

परमेश्वर कार्य सौंपता है।
कार्यों के लिए सहनशीलता की आवश्यकता होती है।

आत्मा विश्वासियों को वह पूरा करने की सामर्थ्य देती है जिसके लिए वह उन्हें बुलाता है।
कई लोग उन मौसमों में भी जीवित बच जाते हैं जिन्हें उन्होंने कभी संभव नहीं सोचा था क्योंकि ईश्वरीय शक्ति उन्हें संभाल कर ले गई।

दैनिक नवीनीकरण का अदृश्य कार्य (The Invisible Work of Daily Renewal)

आत्मा का हर एक कार्य नाटकीय दिखाई नहीं देता।
कभी-कभी पुनरुत्थान का जीवन बहुत साधारण दिखता है।
बिस्तर से दोबारा उठना।
शोक के बीच भी जारी रखना।
थके होने पर भी सेवा करना।
दबाव के तहत भी विश्वासयोग्य बने रहना।
दैनिक सहनशीलता अक्सर असाधारण अनुग्रह (grace) को प्रकट करती है।

आंतरिक आपूर्ति के सहारे जीना (Living From Inner Supply)

आधुनिक संस्कृति बाहरी निर्भरता सिखाती है।
रोमियों की पत्री आंतरिक आपूर्ति (internal supply) सिखाती है।

आत्मा एक जलाशय के बजाय एक फव्वारा (fountain) बन जाती है।
जीवन अंदर से बहता है।
शक्ति आंतरिक रूप से उठती है।
विश्वासी परिस्थितियों के बजाय ईश्वरीय उपस्थिति से ऊर्जा लेना सीख जाते हैं।

शरीर पूर्णता की बाट जोह रहा है (The Body Awaits Completion)

वर्तमान में सजीव होने के बावजूद, विश्वासी अभी भी अंतिम रूपांतरण की बाट जोहते हैं।
शरीर अभी भी बूढ़े होते हैं।
सीमाएँ बनी रहती हैं।
महिमामयी होना अभी भविष्य में है।
फिर भी आशा इस बात को बदल देती है कि प्रतीक्षा करना कैसा महसूस होता है।

अनंत जीवन से भरा मरणहार शरीर (Mortal Flesh Filled With Eternal Life)

रोमियों अध्याय 8 का संदेश विस्मयकारी है।
आपका शरीर त्यागा नहीं गया है।
आपकी कमजोरी की अनदेखी नहीं की गई है।
आपका जीव विज्ञान अप्रासंगिक नहीं है।

जो आत्मा मसीह की कब्र में प्रविष्ट हुई थी, वह अब साधारण विश्वासियों के भीतर रहती है।
वह नाजुक शरीरों को मजबूत करती है।
थके हुए मनों को संभालती है।
हारे हुए हृदयों को लेकर चलती है।
और मरणहार मानवता के भीतर पुनरुत्थान के जीवन को लगातार उंडेलती है।
आप केवल अनंत काल तक जीवित रहने की कोशिश नहीं कर रहे हैं।
आप पूर्णता के दिन की बाट जोहते हुए, अपने मरणहार ढांचे के भीतर अनंत काल को पहले से ही लेकर चल रहे हैं, जब पुनरुत्थान का जीवन मृत्यु के बचे हुए हर एक निशान को पूरी तरह से भस्म कर देगा।

26: सुगंध की सहभागिता (कोइनोनिया) – संगति, घनिष्ठता और गुप्त स्थान का वातावरण (The Koinonia of the Fragrance – Communion, Intimacy, and the Atmosphere of the Secret Place)

सामर्थ्य से आगे बढ़कर रिश्ते में प्रवेश करना (Moving Beyond Power Into Relationship)

इस पूरी यात्रा के दौरान हमने पवित्र आत्मा (Holy Spirit) को सामर्थ्य, वरदानों, आश्चर्यकर्मों, छुटकारे, पुनरुत्थान के जीवन और ईश्वरीय हस्तक्षेप के माध्यम से देखा है। हमने उसे आग, नदियों, सांस, हवा, वरदानों, फलों और महिमा के माध्यम से चलते देखा है। फिर भी आत्मिक विकास (spiritual growth) के भीतर एक खतरा छिपा होता है। एक विश्वासी परमेश्वर की उपस्थिति (presence) की उपेक्षा करते हुए परमेश्वर की सामर्थ्य (power) के प्रति आकर्षित हो सकता है।

कई विश्वासी घनिष्ठता से कहीं अधिक प्रकटीकरणों (manifestations) की इच्छा रखते हैं।

वे रिश्ते से ज़्यादा परिणामों (results) के पीछे भागते हैं।

वे सामर्थ्य के अनुभवों को तो खोजते हैं लेकिन व्यक्तिगत संगति (private communion) की उपेक्षा करते हैं।

पवित्र आत्मा को कभी भी केवल आत्मिक अनुभव पैदा करने के लिए नहीं दिया गया था। वह संगति (fellowship) को पुनर्स्थापित करने के लिए दिया गया था।

आत्मा का सबसे गहरा कार्य रिश्ते पर आधारित (relational) है।

परमेश्वर की मूल योजना संगति थी (God's Original Design Was Fellowship)

इससे पहले कि पाप ने सृष्टि में प्रवेश किया, मानवता परमेश्वर के साथ रिश्ते की निकटता में रहती थी।

उत्पत्ति की किताब परमेश्वर को वाटिका में टहलते हुए वर्णित करती है।

वह चित्र केवल अधिकार का नहीं है।

वह साथ (companionship) का है।

मानवता को संगति (communion) के लिए ही बनाया गया था।

पाप ने उस संगति को तोड़ दिया।

छुटकारा (Redemption) इसे पुनर्स्थापित करता है।

पवित्र आत्मा मानवता को ईश्वरीय निकटता के साथ दोबारा जोड़ने वाला जीवित पुल बन जाती है।

त्रिएक और रिश्ते का अनुभव (The Trinity and Relational Experience)

पौलुस कुरुन्थुस की कलीसिया को अपनी पत्री के अंत में पवित्रशास्त्र के सबसे समृद्ध आशीष वचनों में से एक देता है:

"प्रभु यीशु मसीह का अनुग्रह और परमेश्वर का प्रेम और पवित्र आत्मा की सहभागिता तुम सब के साथ बनी रहे।"

– 2 कुरुन्थियों 13:14 (हिंदी बाइबिल)

यह वचन एक महत्वपूर्ण बात प्रकट करता है।

पिता प्रेम को व्यक्त करता है।

पुत्र अनुग्रह को व्यक्त करता है।

आत्मा सहभागिता (communion) को व्यक्त करती है।

वह वह वातावरण (atmosphere) बन जाती है जहाँ रिश्ते का अनुभव किया जाता है।

आत्मा के बिना, धर्मविज्ञान केवल जानकारी बना रहता है।

आत्मा के साथ, धर्मविज्ञान एक व्यक्तिगत मुलाकात (encounter) बन जाता है।

कोइनोनिया को समझना (Understanding Koinonia)

जिस शब्द का अनुवाद संगति या सहभागिता किया गया है, वह मूल यूनानी में 'कोइनोनिया' (*Koinonia*) है जिसका अर्थ साझेदारी, साझा करना, भागीदारी, संगति और घनिष्ठ जुड़ाव (intimate association) है।

यह साझा किए गए जीवन (shared life) का वर्णन करता है।

कभी-कभार के संपर्क का नहीं।

अस्थायी आगमन का नहीं।

बल्कि एक साथ साझा किए गए अस्तित्व का।

आत्मा निर्धारित अपॉइंटमेंट (समय तय करके मिलने) की इच्छा नहीं रखती।

वह निरंतर बने रहने वाले साथ (companionship) की इच्छा रखती है।

संगति धार्मिक गतिविधि से कहीं बढ़कर है (Communion Is More Than Religious Activity)

कई विश्वासी धार्मिक गतिविधि (activity) को ही घनिष्ठता समझ लेने की भूल करते हैं।

उपदेश।

कलीसिया में उपस्थिति।
मंत्रालय के कार्यक्रम।
बाइबिल का अध्ययन।
ये चीजें मायने रखती हैं।
लेकिन केवल गतिविधि ही स्वचालित रूप से निकटता पैदा नहीं करती।
संगति के लिए जानबूझकर दी गई उपस्थिति (intentional presence) आवश्यक है।
आत्मा प्रदर्शन के बजाय बातचीत (conversation) की इच्छा रखती है।

स्वर्ग के साथ साझेदारी (Partnership With Heaven)

संगति (Communion) का अर्थ साझेदारी है।
साझेदारी का अर्थ साझा किया गया कार्य (shared assignment) है।
विश्वासी कभी अकेला काम नहीं करता।
आत्मा बुद्धि की आपूर्ति करती है।
सामर्थ्य की।
सांत्वना की।
दोषसिद्धि की।
दिशा की।
आप समर्पण और आज्ञाकारिता प्रदान करते हैं।

राज्य का जीवन एक सहकारी जीवन (cooperative life) बन जाता है।

साझा किए गए बोझ (Shared Burdens)

सच्ची संगति इस बात को बदल देती है कि बोझ कैसे कार्य करते हैं।

विश्वासी अक्सर स्वतंत्र रूप से दबाव उठाते हैं।

तनाव।

भय।

मंत्रालय का भार।

परिवार की चिंताएँ।

भविष्य की अनिश्चितता।

आत्मा एक साथ मिलकर बोझ उठाने (shared carrying) का निमंत्रण देती है।

प्र [illegible] ार्थना बोझ का स्थानांतरण (transfer) बन जाती है।

जो भार मानवीय कंधों को कुचल देता है, वह एक साथ उठाए जाने पर हल्का हो जाता है।

साझा किया गया आनंद (Shared Joy)

संगति केवल दर्द के बारे में नहीं है।

यह आनंद (delight) के बारे में भी है।

आत्मा विश्वासियों के साथ उत्सव मनाती है।

वह आनंद को मजबूत करती है।
कृतज्ञता को बढ़ाती है।
आराधना को बड़ा करती है।
परमेश्वर के साथ रिश्ते को कभी भी ठंडा या यांत्रिक (mechanical) महसूस होने के लिए तैयार नहीं किया गया था।

गुप्त स्थान सब कुछ बदल देता है (The Secret Place Changes Everything)

पूरे पवित्रशास्त्र में, सार्वजनिक रूप से प्रकट होने से पहले रूपांतरण बार-बार व्यक्तिगत जीवन में (privately) घटित होता है।
मूसा के पास पहाड़ थे।
दाऊद के पास मैदान थे।
यीशु के पास एकांत स्थान थे।
पौलुस के पास मरुस्थल थे।
सार्वजनिक प्रभाव अक्सर छिपी हुई घनिष्ठता से जन्म लेता है।
वह गुप्त स्थान (secret place) आत्मिक बुनियादी ढांचे (infrastructure) का निर्माण करता है।

सुगंध का पुराने नियम का प्रतिरूप (The Old Testament Picture of Fragrance)

परमेश्वर ने इस्राएल को अपने सामने निरंतर धूप (incense) बनाए रखने का निर्देश दिया था।

धूप पवित्र स्थानों को सुगंध (fragrance) से भर देती थी।

यह प्रार्थना का प्रतिनिधित्व करती थी।

आराधना का।

स्तुति का।

निरंतर बनी रहने वाली भक्ति का।

वह वातावरण स्वयं बदल जाता था क्योंकि सुगंध उस स्थान को घेर लेती थी।

कुचली हुई चीजें सुगंध उत्पन्न करती हैं (Crushed Things Produce Fragrance)

धूप की सामग्रियों को कुचलने (crushing) की आवश्यकता होती थी।

साबुत मसाले सीमित सुगंध छोड़ते हैं।

टूटे हुए मसाले अधिक सुगंध छोड़ते हैं।

यह एक आत्मिक चित्र बन जाता है।

टूटा हुआ घमंड आराधना को मुक्त करता है।

टूटी हुई स्वतंत्रता निर्भरता को मुक्त करती है।

टूटी हुई स्वयं की पर्याप्तता घनिष्ठता को मुक्त करती है।

दर्द अक्सर संगति को और गहरा कर देता है।

कमजोरी अक्सर घनिष्ठता को क्यों बढ़ा देती है (Why Weakness Often Increases Intimacy)

कई विश्वासी कमजोरी के दौरान परमेश्वर का सबसे गहराई से सामना करते हैं।

हानि (नुकसान) में।

बीमारी में।

प्रतीक्षा के मौसमों में।

अकेलेपन में।

ये क्षण ध्यान भटकाने वाली चीज़ों को हटा देते हैं।

मानवीय भरोसा कमजोर हो जाता है।

निर्भरता बढ़ती है।

जहाँ नियंत्रण घटता है, वहाँ अक्सर संगति का विस्तार होता है।

सन्नाटा (खामोशी) मायने रखता है (Silence Matters)

आधुनिक जीवन लगातार शोर पैदा करता है।

फोन।

कार्यक्रम।

सभाएँ।

मीडिया।

निरंतर बना रहने वाला भटकाव।

संगति के लिए जानबूझकर गति को धीमा करने (intentional slowing) की आवश्यकता होती है।
आत्मा अक्सर वहीं बोलती है जहाँ शोर घट जाता है।
सन्नाटा सुनने के लिए स्थान का निर्माण करता है।

मांगों से परे की प्रार्थना (Prayer Beyond Requests)

कई लोगों का प्रार्थना जीवन केवल लेन-देन (transaction) पर केंद्रित हो जाता है।
मुझे दीजिए।
मेरी मदद कीजिए।
इसे ठीक कीजिए।
वह प्रदान कीजिए।
परमेश्वर मांगों (requests) को आमंत्रित करता है।
लेकिन संगति और गहरी होती है।
कभी-कभी प्रार्थना बिना किसी एजेंडे के केवल उसकी उपस्थिति (presence) बन जाती है।
वहाँ ठहरना (lingering) ही अपने आप में आराधना बन जाता है।

आत्मा का वातावरण (The Atmosphere of the Spirit)

लोग अक्सर पूछते हैं कि परमेश्वर की उपस्थिति को लेकर चलने का क्या अर्थ है।
उपस्थिति अक्सर वातावरण (atmosphere) के माध्यम से प्रकट होती है।
शांति।
धीरता।
कोमलता।
स्थिरता।
ये गुण वातावरण को प्रभावित करते हैं।
आत्मा से भरे लोग अक्सर बिना शब्दों के ही कमरों का माहौल बदल देते हैं।

दैनिक जीवन में सुगंध लेकर चलना (Carrying Fragrance Into Daily Life)

जो व्यक्ति परमेश्वर के साथ समय बिताता है, वह अक्सर इसका प्रमाण लेकर चलता है।
ज़रूरी नहीं कि कोई नाटकीय प्रमाण हो।
एक सूक्ष्म (subtle) प्रमाण।
धीरज।
कोमलता।
शांति।
परख।
प्रेम।

आपके नोटिस करने से पहले दूसरे लोग इसे देख सकते हैं।

छिपा हुआ निर्माण सार्वजनिक प्रभाव पैदा करता है (Hidden Formation Creates Public Influence)

लोग अक्सर मंचों (platforms) के पीछे भागते हैं।
आत्मा चरित्र के निर्माण (formation) को प्राथमिकता देती है।
निजी आज्ञाकारिता सार्वजनिक विश्वसनीयता (credibility) का निर्माण करती है।
छिपी हुई विश्वासयोग्यता दिखाई देने वाले प्रभाव को बनाए रखती है।

घनिष्ठता लोगों को खोखले मंत्रालय से बचाती है। संगति संवेदनशीलता उत्पन्न करती है (Communion Produces Sensitivity)

विश्वासी जितना अधिक आत्मा के साथ चलते हैं, वे उतने ही अधिक संवेदनशील (sensitive) होते जाते हैं।
दोषसिद्धि के प्रति संवेदनशीलता।
लोगों के प्रति संवेदनशीलता।
समय के प्रति संवेदनशीलता।

परमेश्वर की आवाज़ के प्रति संवेदनशीलता।
रिश्ता जागरूकता को तेज (sharpens) कर देता है।

बने रहना बनाम केवल मिलने आना (Abiding Versus Visiting)

कई विश्वासी कभी-कभार के आत्मिक उभारों (spiritual highs) का अनुभव करते हैं।
आत्मा बने रहने (abiding) की इच्छा रखती है।
क्षणों की नहीं।
बल्कि जीवनशैली की।
मिलने आने की नहीं।
बल्कि निवास (residence) की।
संगति तब परिपक्व होती है जब विश्वासी अनुभवों का पीछा करना बंद कर देते हैं और निरंतरता (consistency) विकसित करना शुरू करते हैं।

समय के साथ प्रेम बढ़ता है (Love Grows Through Time)

गहरे रिश्तों के लिए दोहराव की आवश्यकता होती है।
एक साथ समय बिताने की।
साझा किए गए क्षणों की।
बातचीत की।
भरोसे की।

यही बात आत्मिक रूप से भी लागू होती है।
घनिष्ठता धीरे-धीरे विकसित होती है।
आत्मा रिश्ते में जल्दबाज़ी नहीं करती।

वह सुगंध जिसे दूसरे नोटिस करते हैं (The Fragrance Others Notice)

प्राचीन याजक अपने वस्त्रों पर मन्दिर की गंध लेकर चलते थे।
ठीक इसी तरह, आत्मिक घनिष्ठता ध्यान देने योग्य बन जाती है।
लोग शांति को महसूस करते हैं।
सुरक्षा को।
स्थिरता को।
करुणा को।
यह सुगंध स्वयं एक गवाह (witness) बन जाती है।
शोर-शराबा नहीं।
बल्कि उपस्थिति।

मंत्रालय घनिष्ठता से बेहतर प्रवाहित होता है (Ministry Flows Better From Intimacy)

थकावट (Burnout) अक्सर तब प्रकट होती है जब मंत्रालय संगति से अधिक बढ़ जाता है।
उपस्थिति के बिना गतिविधि थकान पैदा करती है।

घनिष्ठता के बिना सेवा सूखापन लाती है।
आत्मा का यह उद्देश्य कभी नहीं था कि मंत्रालय रिश्ते का स्थान ले ले।
रिश्ता मंत्रालय को बनाए रखता है।

गुप्त स्थान सुरक्षा का निर्माण करता है (The Secret Place Creates Security)

जो विश्वासी संगति विकसित करते हैं, वे बाहरी पुष्टियों पर कम निर्भर रह जाते हैं।
क्योंकि पहचान व्यक्तिगत जीवन में (privately) बढ़ती है।
परमेश्वर की ओर से मिलने वाली मंजूरी लोगों की ओर से मिलने वाली मंजूरी से अधिक मजबूत हो जाती है।
निकटता के माध्यम से सुरक्षा बढ़ती है।

दैनिक संगति दीर्घकालिक शक्ति का निर्माण करती है (Daily Communion Builds Long-Term Strength)

महान आत्मिक जीवन शायद ही कभी अलग-थलग पड़े क्षणों के माध्यम से विकसित होते हैं।
वे बार-बार की जाने वाली संगति के माध्यम से विकसित होते हैं।

दैनिक प्रार्थना।
दैनिक समर्पण।
दैनिक सुनना।
दैनिक कृतज्ञता।
निरंतरता गहराई (depth) का निर्माण करती है।

उसकी उपस्थिति के सुगंधित वाहक बनना (Becoming Fragrant Carriers of His Presence)

पवित्र आत्मा का लक्ष्य केवल सामर्थ्यशाली विश्वासियों का निर्माण करना नहीं है।
वह घनिष्ठ (intimate) विश्वासियों का निर्माण करना है।
ऐसे विश्वासी जो उसकी आवाज़ को जानते हैं।
ऐसे विश्वासी जो उसकी उपस्थिति में आनंद लेते हैं।
जो उसका वातावरण लेकर चलते हैं।
पवित्र आत्मा आपको केवल उपयोगिता से आगे बढ़कर मित्रता (friendship) में आमंत्रित करती है।
जैसे ही आप प्रदर्शन के ऊपर संगति को और दबाव के ऊपर उपस्थिति को प्राथमिकता देते हैं, आपकी साधारण मानवता धीरे-धीरे स्वर्ग की सुगंध से सराबोर (saturated) होने लगती है।

आप घरों, कार्यस्थलों, कलीसियाओं, अस्पतालों और कठिन मौसमों के भीतर कुछ ऐसा लेकर कदम रखेंगे जो अदृश्य है फिर भी अचूक है।

केवल जानकारी नहीं।

केवल वरदान नहीं।

बल्कि उस परमेश्वर की बची रहने वाली सुगंध जिसके साथ आपने निवास करना सीख लिया है।

27: पैरानोमिया (अधर्म) की रक्षा – पवित्र आत्मा, वैश्विक उथल-पुथल, और परमेश्वर के उद्देश्यों का संरक्षण (The Paranomia Defense – The Holy Spirit, Global Chaos, and the Preservation of God's Purposes)

परमेश्वर और राष्ट्रों की उथल-पुथल (God and the Chaos of Nations)

जैसे-जैसे विश्वासी पवित्र आत्मा (Holy Spirit) के साथ घनिष्ठता में गहरे बढ़ते हैं, एक महत्वपूर्ण प्रश्न स्वाभाविक रूप से उठता है: यदि परमेश्वर संप्रभु (sovereign) है और आत्मा दुनिया में सक्रिय है, तो इतिहास अक्सर इतना अराजक (chaotic) क्यों दिखता है?

युद्ध उठते हैं।

सरकारें ढह जाती हैं।

अर्थव्यवस्थाएं हिल जाती हैं।

हिंसा बढ़ती है।

संस्कृतियाँ तेज़ी से बदलती हैं।

बाइबिल के दृष्टिकोण के बिना वैश्विक इतिहास को देखना आसानी से भय पैदा कर सकता है।

कई लोग यह मान लेते हैं कि दुनिया की घटनाएँ परमेश्वर से स्वतंत्र रूप से काम करती हैं, मानो राष्ट्र अकारण चलते हैं जबकि स्वर्ग दूरी से देखता है।
पवित्रशास्त्र कुछ अलग प्रस्तुत करता है।
परमेश्वर इतिहास से अनुपस्थित नहीं है।
पवित्र आत्मा इतिहास के भीतर सक्रिय रूप से शामिल (actively involved) है।

आत्मा व्यक्तिगत अनुभव से परे कार्य करती है (The Spirit Works Beyond Personal Experience)

विश्वासी अक्सर आत्मा को व्यक्तिगत रूप से समझते हैं।
वह सांत्वना देता है।
मार्गदर्शन करता है।
कायल करता है।
मजबूत करता है।
लेकिन पवित्रशास्त्र बार-बार आत्मा को व्यक्तियों से परे कार्य करते हुए दिखाता है।
वह राष्ट्रों के माध्यम से भी कार्य करता है।
राजाओं के।
साम्राज्यों के।
आंदोलनों के।
ऐतिहासिक घटनाओं के।

पवित्र आत्मा व्यक्तिगत (personal) है, लेकिन वह व्यक्तिगत स्थानों तक सीमित नहीं है।

इतिहास अकारण नहीं है (History Is Not Random)

बाइबिल का इतिहास वैश्विक मामलों में ईश्वरीय भागीदारी को बार-बार प्रदर्शित करता है।
साम्राज्य उठते और गिरते हैं।
शासक प्रकट और गायब होते हैं।
अप्रत्याशित घटनाएँ सभ्यताओं को नया आकार देती हैं।
दिखाई देने वाले इतिहास के पीछे अदृश्य संप्रभुता (invisible sovereignty) खड़ी है।
इसका अर्थ यह नहीं है कि हर एक घटना सीधे परमेश्वर की मंजूरी को दर्शाती है।
इसका अर्थ यह है कि इतिहास स्वयं ईश्वरीय देखरेख (divine supervision) के अधीन बना रहता है।

अधर्म का भेद (The Mystery of Lawlessness)

पौलुस 2 थिस्सलुनीकियों में लिखता है कि अधर्म का भेद (mystery of lawlessness) पहले से ही कार्य कर रहा है।

इसका अर्थ यह है कि परमेश्वर के विरोध में काम करने वाली ताकतें मानव इतिहास के भीतर लगातार काम करती हैं।

अधर्म (Lawlessness) केवल अपराध से बढ़कर है।

यह एक सुव्यवस्थित विद्रोह (organized rebellion) है।

यह ईश्वरीय व्यवस्था के खिलाफ प्रतिरोध है।

यह परमेश्वर की योजना से स्वतंत्र होकर मानवता का कार्य करना है।

ये ताकतें लगातार मौजूद हैं।

फिर भी वे सीमित (limited) बनी रहती हैं।

बुराई ने समाज को पूरी तरह से भस्म क्यों नहीं किया (Why Evil Has Not Fully Consumed Society)

यह एक स्पष्ट प्रश्न खड़ा करता है।

यदि बुराई मौजूद है, तो सभ्यता पूरी तरह से क्यों नहीं ढह गई?

व्यवस्था आज भी क्यों मौजूद है?

रोकथाम (restraint) के क्षण आज भी क्यों जारी हैं?

अत्यधिक अंधकार के बावजूद मानव समाज काम करना जारी क्यों रख रहा है?

पौलुस एक रोकने वाली शक्ति (restraining force) का परिचय देता है।
कोई चीज़ पूर्ण पतन को रोके हुए है।

रोकने वाले का सिद्धांत (The Restrainer Principle)

पवित्रशास्त्र सिखाता है कि कोई चीज़ वर्तमान में बड़े पैमाने पर होने वाले अधर्म को रोके हुए (restrains) है।
कई धर्मविज्ञानी इस रोकने वाली सेवा (restraining ministry) को पवित्र आत्मा का कार्य समझते हैं जो परमेश्वर की प्रजा (people of God) के माध्यम से काम करता है।
आत्मा की उपस्थिति अराजकता (chaos) के खिलाफ एक प्रतिरोध पैदा करती है।
यह रुकावट सत्य के माध्यम से प्रकट होती है।
प्रार्थना।
दोषसिद्धि (Conviction)।
न्याय।
सुसमाचार प्रचार (Evangelism)।
धार्मिक प्रभाव।

कलीसिया समाज में उपस्थिति के रूप में कार्य करती है (The Church Functions as Presence in Society)

यीशु ने विश्वासियों को नमक और जगत की ज्योति कहा था।
नमक सुरक्षित (preserves) रखता है।
ज्योति अंधकार को बेनकाब करती है।
ये चित्र सामाजिक प्रभाव (social influence) को प्रकट करते हैं।
विश्वासी समाज से हटाए नहीं गए हैं क्योंकि उनकी उपस्थिति समाज को प्रभावित करती है।
साधारण लोगों के माध्यम से कार्य करने वाली आत्मा एक स्थिर करने वाला प्रभाव (stabilizing influence) बनाती है।

आत्मिक प्रभाव अक्सर साधारण दिखाई देता है (Spiritual Influence Often Appears Ordinary)

रोकना (Restraint) शायद ही कभी नाटकीय दिखता है।
यह इस तरह दिख सकता है:
माता-पिता द्वारा बच्चों का विश्वासयोग्यता से पालन-पोषण करना।

कलीसियाओं द्वारा समुदायों की सेवा करना।
विश्वासियो द्वारा खामोशी से प्रार्थना करना।
शिक्षकों द्वारा ईमानदारी से जीना।
कर्मचारियों द्वारा सच्चाई से कार्य करना।
ये कार्य छोटे दिखाई देते हैं।
सामूहिक रूप से (Collectively) वे अत्यधिक मायने रखते हैं।

आत्मा छुटकारे के लिए स्थान सुरक्षित रखती है (The Spirit Preserves Space for Redemption)

परमेश्वर का धीरज अवसर का निर्माण करता है।
पवित्रशास्त्र बार-बार ईश्वरीय देरी (divine delay) को दया से जुड़ा हुआ दिखाता है।
आत्मा पूर्ण पतन को रोकती है क्योंकि छुटकारा (redemption) अभी भी उपलब्ध है।
समय स्वयं दया का एक कार्य बन जाता है।

संरक्षण के बाइबिल के उदाहरण (Biblical Examples of Preservation)

पूरे पवित्रशास्त्र में, परमेश्वर ने अस्थिर अवधियों के दौरान अपने उद्देश्यों को बार-बार सुरक्षित रखा।
मिस्र की गुलामी के दौरान।
बंधुआई (exile) के दौरान।

कब्ज़े (occupation) के दौरान।
सताव (persecution) के दौरान।
परमेश्वर ने राजनीतिक अस्थिरता के बीच अपनी वाचा की प्रतिज्ञाओं को बनाए रखा।
उसके उद्द्देश्य बदलती सरकारों के बीच भी जीवित रहे।

फिरौन प्रतिज्ञा को नहीं रोक सका (Pharaoh Could Not Stop the Promise)

मिस्र ने अत्याचार का प्रयास किया।
नवजातों को खतरा था।
पीढ़ियों ने दुख सहा।
फिर भी छुटकारा (deliverance) आ ही गया।
राजनीतिक प्रणालियाँ ईश्वरीय उद्द्देश्य को रद्द नहीं कर सकीं।
आत्मा दिखाई देने वाले अत्याचार के नीचे भी चलती रही।

फारस प्रतिज्ञा को नहीं रोक सका (Persia Could Not Stop the Promise)

एस्तेर के दिनों में, पूरी की पूरी आबादी को विनाश का सामना करना पड़ा था।
फिर भी अप्रत्याशित उलटफेर (reversals) हुए।

नींद के पैटर्न बदल गए।
सभाएँ बदल गईं।
समय-रेखाएँ हिल गईं।
छोटी घटनाओं ने बहुत बड़े परिणाम पैदा किए।
परमेश्वर ने अपने लोगों की रक्षा की (preserved)।

मसीही वंश का संरक्षण (The Preservation of the Messianic Line)

पवित्रशास्त्र वाचा के वंश (covenant line) के खिलाफ होने वाले हमलों को बार-बार दर्ज करता है।
वंशजों को मिटाने के प्रयास।
भविष्य के राजाओं को नष्ट करना।
भविष्यद्वाणी की प्रतिज्ञाओं को मिटाना।
फिर भी संरक्षण (preservation) बार-बार घटित हुआ।
परमेश्वर ने इतिहास की रक्षा की क्योंकि छुटकारा इसी पर निर्भर था।

राष्ट्र सीमित बने रहते हैं (Nations Remain Limited)

राजनीतिक प्रणालियों के पास शक्ति (power) होती है।

उनके पास परम अधिकार (ultimate authority) नहीं होता।
सरकारें समय-रेखाओं को प्रभावित करती हैं।
वे अनंत काल (eternity) को नियंत्रित नहीं करतीं।
यह अंतर अस्थिर मौसमों के दौरान बहुत गहराई से मायने रखता है।

मीडिया और भय (Media and Fear)

आधुनिक विश्वासी अत्यधिक मात्रा में जानकारी (information) का उपभोग करते हैं।
लगातार चलने वाले संकट के चक्र चिंता पैदा करते हैं।
भय तेज़ी से बढ़ता है।
अस्थिरता के सामने लगातार बने रहने से भावनाएं प्रभावित होती हैं।
आत्मा एक दूसरा दृष्टिकोण (perspective) प्रदान करती है।
वह विश्वासियों को याद दिलाती है कि परमेश्वर सक्रिय बना हुआ है।

रुकावट का अर्थ कठिनाई की अनुपस्थिति नहीं है (Restraint Does Not Mean Absence of Difficulty)

रुकावट (restraint) की उपस्थिति दुखों को समाप्त नहीं करती।
युद्ध अभी भी होते हैं।
अन्याय अभी भी मौजूद है।
दर्द अभी भी वास्तविक है।
रुकावट का अर्थ है कि बुराई अभी भी सीमित (limited) है।
अंधकार सीमाओं के अधीन काम करता है।

प्रार्थना रुकावट में भाग लेती है (Prayer Participates in Restraint)

प्रार्थना केवल एक निष्क्रिय अवलोकन (passive observation) नहीं है।
प्रार्थना स्वर्ग के साथ भाग लेती है।
मध्यस्थता (Intercession) साझेदारी बन जाती है।
विश्वासी प्रार्थना करते हैं क्योंकि प्रार्थना इतिहास के मामले में मायने रखती है।
प्रार्थना वातावरण को प्रभावित करती है।
समुदायों को।
राष्ट्रों को।
परिवारों को।

अस्थिर समय के दौरान आशा (Hope During Unstable Times)

बाइबिल की आशा (Hope) सत्य से इनकार करना नहीं है।

यह यह दिखावा नहीं करती कि समस्याएँ गायब हो गई हैं।

आशा का अर्थ है अस्थिरता के बावजूद परमेश्वर पर भरोसा रखना।

आत्मा आंतरिक रूप से इस भरोसे का निर्माण करती है।

आत्मा दृष्टिकोण की रक्षा करती है (The Spirit Guards Perspective)

भय दृष्टि को संकीर्ण (छोटा) कर देता है।

आत्मा दृष्टि का विस्तार (expands) करती है।

वह विश्वासियों को याद दिलाती है कि वर्तमान घटनाएँ बड़े उद्देश्यों के भीतर मौजूद हैं।

अस्थायी उथल-पुथल अनंत संप्रभुता (eternal sovereignty) को हटा नहीं सकती।

स्थिर करने वाले के रूप में जीना (Living as Stabilizers)

विश्वासियो को इतिहास में केवल जीवित ही नहीं बचे रहना चाहिए।
उन्हें वातावरण को स्थिर (stabilize) करना चाहिए।
शांति लानी चाहिए।
सत्य बोलना चाहिए।
बुद्धि प्रदर्शित करनी चाहिए।
आशा लेकर चलनी चाहिए।
आत्मा इस भूमिका को सामर्थ्य देती है।

अराजकता के दौरान गवाह के रूप में कलीसिया (The Church as Witness During Chaos)

ऐतिहासिक रूप से, कलीसिया अक्सर अस्थिरता के दौरान ही सबसे अधिक चमकती है।
महामारियाँ।
युद्ध।
आर्थिक पतन।
सताव।
ये क्षण अक्सर वास्तविक विश्वास (authentic faith) को प्रकट करते हैं।
अंधकार अक्सर आत्मिक दृश्यता (visibility) को बढ़ा देता है।

बिना घमंड के भरोसा **(Confidence Without Arrogance)**

परमेश्वर पर भरोसा घमंड पैदा नहीं करना चाहिए।
विश्वासी नम्र बने रहते हैं।
करुणामयी।
प्रार्थनापूर्ण।
निर्भरता आवश्यक बनी रहती है।
भरोसा इसलिए बढ़ता है क्योंकि परमेश्वर विश्वासयोग्य (faithful) बना रहता है।

आपका जीवन एक बड़ी कहानी के भीतर मौजूद है (Your Life Exists Inside a Larger Story)

व्यक्तिगत संघर्ष अक्सर अलग-थलग महसूस होते हैं।
पवित्रशास्त्र विश्वासियों को याद दिलाता है कि वे बड़े आंदोलनों के भीतर भाग ले रहे हैं।
आत्मा व्यक्तियों में और इतिहास में एक साथ कार्य करती है।
आपकी आज्ञाकारिता आपके अहसास से कहीं अधिक मायने रखती है।

आत्मा के शासन के तहत विश्राम करना (Resting Under the Government of the Spirit)

वैश्विक अस्थिरता वास्तविक है।
राजनीतिक अनिश्चितता वास्तविक है।

सांस्कृतिक भ्रम वास्तविक है।
लेकिन इनमें से कोई भी वास्तविकता ईश्वरीय शासन (divine government) को हटा नहीं सकती।
पवित्र आत्मा सक्रिय बनी रहती है।
वह रोकती है।
मार्गदर्शन करती है।
सुरक्षित रखती है।
कायल करती है।
रक्षा करती है।
जब विश्वासी अनिश्चित समय के बीच से गुजरते हैं, तो वे अकेले नहीं चलते।
जिस आत्मा ने हमसे पहले की पीढ़ियों को संभाला, वह आज भी इतिहास के भीतर कार्य करती है।
इसलिए, सचेत रहें लेकिन डरें नहीं।
शामिल रहें लेकिन भस्म न हों।
प्रार्थनापूर्ण रहें लेकिन घबराएँ (panicked) नहीं।
क्योंकि इतिहास स्वयं परमेश्वर की आत्मा के चौकस शासन (watchful government) के अधीन लगातार आगे बढ़ रहा है।

28: हूपोग्रामोस (आदर्श) प्रतिरूप – मन का नवीनीकरण और ईश्वरीय सोच की वास्तुकला (The Hupogrammos Pattern – The Renewal of the Mind and the Architecture of Divine Thinking)

विचारों का युद्धक्षेत्र (The Battlefield of Thought)

इतिहास में अराजकता को रोकने वाले के रूप में पवित्र आत्मा (Holy Spirit) की पड़ताल करने के बाद, अब हम मानव अस्तित्व के सबसे व्यक्तिगत युद्धक्षेत्र की ओर अंदर मुड़ते हैं: अर्थात् मन (mind)।
इतिहास राजनीतिक अस्थिरता में भी बचा रह सकता है।
समुदाय कठिनाइयों में भी जीवित रह सकते हैं।
शरीर दुखों के बीच भी बचे रह सकते हैं।
लेकिन जब मन ढह जाता है, तो हर दूसरा क्षेत्र अंततः पीछे-पीछे चला जाता है।
पवित्रशास्त्र बार-बार मन को एक विवादित क्षेत्र (contested territory) के रूप में देखता है।
विचार युद्धक्षेत्र बन जाते हैं।
विश्वास बुनियाद बन जाते हैं।
दृष्टिकोण निर्माण स्थल बन जाते हैं।

इसलिए पवित्र आत्मा मानवीय सोच के भीतर आक्रामक रूप से कार्य करती है।

मसीही जीवन बौद्धिकता के खिलाफ नहीं है (Christianity Is Not Anti-Intellectual)

आत्मिक जीवन से जुड़ी सबसे बड़ी गलतफहमियों में से एक यह धारणा है कि विश्वास के लिए सोच-विचार को छोड़ना पड़ता है।

बाइबिल का विश्वास सोचने-विचारने को खारिज नहीं करता।

यह सोच को रूपांतरित (transforms) करता है।

परमेश्वर बार-बार लोगों को स्मरण करने के लिए बुलाता है।

मनन (Meditate) करने के लिए।

तर्क (Reason) करने के लिए।

परखने (Discern) के लिए।

समझने के लिए।

अपने पूरे मन से उससे प्रेम करने के लिए।

पवित्र आत्मा बुद्धि (intellect) को नष्ट नहीं करती।

वह बुद्धि को पुनर्स्थापित (restores) करती है।

पतित सोच की समस्या (The Problem of Fallen Thinking)

मानवता की सबसे बड़ी समस्या केवल व्यावहारिक नहीं है।
व्यवहार सोच से ही निकलता है।
टूटे हुए कार्य अक्सर टूटे हुए मानसिक ढांचों (mental frameworks) से उभरते हैं।
भयभीत विचार भयभीत जीवन का निर्माण करते हैं।
विकृत विश्वास विकृत जीवनशैली बनाते हैं।
पवित्रशास्त्र बार-बार इस गहरी परत को संबोधित करता है।
रूपांतरण आंतरिक रूप से शुरू होता है।

एक प्रतिरूप के रूप में मसीह (Christ as the Pattern)

पतरस लिखता है कि मसीह ने हमारे लिए एक आदर्श छोड़ा है।
मूल यूनानी शब्द 'हूपोग्रामोस' (*Hupogrammos*) एक ऐसे मॉडल या लिखावट की ओर संकेत करता है जिसे नकल (imitation) करने के लिए तैयार किया गया हो।
यीशु की केवल प्रशंसा ही नहीं की जाती।
उनका अनुसरण (followed) किया जाता है।
उनकी सोच हमारा प्रतिरूप (pattern) बन जाती है।
उनकी प्रतिक्रियाएँ हमारा प्रतिरूप बन जाती हैं।

उनकी प्राथमिकताएँ हमारा प्रतिरूप बन जाती हैं।

प्रतिरूप की शैक्षणिक पृष्ठभूमि (The Educational Background of the Pattern)

प्राचीन छात्र पहले से मौजूद आकृतियों को ट्रेस करके (ऊपर हाथ फिराकर) सीखते थे।

परिपक्व अक्षरों को पहले लिखा जाता था।

छात्र उन आकृतियों की बार-बार नकल करते थे।

विकास बार-बार किए जाने वाले संरेखण (alignment) के माध्यम से होता था।

आत्मिक परिपक्वता भी इसी तरह के सिद्धांतों का पालन करती है।

परमेश्वर प्रतिरूप को पहले प्रदान करता है।

विश्वासी बार-बार किए जाने वाले संरेखण के माध्यम से सीखते हैं।

केवल मानवीय तर्क क्यों विफल हो जाता है (Why Human Reason Alone Fails)

मानवीय तर्क (reasoning) मूल्यवान बना हुआ है।

फिर भी तर्क अपने आप में सीमित रहता है।

भावनाएं न्याय को विकृत कर देती हैं।

सदमा (Trauma) परख को नया आकार दे देता है।

संस्कृति धारणाओं को प्रभावित करती है।

अनुभव पूर्वाग्रह (bias) पैदा करता है।
सुधार के बिना, सोच धीरे-धीरे भटक जाती है।
आत्मा इस भटकाव को संबोधित करती है।
नवीनीकरण की आवश्यकता **(The Need for Renewal)**
पौलुस विश्वासियों को अपने मन के आत्मिक स्वभाव में नए बनने की आज्ञा देता है।
"और अपने मन के आत्मिक स्वभाव में नये बनते जाओ।"
– इफिसियों 4:23 (हिंदी बाइबिल)
नए बनने या नवीनीकरण (Renewal) में निरंतर चलने वाली गतिविधि शामिल है।
मन को लगातार रखरखाव की आवश्यकता होती है।
नवीनीकरण के बिना, पुराने पैटर्न स्वाभाविक रूप से लौट आते हैं।
इसलिए रूपांतरण दुर्घटनावश होने के बजाय बार-बार किया जाने वाला कार्य बन जाता है।

नवीनीकरण जानकारी से कहीं गहरा है (Renewal Is Deeper Than Information)

केवल जानकारी (information) शायद ही कभी लोगों को बदलती है।

कई लोगों के पास रूपांतरण के बिना भी ज्ञान मौजूद होता है।

नवीनीकरण और गहराई तक पहुँचता है।

यह धारणाओं को संबोधित करता है।

आदतों को।

प्रतिवर्तों (reflexes) को।

व्याख्याओं को।

मूल प्रतिक्रियाओं (default reactions) को।

आत्मा इन गहरी परतों पर कार्य करती है।

मन की मूल सेटिंग्स होती हैं (The Mind Has Default Settings)

हर कोई मानसिक मूल सेटिंग्स (defaults) विकसित कर लेता है।

कुछ लोग स्वाभाविक रूप से भय की ओर झुक जाते हैं।

अन्य क्रोध की ओर।

अन्य नियंत्रण की ओर।

अन्य असुरक्षा की ओर।

ये पैटर्न स्वचालित (automatic) बन जाते हैं।

पवित्र आत्मा इन मूल सेटिंग्स को बाधित करती है।

मानसिक वास्तुकला के रूप में पवित्रशास्त्र (Scripture Functions as Mental Architecture)

परमेश्वर का वचन संरचना (structure) प्रदान करता है।

यह श्रेणियाँ प्रदान करता है।

परिभाषाएँ।

सीमाएँ।

दृष्टिकोण।

संरचना के बिना, विचार अराजक (chaotic) हो जाते हैं।

पवित्रशास्त्र बार-बार मानसिक वास्तुकला का पुनर्निर्माण करता है।

परमेश्वर की प्रेरणा से रचे गए पवित्रशास्त्र का अर्थ **(The Meaning of God-Breathed Scripture)**

पौलुस पवित्रशास्त्र का वर्णन परमेश्वर की प्रेरणा (God-breathed) से रचे गए के रूप में करता है।

"हर एक पवित्रशास्त्र परमेश्वर की प्रेरणा से रचा गया है..."

– 2 तीमुथियुस 3:16 (हिंदी बाइबिल)

इसका अर्थ यह है कि पवित्रशास्त्र ईश्वरीय स्रोत (divine origin) को लेकर चलता है।

बाइबिल जानकारी से बढ़कर बन जाती है।

यह प्रकटीकरण (revelation) बन जाती है। इसलिए नहीं कि कागज़ जादुई है।
बल्कि इसलिए क्योंकि परमेश्वर इसके माध्यम से बोलता है।

आत्मा और पाठ एक साथ कार्य करते हैं (The Spirit and the Text Work Together)
आत्मा कभी भी पवित्रशास्त्र के खिलाफ प्रतिस्पर्धा नहीं करती।
उसने ही इसे लिखा है।
इसलिए वह इसका उपयोग करती है।
वचन वस्तुनिष्ठ सत्य (objective truth) की आपूर्ति करता है।
आत्मा सत्य को व्यक्तिगत रूप से लागू करती है।
मिलकर वे रूपांतरण उत्पन्न करते हैं।

पवित्रशास्त्र का पढ़ना आत्मिक निर्माण है (Reading Scripture Is Formation)
बाइबिल पढ़ना केवल डेटा इकट्ठा करना नहीं है।
बार-बार सत्य के सामने रहने से मानसिक मार्ग धीरे-धीरे नए आकार में ढल जाते हैं।
भाषा बदलती है।
मूल्य बदलते हैं।

व्याख्याएँ बदलती हैं।
मन धीरे-धीरे नए पैटर्न को अपना लेता है।

मनन करना क्यों मायने रखता है (Why Meditation Matters)

मनन (Meditation) प्रक्रिया को धीमा कर देता है।
सोच-विचार के साथ किया जाने वाला दोहराव थामे रखने की क्षमता को मजबूत करता है।
पवित्रशास्त्र बार-बार मनन करने पर ज़ोर देता है क्योंकि रूपांतरण के लिए दोहराव (repetition) आवश्यक है।
जल्दी-जल्दी की गई पढ़ाई शायद ही कभी गहरा बदलाव पैदा करती है।
लगातार किया जाने वाला चिंतन बदलाव लाता है।

भय और मानसिक निर्माण (Fear and Mental Formation)

भय अक्सर मानसिक पैटर्न को प्रकट कर देता है।
दबाव में, लोग अपनी मूल सेटिंग्स (defaults) पर लौट आते हैं।
यही कारण है कि संकट सोच को बेनकाब कर देते हैं।

नवीनीकृत मन अलग तरह से प्रतिक्रिया देते हैं क्योंकि उनकी बुनियाद अलग होती है।

मसीह का मन (The Mind of Christ)

पौलुस कहता है कि विश्वासियों के पास मसीह का मन है।

"...परन्तु हम में मसीह का मन है।"

– 1 कुरुन्थियों 2:16 (हिंदी बाइबिल)

इसका अर्थ सर्वज्ञता (सब कुछ जानना) नहीं है।

इसका अर्थ पहुँच (access) होना है।

ईश्वरीय दृष्टिकोण तक पहुँच।

आत्मिक बुद्धि तक पहुँच।

नवीनीकृत पैटर्न तक पहुँच।

सही सोच स्थिरता उत्पन्न करती है (Sound Thinking Produces Stability)

स्थिर मन (Stable minds) शायद ही कभी दुर्घटनावश प्रकट होते हैं।

वे बार-बार किए जाने वाले संरेखण के माध्यम से विकसित होते हैं।

आत्मा आंतरिक रूप से स्थिरता का निर्माण करती है।

शांति अक्सर भावनात्मक रूप से शुरू होने से पहले संज्ञानात्मक (cognitively/सोच में) रूप से शुरू होती है।

आत्मिक परख के लिए प्रशिक्षण की आवश्यकता होती है (Spiritual Discernment Requires Training)

परख (Discernment) धीरे-धीरे विकसित होती है।
सत्य के सामने रहने से समझ तेज हो जाती है।
अपरिपक्व सोच हर चीज़ को स्वीकार कर लेती है।
परिपक्व सोच सावधानी से मूल्यांकन करती है।
आत्मा समय के साथ परख का प्रशिक्षण देती है।

विचारों का प्रतिस्थापन (Thought Replacement)

नवीनीकरण के लिए अक्सर प्रतिस्थापन (replacement) की आवश्यकता होती है।
झूठ को सत्य से बदलना।
भय को प्रतिज्ञाओं से बदलना।
घमंड को नम्रता से बदलना।
भ्रम को स्पष्टता से बदलना।
रूपांतरण में अक्सर आदान-प्रदान (exchange) शामिल होता है।

स्मृति और आत्मा (Memory and the Spirit)

यीशु ने सिखाया कि आत्मा विश्वासियों को सत्य की बातें स्मरण कराएगी।

इसलिए स्मृति (Memory) आत्मिक क्षेत्र बन जाती है।

आत्मा संकट के क्षणों में सत्य को याद दिलाती है।

जो मन में बार-बार प्रवेश करता है, वह संकट के समय उपलब्ध हो जाता है।

विचार आत्मिक रूप से क्यों मायने रखते हैं (Why Thoughts Matter Spiritually)

कई आत्मिक संघर्ष मानसिक रूप से शुरू होते हैं।

प्रलोभन मानसिक रूप से शुरू होता है।

चिंता मानसिक रूप से फैलती है।

कड़वाहट मानसिक रूप से विकसित होती है।

इसलिए नवीनीकरण आत्मिक स्वास्थ्य की रक्षा करता है।

मानसिक सहनशीलता का निर्माण (Building Mental Endurance)

सहनशीलता दोहराव के माध्यम से बढ़ती है।

आत्मा निरंतरता सिखाती है।

सत्य के सामने बार-बार रहने से लचीलापन मजबूत होता है।
मानसिक परिपक्वता शायद ही कभी तुरंत विकसित होती है।

सोच जीवन को आकार देती है (Thinking Shapes Living)

कार्य आमतौर पर विश्वासों के पीछे चलते हैं।
यदि विश्वास बदलते हैं, तो कार्य अंततः पीछे-पीछे चलते हैं।
यही कारण है कि आत्मा सोच को इतनी आक्रामक रूप से निशाना बनाती है।
बदले हुए मन बदली हुई जीवनशैली उत्पन्न करते हैं।

नवीनीकरण का लक्ष्य (The Goal of Renewal)

नवीनीकरण केवल सकारात्मक सोच (positive thinking) नहीं है।
यह मसीह के आकार की सोच (Christ-shaped thinking) है।
लक्ष्य यीशु के अनुरूप (conformity to Jesus) होना है।
उनके मूल्यों के।
उनकी प्राथमिकताओं के।

उनकी प्रतिक्रियाओं के।

एक रेखांकित जीवन बनना (Becoming a Traced Life)

मसीह के मन को सत्य का आविष्कार करने के लिए नहीं बुलाया गया है।
इसे सत्य को ट्रेस करने (*trace*) के लिए बुलाया गया है।
मसीह प्रतिरूप (pattern) प्रदान करते हैं।
पवित्रशास्त्र रूपरेखा (outline) प्रदान करता है।
आत्मा सामर्थ्य (power) प्रदान करती है।
जैसे-जैसे विश्वासी बार-बार अपनी सोच को परमेश्वर के सामने समर्पित करते हैं, मानवीय तर्क की खुरदरी, अस्थिर रेखाएँ धीरे-धीरे किसी अधिक मजबूत आकृति में ढलने लगती हैं।
समय के साथ, विचार अधिक स्थिर हो जाते हैं।
निर्णय अधिक बुद्धिमानी से भरे हो जाते हैं।
भय अपना नियंत्रण खो देता है।
और साधारण मानव मन धीरे-धीरे मसीह के मन की सुंदर वास्तुकला (architecture) को प्रतिबिंबित करना शुरू कर देते हैं।

29: कातालागे (मिलाप) का प्रेषण – स्वर्ग का दूतावास और मेल-मिलाप की सेवा (The Katallage Dispatch – The Embassy of Heaven and the Ministry of Reconciliation)

शत्रु के क्षेत्र के भीतर स्वर्ग का दूतावास (Heaven's Embassy Inside Enemy Territory)

पवित्र आत्मा (Holy Spirit) का कार्य कभी भी व्यक्तिगत आध्यात्मिकता की दीवारों के भीतर समाप्त नहीं होता है। प्रत्येक पिछला अध्याय उत्तरोत्तर उसके संचालन के दायरे को विस्तृत करता आया है– सृष्टि से लेकर, वाचा, चरित्र, सामूहिक अभिव्यक्ति, और ब्रह्मांडीय नवीनीकरण तक। अब हम आत्मा से भरे अस्तित्व के सबसे व्यावहारिक निहितार्थों में से एक पर पहुँचते हैं: विश्वासी केवल स्वर्ग को प्राप्त करने वाले ही नहीं हैं; वे स्वर्ग के प्रतिनिधि (representatives) हैं।

जिस क्षण उद्धार (salvation) होता है, भूगोल बदल जाता है।

भौतिक भूगोल नहीं।

कानूनी भूगोल (Legal geography)।

एक विश्वासी अभी भी उन्हीं सड़कों पर चलता है, उन्हीं बाज़ारों में खरीदारी करता है, उन्हीं दफ्तरों में काम करता है, और उन्हीं सरकारों का सामना करता है, लेकिन उसका अधिकार क्षेत्र (jurisdiction) बदल गया है।

पवित्र आत्मा साधारण मानवीय धूल के भीतर एक स्वर्गीय दूतावास (heavenly embassy) स्थापित करती है।

नागरिकता की राज्य-अवधारणा (The Kingdom Concept of Citizenship)

पवित्रशास्त्र बार-बार नागरिकता की भाषा का उपयोग करता है क्योंकि छुटकारा आत्मिक होने के साथ-साथ राजनीतिक भी है।

राज्य की भाषा पवित्रशास्त्र पर हावी है।

राजा।

सिंहासन।

नागरिक।

मिरास (Inheritance)।

अधिकार।

प्रभुता (Dominion)।

उद्धार लोगों को एक राज्य से दूसरे राज्य में स्थानांतरित करता है।

इसलिए विश्वासी एक ही समय में दो दुनियाओं में जीता है।
शारीरिक रूप से यहाँ उपस्थित।
कानूनी रूप से कहीं और लंगर डाले हुए।

पौलुस कूटनीतिक भाषा का उपयोग क्यों करता है (Why Paul Uses Diplomatic Language)

पौलुस जानबूझकर कूटनीतिक (political) शब्दावली चुनता है।
वह विश्वासियों को केवल अनुयायी नहीं कहता।
वह उन्हें राजदूत (ambassadors) कहता है।
यह चुनाव सोच-समझकर किया गया है।
राजदूत सरकारों का प्रतिनिधित्व करते हैं।
वे अपने से बड़े अधिकारियों के लिए बोलते हैं।
वे सौंपे गए अधिकार (delegated power) के तहत कार्य करते हैं।
इसलिए पवित्र आत्मा दर्शकों के बजाय प्रतिनिधियों (representatives) का निर्माण करती है।

राजदूत के चित्र को समझना (Understanding the Ambassador Image)

प्राचीन राजदूत अत्यधिक अधिकार लेकर चलते थे।
वे व्यक्तिगत विचारों के साथ यात्रा नहीं करते थे।

वे राजाज्ञाएँ (decrees) लेकर चलते थे।
वे संधियाँ (treaties) लेकर चलते थे।
वे सिंहासन से मिले निर्देश लेकर चलते थे।
उनके शब्द उनके संप्रभु का प्रतिनिधित्व करते थे।
यही कारण है कि पौलुस की भाषा इतनी भारी है।
विश्वासी स्वर्गीय प्राधिकरण (heavenly authorization) के तहत बोलते हैं।

शासकीय भाषा के रूप में मेल-मिलाप (Reconciliation as Governmental Language)

पौलुस कहता है कि विश्वासियों के पास मेल-मिलाप की सेवा (ministry of reconciliation) मौजूद है।
यह सेवा केवल भावनात्मक सांत्वना नहीं है।
यह शासकीय पुनर्स्थापना (governmental restoration) है।
परमेश्वर एक विद्रोही संसार के सामने शांति की शर्तों की घोषणा कर रहा है।
आत्मा उन शर्तों को लेकर चलती है।

कातालागे का अर्थ (The Meaning of Katallage)

मूल यूनानी शब्द 'कातालागे' (*Katallage*) आदान-प्रदान (exchange) की ओर संकेत करता है।

शत्रुता के बदले शांति का मिलना।
पराएपन के बदले अपनेपन का मिलना।
कर्ज के बदले स्वीकृति का मिलना।
शत्रुओं के बदले परिवार का मिलना।
पवित्र आत्मा सक्रिय रूप से इस आदान-प्रदान का प्रबंधन करती है।

वह युद्ध जिसे मानवता ने निर्मित किया (The War Humanity Created)

पाप ने अलगाव (separation) पैदा किया।
मानवता अलग-थलग (alienated) हो गई।
भय ने प्रवेश किया।
लज्जा ने प्रवेश किया।
छिपने की प्रवृत्ति ने प्रवेश किया।
संदेह ने प्रवेश किया।
मेल-मिलाप की सेवा इसी दरार को संबोधित करती है।

मेल-मिलाप परमेश्वर की पहल है (Reconciliation Is God's Initiative)

मानवता ने मेल-मिलाप का निर्माण नहीं किया।
परमेश्वर ने इसकी पहल की।
पिता ने इसकी योजना बनाई।

पुत्र ने इसे खरीदा।
आत्मा इसे लागू (applies) करती है।
त्रिएक (Trinity) एक साथ मिलकर कार्य करता है।

बहीखाते की समस्या (The Ledger Problem)

पौलुस समझाता है कि परमेश्वर अब अपराधों की गिनती नहीं करता।
इस अंश पर लेखांकन (accounting) की भाषा हावी है।
मानवता के पास एक असंभव कर्ज (debt) था।
पाप निरंतर जमा होता जा रहा था।
क्रूस ने उस बहीखाते (ledger) को संबोधित किया।
आत्मा उस रद्दीकरण (cancellation) की घोषणा करती है।

सुसमाचार प्रचार को अक्सर गलत क्यों समझा जाता है (Why Evangelism Is Often Misunderstood)

कई विश्वासी मंत्रालय के प्रति रक्षात्मक दृष्टिकोण अपनाते हैं।
अन्य लोग आक्रामक दृष्टिकोण अपनाते हैं।
पौलुस कुछ अलग प्रस्तुत करता है।
राजदूत घोषणा (announce) करते हैं।

वे प्रतिनिधित्व करते हैं।
वे संवाद करते हैं।
वे उसे मूर्त रूप देते हैं।
आत्मा सेल्सपर्सन (बिक्री करने वाले) के बजाय गवाहों (witnesses) का निर्माण करती है।

स्वर्ग का दूतावास मॉडल (Heaven's Embassy Model)

एक दूतावास भौतिक रूप से विदेशी क्षेत्र के भीतर मौजूद रहता है।
फिर भी कानूनी रूप से वह कहीं और से संबंध रखता है।
विश्वासी भी इसी तरह कार्य करते हैं।
संसार उन्हें घेरे रहता है।
फिर भी उनका शासी अधिकार (governing authority) दूसरे राज्य से आता है।

दूतावास प्रबंधक के रूप में पवित्र आत्मा (The Holy Spirit as Embassy Administrator)

दूतावासों को प्रबंधन (administration) की आवश्यकता होती है।
सुरक्षा की।
संचार की।

आपूर्ति की।
प्रतिनिधित्व की।
पवित्र आत्मा आंतरिक रूप से इन कार्यों को संभालती है।
वह पृथ्वी और स्वर्ग के बीच का परिचालन संबंध (operational connection) बन जाती है।

कूटनीतिक छूट और पहचान (Diplomatic Immunity and Identity)

कूटनीतिक छूट (diplomatic immunity) का अर्थ दुखों से मुक्ति नहीं है।
पौलुस ने दुख सहा।
पतरस ने दुख सहा।
यीशु ने दुख सहा।
छूट मुख्य रूप से पहचान (identity) की ओर संकेत करती है।
परिस्थितियाँ नागरिकता को दोबारा परिभाषित नहीं करतीं।
विश्वासी दबाव के बावजूद स्वर्ग के प्रतिनिधि बने रहते हैं।

संकट नागरिकता को प्रकट करता है (Crisis Reveals Citizenship)

दबाव वफादारियों को बेनकाब कर देता है।
आर्थिक भय बुनियाद को उजागर करता है।
राजनीतिक अस्थिरता भरोसे को प्रकट करती है।
दुख नागरिकता को उजागर करता है।
आत्मा उथल-पुथल के दौरान पहचान को स्थिर करती है।

दूतावास की आपूर्ति श्रृंखला (The Embassy Supply Chain)

दूतावास बाहरी रूप से सहायता प्राप्त करते हैं।
विश्वासी भी इसी तरह कार्य करते हैं।
आपूर्ति अंततः दिखाई देने वाली प्रणालियों से उत्पन्न नहीं होती है।
परमेश्वर अक्सर प्रणालियों का उपयोग करता है।
लेकिन निर्भरता ऊपर की ओर स्थानांतरित हो जाती है।
आत्मा लगातार भरोसे को सही दिशा देती है।

प्रतिनिधियों के रूप में बोलना (Speaking as Representatives)

राजदूत सावधानी से संवाद करते हैं।
उनके शब्दों के परिणाम होते हैं।
वैसे ही विश्वासी अधिकार के तहत बोलते हैं।
शब्द मायने रखते हैं।

वाणी प्रतिनिधित्व बन जाती है।
आत्मा संचार को आकार देती है।

मेल-मिलाप के लिए उपस्थिति की आवश्यकता होती है (Reconciliation Requires Presence)

दूतावास विदेशी आबादियों के बीच भौतिक रूप से उपस्थित रहते हैं।
विश्वासी उन लोगों का मेल-मिलाप नहीं करा सकते जिनसे वे बचते हैं।
आत्मा विश्वासियों को बाहर की ओर भेजती है।
उपस्थिति ही मंत्रालय बन जाती है।
रिश्ते पुल बन जाते हैं।

वह संदेश जिसे हम लेकर चलते हैं (The Message We Carry)

संदेश सरल बना हुआ है।
शांति उपलब्ध है।
कर्ज रद्द हो चुका है।
पहुँच खुली है।
राजा विद्रोहियों का घर पर स्वागत करता है।
आत्मा बार-बार इस संदेश को बड़ा करके दिखाती है।

शत्रुता की चुनौती (The Challenge of Hostility)

राजदूतों को अक्सर विरोध का सामना करना पड़ता है।
सुसमाचार को अस्वीकृति का सामना करना पड़ता है।
गलतफहमियाँ होती हैं।
शत्रुता प्रकट होती है।
यह सौंपे गए कार्य को अमान्य नहीं करता।
आत्मा सहनशीलता को मजबूत करती है।

समुदायों के भीतर मेल-मिलाप (Reconciliation Inside Communities)

मेल-मिलाप केवल बाहरी नहीं है।
कलीसियाओं को इसकी आवश्यकता है।
परिवारों को इसकी आवश्यकता है।
मित्रताओं को इसकी आवश्यकता है।
आत्मा बाहरी रूप से लागू करने से पहले आंतरिक रूप से मेल-मिलाप को लगातार लागू करती है।

दूतावास की संस्कृति (Embassy Culture)

हर एक दूतावास अपनी मातृभूमि को दर्शाता है।
मूल्यों को।
भाषा को।
व्यवहार को।

विश्वासी भी इसी तरह राज्य की संस्कृति को प्रदर्शित करते हैं।
प्रेम दिखाई देने लगता है।
शांति दिखाई देने लगती है।
ईमानदारी दिखाई देने लगती है।

भय गवाही को कमजोर क्यों करता है (Why Fear Weakens Witness)

भय सन्नाटा पैदा करता है।
भय समझौते (compromise) पैदा करता है।
भय भ्रम पैदा करता है।
आत्मा लगातार भय का विरोध करती है क्योंकि भय प्रतिनिधित्व को कमजोर करता है।
साहस गवाही को मजबूत करता है।

चरित्र के माध्यम से प्रतिनिधित्व (Representation Through Character)

चरित्र के बिना अधिकार विश्वसनीयता (credibility) को नुकसान पहुँचाता है।
यही कारण है कि प्रतिफल (fruit) मिशन से पहले आता है।
चरित्र संदेश को प्रमाणित करता है।
आत्मा दोनों को एक साथ विकसित करती है।

मानवीय होठों के माध्यम से स्वर्ग की आवाज़ (Heaven's Voice Through Human Lips)

पौलुस कहता है कि मानो परमेश्वर विश्वासियों के माध्यम से विनती कर रहा है।

"सो हम मसीह के राजदूत हैं; मानो परमेश्वर हमारे द्वारा विनती कर रहा है..."

– 2 कुरुन्थियों 5:20 (हिंदी बाइबिल)

यह कथन विस्मयकारी है।

असीम परमेश्वर नाजुक लोगों के माध्यम से बोलता है।

आत्मा साधारण वाणी को ईश्वरीय आमंत्रण में बदल देती है।

प्रतिदिन दूतावास के रूप में जीना (Living as an Embassy Daily)

दैनिक जीवन कूटनीतिक सेवा बन जाता है।

कार्यस्थल मिशन क्षेत्र बन जाते हैं।

घर दूतावास बन जाते हैं।

बातचीत शांति की बातचीत बन जाती है।

साधारण क्षण पवित्र कार्य बन जाते हैं।

शांति की संधि को लेकर चलना (Carrying the Treaty of Peace)

विश्वासी शत्रुतापूर्ण क्षेत्र के भीतर फंसे हुए भटकते हुए जीवित बचे लोग नहीं हैं।

वे तैनात किए गए प्रतिनिधि (stationed representatives) हैं।

पवित्र आत्मा ने साधारण मानव शरीरों के भीतर स्वर्गीय दूतावास स्थापित किए हैं।

हर एक विश्वासी लहू से हस्ताक्षरित संधि के दस्तावेज़ लेकर चलता है।

हर एक विश्वासी स्वर्ग से सौंपे गए अधिकार को लेकर चलता है।

हर एक विश्वासी वह संदेश लेकर चलता है जिसकी दुनिया को सख्त ज़रूरत है।

इसलिए, एक प्रतिनिधि के रूप में चलें।

एक प्रतिनिधि के रूप में बोलें।

एक प्रतिनिधि के रूप में प्रेम करें।

क्योंकि आपकी धूल के भीतर रहने वाली आत्मा लगातार स्वर्ग की सबसे महान कूटनीतिक घोषणा कर रही है:

युद्ध समाप्त हो चुका है।

घर लौट आओ।

30: मारनअथा (प्रभु का आगमन) का महाअग्नि-कांड – रूह (आत्मा) का तिलोस (अंतिम लक्ष्य) और भौतिक ब्रह्मांड का रूपान्तरण (The Maranatha Conflagration – The Telos of the Ruach and the Transfiguration of the Material Universe)

श्वास का अंतिम चाप (The Ultimate Arc of the Breath)

पूरे पवित्रशास्त्र में पवित्र आत्मा (Holy Spirit) की हर एक गति किसी मंज़िल की ओर बढ़ रही है। वह 'रूह' (*Ruach* - आत्मा) जो उत्पत्ति की किताब में अंधकारमय, अराजक जलों के ऊपर मँडरा रही थी, वह केवल सृष्टि की शुरुआत नहीं कर रही थी; वह स्वयं इतिहास का मार्ग निर्धारित कर रही थी। अदन की वाटिका से लेकर पिन्तेकुस्त तक, सीनै पर्वत से लेकर ऊपरी कोठरी तक, मरुस्थल से लेकर नए यरूशलेम तक, पवित्र आत्मा ने लगातार सृष्टि को पुनर्स्थापना (restoration) की ओर अग्रसर किया है। पवित्रशास्त्र में कुछ भी इतिहास को एक अकारण चक्र (circular chaos) के रूप में प्रस्तुत नहीं करता। इतिहास दिशात्मक (directional) है। यह पृथ्वी की

बुनियाद से पहले स्थापित किए गए एक नियत निष्कर्ष की ओर बढ़ रहा है।

इस पूरी पुस्तक में हमने आत्मा को राजमिस्त्री, रोकने वाले, सांत्वना देने वाले, कायल करने वाले, सशक्त करने वाले, शिक्षक, गवाह और मुहर के रूप में कार्य करते देखा है। फिर भी इनमें से कोई भी सेवा अंतिम छोर नहीं है। आत्मा का हर एक परिचालन अपने से परे एक अंतिम अनावरण (unveiling) की ओर संकेत करता है। पवित्र आत्मा वर्तमान संसार की व्यवस्था को अनिश्चित काल के लिए सुरक्षित नहीं रख रही है। वह इसके रूपांतरण (transformation) की तैयारी कर रही है।

कई विश्वासी अनंत काल की गलत कल्पना करते हैं। कुछ लोग स्वर्ग की कल्पना भौतिक वास्तविकता से कटे हुए एक अंतहीन तैरते हुए अस्तित्व के रूप में करते हैं। अन्य लोग पूर्ण विनाश की कल्पना करते हैं जहाँ भौतिक सृष्टि अर्थहीन हो जाती है। फिर भी पवित्रशास्त्र बार-बार छुटकारे को परित्याग के बजाय पुनर्स्थापना (restoration) के रूप में प्रस्तुत करता है। परमेश्वर जिसे छुड़ाता है, उसे त्यागता नहीं है। वह उसे रूपांतरित करता है।

जिस परमेश्वर ने उत्पत्ति में धूल को आकार दिया, उसने पदार्थ (matter) में कभी अपनी रुचि नहीं खोई। जो आत्मा मानव जीव विज्ञान (human biology) में प्रविष्ट हुई, उसने शारीरिक अस्तित्व को कभी नहीं छोड़ा। जो आत्मा मानवीय मंदिरों में वास करती थी, वह अपनी महिमा को पूरी रची गई व्यवस्था में विस्तृत करने का इरादा रखती है।

इसलिए पवित्र आत्मा की अंतिम गति सृष्टि से भागना नहीं है। वह सृष्टि का रूपान्तरण (transfiguration) है।

आत्मा और दुल्हिन: अंतिम साझा आवृत्ति (The Spirit and the Bride)

पवित्रशास्त्र का अंतिम अध्याय बाइबिल के धर्मविज्ञान में सबसे गहरे बयानों में से एक दर्ज करता है:

"और आत्मा और दुल्हिन दोनों कहती हैं, 'आ!' और सुनने वाला भी कहे, 'आ!'"

– प्रकाशितवाक्य 22:17 (हिंदी बाइबिल)

यह वचन विस्मयकारी है क्योंकि यह एक साथ मेल खाने वाली लालसा (synchronized longing) को प्रकट करता है। आत्मा बोलती है। दुल्हिन उसकी

प्रतिध्वनि करती है। स्वर्ग और पृथ्वी एक ही आवृत्ति (frequency) पर कंपन करने लगते हैं।

ध्यान से देखें: पवित्र आत्मा केवल दुल्हिन को मसीह के आगमन के बारे में जानकारी नहीं सिखाती। वह मसीह के आगमन के लिए तीव्र लालसा (desire) उत्पन्न करती है।

यह आत्मिक परिपक्वता के अंतिम प्रमाणों में से एक है। शुरुआती विश्वासी अक्सर मुख्य रूप से आपूर्ति, चंगाई, सफलता या सुरक्षा के लिए परमेश्वर को खोजते हैं। ये इच्छाएँ गलत नहीं हैं। लेकिन जैसे-जैसे आत्मा विश्वासियों को परिपक्व करती है, वह उनके आंतरिक कम्पास को वरदानों से हटाकर महिमा (glory) की ओर मोड़ना शुरू कर देती है।

वह धीरे-जल्दी अस्थायी प्रणालियों के प्रति अत्यधिक लगाव को छिन्न-भिन्न कर देती है।

वह सांसारिक महत्वाकांक्षा की पकड़ को ढीला करती है।

वह प्राण को यीशु के प्रगट होने की लालसा करने का प्रशिक्षण देती है।

आत्मा अनंत काल के लिए घर की याद (homesickness) पैदा करती है।

यह साझा की गई पुकार प्राचीन घोषणा बन जाती है: मारनअथा (*Maranatha*) – हे हमारे प्रभु, आ।

आत्मा का ब्रह्मांडीय उद्देश्य (The Cosmic Objective of the Spirit)

पौलुस प्रकट करता है कि सृष्टि स्वयं प्रतीक्षा कर रही है:

"क्योंकि सृष्टि बड़ी उत्कण्ठा से परमेश्वर की सन्तानों के प्रगट होने की बाट जोह रही है।"

– रोमियों 8:19 (हिंदी बाइबिल)

सृष्टि का वर्णन प्रतीक्षा करने वाली के रूप में किया गया है।

देखने वाली।

लालायित रहने वाली।

कराहने वाली।

यह रची गई व्यवस्था स्वयं उस बात को समझती है जिसे कई मनुष्य भूल जाते हैं: वर्तमान परिस्थितियाँ अस्थायी हैं।

आदम के विद्रोह के माध्यम से पृथ्वी को व्यर्थता के अधीन किया गया था।

उत्पत्ति अध्याय 3 ने कांटों का परिचय दिया।

क्षय (विनाश)।

एन्ट्रॉपी।

बीमारी।

मृत्यु।

फिर भी पवित्रशास्त्र बार-बार इस बात पर अड़ा रहता है कि सृष्टि का श्राप स्थायी नहीं है।
पवित्र आत्मा इतिहास की रक्षा कर रही है क्योंकि पुनर्स्थापना पहले से निर्धारित है।

रूपांतरण की आग (The Fire of Transformation)

पतरस शक्तिशाली भाषा के साथ अंतिम परिवर्तन का वर्णन करता:
"परन्तु प्रभु का दिन चोर के समान आ जाएगा, उस दिन आकाश बड़ी सनसहाहट के शब्द के साथ लोप हो जाएगा, और तत्व बहुत ही तप्त होकर पिघल जाएँगे, और पृथ्वी और उस पर के काम जल जाएँगे।"
– 2 पतरस 3:10 (हिंदी बाइबिल)
यह भाषा अक्सर भय पैदा करती है क्योंकि इसकी व्याख्या केवल विनाश के रूप में की जाती है।
फिर भी पतरस आगे कहता है:
"परन्तु उसकी प्रतिज्ञा के अनुसार हम एक नये आकाश और नयी पृथ्वी की बाट जोहते हैं जिन में धार्मिकता वास करती है।"
– 2 पतरस 3:13 (हिंदी बाइबिल)
उद्‌देश्य अर्थहीन विनाश नहीं है।
उद्‌देश्य शुद्‌धिकरण (purification) है।

यूनानी शब्द 'स्तोइकेइआ' (*stoicheia*) मौलिक संरचनाओं या बुनियादी घटकों की ओर संकेत करता है।

पतरस कहता है कि ये संरचनाएँ पिघल जाएँगी।

क्यों?

क्योंकि विनाश ने सृष्टि को हर स्तर पर संक्रमित कर दिया है।

पुरानी वास्तुकला अनंत महिमा को संभाल नहीं सकती।

इसलिए, रूपांतरण आवश्यक हो जाता है।

पवित्र आत्मा अंतिम परिष्कृत करने वाली आग (refining fire) के रूप में कार्य करती है।

पूरे पवित्रशास्त्र में आग लगातार शुद्ध करती है:

परमेश्वर सीनै पर्वत पर आग में प्रकट हुआ।

आग बलिदानों को भस्म करती थी।

पिन्तेकुस्त के दिन आग की जीभें प्रकट हुईं।

इब्रानियों 12:29 घोषित करता है:

"क्योंकि हमारा परमेश्वर भस्म करने वाली आग है।"

– इब्रानियों 12:29 (हिंदी बाइबिल)

आत्मा की आग ईश्वरीय उद्देश्य को सुरक्षित रखते हुए अशुद्धता को हटा देती है।

पैलीनजेनेसिया: उत्पत्ति का रीसेट (The Palingenesia: The Genesis Reset)

यीशु एक अद्भुत शब्द का उपयोग करते हैं:

"...'मैं तुम से सच कहता हूँ कि नई सृष्टि में जब मनुष्य का पुत्र अपनी महिमा के सिंहासन पर बैठेगा...'"

– मत्ती 19:28 (हिंदी बाइबिल)

मूल यूनानी शब्द 'पैलीनजेनेसिया' (*Palingenesia* - नई सृष्टि/पुनर्जन्म) है।

यह दो अवधारणाओं को जोड़ता है:

'पैलिन' (*Palin*) – दोबारा।

'जेनेसिस' (*Genesis*) – शुरुआत।

यह शाब्दिक रूप से "दोबारा से उत्पत्ति" है।

एक नए सिरे से रची गई शुरुआत।

एक पुनर्स्थापित दुनिया।

यह पैटर्न महत्वपूर्ण है।

आपकी आत्मा ने सबसे पहले नए जन्म (regeneration) का अनुभव किया।

आपका शरीर पुनरुत्थान (resurrection) की बाट जोह रहा है।

सृष्टि नवीनीकरण (renewal) की बाट जोह रही है।

पवित्र आत्मा अलग-अलग स्तरों पर बिल्कुल समान पुनर्स्थापना पैटर्न को लागू करती है।

व्यक्तिगत पुनर्स्थापना ब्रह्मांडीय पुनर्स्थापना का पूर्वावलोकन करती है।

पुनरुत्थान: जीव विज्ञान की अंतिम हार **(The Final Defeat of Biology)**

पौलुस घोषित करता है:

"क्योंकि अवश्य है कि यह नाशवान देह अविनाश को पहिन ले, और यह मरणहार देह अमरता को पहिन ले।"

– 1 कुरुन्थियों 15:53 (हिंदी बाइबिल)

जो आत्मा पहले से ही विश्वासियों के भीतर वास करती है, वह अब पुनरुत्थान की सामर्थ्य को लेकर चलती है।

रोमियों 8:11 घोषित करता है:

"...वह तुम्हारी मरणहार देहों को भी अपने उस आत्मा के द्‌वारा जो तुम में बसा हुआ है जिलाएगा।"

– रोमियों 8:11 (हिंदी बाइबिल)

अंतिम विजय गहराई से शारीरिक (physical) है।

शरीर इतने मायने रखते हैं कि उनका पुनरुत्थान हो।

सृष्टि इतनी मायने रखती है कि उसका नवीनीकरण हो।

इतिहास इतना मायने रखता है कि उसकी पुनर्स्थापना हो।

पवित्र आत्मा मृत्यु को बिना हराए छोड़ने से इनकार करती है।

नई सृष्टि की व्यवस्था (The New Creation Order)

यूहन्ना दर्ज करता है:

"फिर मैं ने एक नये आकाश और नयी पृथ्वी को देखा; क्योंकि पहला आकाश और पहली पृथ्वी लोप हो गए थे..."

– प्रकाशितवाक्य 21:1 (हिंदी बाइबिल)

तब वह सुनता है:

"...'देख, परमेश्वर का डेरा मनुष्यों के बीच में है...'"

– प्रकाशितवाक्य 21:3 (हिंदी बाइबिल)

दिशा पर ध्यान दें।

परमेश्वर नीचे आता है।

सृष्टि निवास स्थान (habitation) बन जाती है।

कहानी वहीं समाप्त होती है जहाँ से शुरू हुई थी।

परमेश्वर मानवता के साथ निवास कर रहा है।

पवित्र आत्मा हमेशा से निवास स्थान तैयार कर रही है।

अदन की वाटिका।

मिलापवाला तम्बू।

मन्दिर।

विश्वासी।
कलीसिया।
नई सृष्टि।
हर एक चीज़ स्थायी उपस्थिति (permanent presence) की ओर बढ़ती है।

टिलोस (अंतिम लक्ष्य) के वेग में जीना (Living in the Velocity of the Telos)

तो फिर विश्वासियों को कैसे जीना चाहिए?
पतरस उत्तर देता है:
"...तो तुम्हें पवित्र चालचलन और भक्ति में कैसा मनुष्य होना चाहिए!"
– 2 पतरस 3:11 (हिंदी बाइबिल)
भविष्य की महिमा वर्तमान के व्यवहार को आकार देती है।
आशा सहनशीलता उत्पन्न करती है।
अपेक्षा पवित्रता उत्पन्न करती है।
आत्मा जिज्ञासा का मनोरंजन करने के लिए भविष्य को प्रकट नहीं करती।
वह आचरण को रूपांतरित (transform) करने के लिए इसे प्रकट करती है।
इसलिए विश्वासी अलग तरह से जीते हैं।
हम अलग तरह से दुख सहते हैं।

हम अलग तरह से आशा रखते हैं।
हम अलग तरह से शोक मनाते हैं।
हम अलग तरह से प्रतीक्षा करते हैं।
क्योंकि हम जानते हैं कि इतिहास की एक निश्चित दिशा है।

अंतिम प्रभार: श्वास धूल के पास लौटती है (The Breath Returns to the Dust)

कहानी धूल के भीतर श्वास के प्रवेश करने से शुरू हुई थी।
यह श्वास द्वारा सब कुछ नया करने पर समाप्त होती है।
जो आत्मा जलों के ऊपर मँडराती थी, वह अब इतिहास के ऊपर मँडराती है।
जो आत्मा आदम के भीतर प्रविष्ट हुई थी, वह अब कलीसिया को भरती है।
जिस आत्मा ने यीशु को जिलाया, वह अब सृष्टि को तैयार करती है।
जिस आत्मा ने विश्वासियों पर मुहर लगाई, वह अब पुनरुत्थान की तैयारी करती है।
इसलिए ऐसे जीना बंद करें मानो इतिहास अंधकार का है।

खुद के साथ त्यागी हुई धूल जैसा व्यवहार करना बंद करें।

आप पर मुहर लगी है।

आप निवास किए हुए (inhabited) हैं।

आपको महिमा के लिए तैयार किया जा रहा है।

दृढ़ता से खड़े रहें।

गुप्त स्थान (Secret Place) की सुगंध को लेकर चलें।

आत्मा की एकता की रक्षा करें।

पवित्रता में चलें।

जागते रहें।

सत्य बोलें।

गहराई से प्रेम करें।

दुख सहें।

और स्वयं स्वर्ग की अंतिम आवृत्ति में शामिल हो जाएँ:

"जो इन बातों की गवाही देता है, वह कहता है, 'हाँ, मैं शीघ्र आने वाला हूँ।' आमीन। हे प्रभु यीशु, आ!"

– प्रकाशितवाक्य 22:20 (हिंदी बाइबिल)

पवित्र आत्मा का अंतिम धर्मविज्ञान केवल सामर्थ्य नहीं है।

वह उपस्थिति (presence) है।

केवल वरदान नहीं।

बल्कि महिमा (glory)।
केवल जीवित बचे रहना नहीं।
बल्कि रूपांतरण (transformation)।
केवल इतिहास नहीं।
बल्कि पूर्णता (completion)।
मारनअथा (*Maranatha*)।

उपसंहार

आप अब इस यात्रा के अंतिम पृष्ठ पर पहुँच चुके हैं– लेकिन पवित्र आत्मा (Holy Spirit) के कार्य के अंत पर नहीं।

इन सभी अध्यायों के दौरान, हमने उत्पत्ति की किताब के अंधकारमय जलों से लेकर नई सृष्टि (New Creation) के देदीप्यमान क्षितिज तक एक साथ यात्रा की है। हमने देखा है कि कैसे 'रूह' (*Ruach* - आत्मा) ने धूल के भीतर श्वास फूंकी, गर्भाशयों पर अपनी छाया की, आग के समान उतरी, चमड़ी के मंदिरों को भरा, अंधकार को रोका, मनों को नया किया, प्रतिफल (fruit) उगाया, वरदानों को बांटा, इतिहास को आकार दिया, राष्ट्रों को सुरक्षित रखा, और राजा के आगमन के लिए दुल्हिन (Bride) को तैयार किया।

लेकिन सबसे बड़ी त्रासदी यह होगी कि इस पुस्तक को समाप्त करके पवित्र आत्मा को केवल इसके पन्नों के भीतर ही फंसा हुआ छोड़ दिया जाए।

यह पुस्तक कभी भी केवल एक और धर्मविज्ञानी संसाधन (theological resource) बनने के लिए तैयार नहीं की गई थी जो किसी शेल्फ पर चुपचाप बैठी रहे। वह धर्मविज्ञान जो रूपांतरण

(transformation) की ओर नहीं ले जाता, वह प्रकटीकरण (manifestation) के बिना केवल जानकारी (information) बनकर रह जाता है। अनुप्रयोग (application) के बिना प्रकटीकरण केवल गति के बिना आत्मिक भार बन जाता है।

पवित्र आत्मा केवल आपको शिक्षित करने के लिए नहीं आई थी।

वह आपके भीतर निवास (inhabit) करने आई थी।

वह आपके प्राण (soul) के छिपे हुए स्थानों का सामना करने, आपकी कमजोरियों को मजबूत करने, आपकी सोच को नया करने, आपके चरित्र को पवित्र करने, आपके सौंपे गए कार्य को सामर्थ्य देने, और आपकी मानवता को यीशु मसीह के प्रतिरूप में ढालने आई थी।

जैसे ही आप इस नियमावली (manual) को बंद करते हैं, इस सरल सत्य को याद रखें: पवित्र आत्मा अभी भी कार्य कर रही है।

वह अभी भी उथल-पुथल (chaos) के ऊपर मँडरा रही है।

वह अभी भी निर्जीव स्थानों में जीवन का श्वास फूंक रही है।

वह अभी भी घायल मनों को चंगा कर रही है।

वह अभी भी हृदयों को कायल (convicting) कर रही है।

वह अभी भी भटके हुओं को घर बुला रही है।

वह अभी भी अपनी कलीसिया (Church) का निर्माण कर रही है।

वह अभी भी अंधकार को रोक रही है।

वह अभी भी राष्ट्रों को तैयार कर रही है।

और वह अभी भी आपको तैयार कर रही है।

ऐसे दिन होंगे जब आप स्वयं को मजबूत महसूस करेंगे और ऐसे दिन भी होंगे जब आप खुद को नाजुक महसूस करेंगे। ऐसे क्षण होंगे जब उसकी आवाज़ निकट महसूस होगी और ऐसे मौसम भी होंगे जब स्वर्ग शांत प्रतीत होगा। ऐसी जय (victories) मिलेंगी जो आपके विश्वास को मजबूत करेंगी और ऐसे दुख (sufferings) आएंगे जो आपकी सहनशीलता को परखेंगे।

अपनी भावनाओं (emotions) के आधार पर उसकी उपस्थिति का मूल्यांकन मत कीजिए।

अपनी परिस्थितियों (circumstances) के आधार पर उसकी विश्वासयोग्यता को मत नापिए।

आप तुरंत जो समझ पाते हैं, उसके आधार पर उसकी गतिविधि का अंदाजा मत लगाइए।

पवित्र आत्मा अक्सर दिखाई देने वाले रूप में कार्य करने से पहले गहराई (deeply) में कार्य करती है।

लगातार समर्पित (yielding) बने रहिए।

लगातार सुनते रहिए।

लगातार आज्ञा मानते रहिए।

लगातार पवित्रशास्त्र (Scripture) के पास लौटते रहिए।

लगातार गुप्त स्थान (Secret Place) को विकसित करते रहिए।

याद रखें कि मसीही जीवन को कभी भी केवल मानवीय अनुशासन के बल पर बनाए रखने के लिए तैयार नहीं किया गया था। आप ईश्वरीय साझेदारी (divine partnership) के लिए बनाए गए थे। जिस आत्मा ने यीशु को मरे हुओं में से जिलाया, वही साधारण विश्वासियों के भीतर रहती है और धूल के समर्पित बर्तनों के माध्यम से अपनी सेवा को जारी रखती है।

आपकी कहानी अब एक बहुत बड़ी कहानी से जुड़ चुकी है।

आप उस सामूहिक मंदिर का हिस्सा हैं।

आप प्रार्थना करने वाली दुल्हिन का हिस्सा हैं।

आप अंधकार के खिलाफ रोकने वाली शक्ति (restraining force) का हिस्सा हैं।

आप आने वाली कटनी (harvest) का हिस्सा हैं।
आप उस अंतिम पुकार का हिस्सा हैं:
"आत्मा और दुल्हिन दोनों कहती हैं, आ।"
जैसे ही आप इस बिंदु से आगे बढ़ते हैं, आपका जीवन इस बात का प्रमाण बन जाए कि पवित्र आत्मा आज भी साधारण लोगों को असाधारण महिमा के जीवित पवित्र स्थानों (living sanctuaries) में बदल देती है।
आपके शब्द उसकी बुद्धि को लेकर चलें।
आपका मन उसके सत्य को प्रतिबिंबित करे।
आपका शरीर उसकी उपस्थिति की मेजबानी करे।
आपका घर उसकी शांति को लेकर चले।
आपका मंत्रालय उसके चरित्र को प्रदर्शित करे।
आपका दुख उसके प्रतिफल (fruit) को उत्पन्न करे।
और आपका जीवन उसकी सुगंध (fragrance) को मुक्त करे।
और जब इतिहास अपने अंतिम क्षण में पहुँचेगा और राजा महिमा के साथ वापस लौटेगा, तो आप उन लोगों के बीच खड़े हो सकें जिन्होंने पवित्र आत्मा का केवल अध्ययन करना ही नहीं सीखा–बल्कि उसके साथ चलना (walk with Him) सीखा।
प्रकाशितवाक्य **22:20**
"जो इन बातों की गवाही देता है, वह कहता है, 'हाँ, मैं शीघ्र आने वाला हूँ।' आमीन। हे प्रभु यीशु, आ!"

– प्रकाशितवाक्य 22:20 (हिंदी बाइबिल)

उस दिन तक–

उस श्वास (Breath) में चलें।

उस आग (Fire) में चलें।

उस वचन (Word) में चलें।

उस रूह (*Ruach* / आत्मा) में चलें।

– डॉ. अरविंद एफ्रैम

Book of Dr Arvind Ephraim in Hindi

1. चंगायी की प्रक्रिया में आराधना और स्तुति की क्या भूमिका है?: परमेश्वर की चंगाई छूने के लिए आस्थापूर्ण आराधना का निमंत्रण
2. आपके चंगाई को रोकने वाले कुछ कारण क्या हैं ?: परमेश्वर के चंगाई को अनुभव करने के लिए बाधाओं को दूर करना
3. आम धारणा और बाइबिलिक उपचार के बारे में भ्रांतियाँ: मिथकों का खंडन और सत्य को अपनाना
4. तेल से अभिषेक करने से चंगाई में क्या भूमिका होती है?
5. शालोम और चंगाई: परमेश्वर की शांति और संपूर्णता को जीवन के हर क्षेत्र में अपनाना
6. हमारा शत्रु कौन है?: दुष्टता की शक्तियों को पहचानना
7. कैसे शैतान हमारे जीवन में धोखे का उपयोग करता है?: शत्रु की रणनीतियों को उजागर करना और परमेश्वर के सत्य में स्थिर रहना
8. शैतान हमारे परमेश्वर पर भरोसे को क्यों निशाना बनाता है?

9. कैसे हमारे आत्मिक शत्रु हम पर हमला करता हैं ?: आत्मिक युद्ध को समझें और इसे परास्त करें

10. शैतान हमें कौन-से आम झूठ बोलता है?

11. आप कैसे जान सकते हैं कि स्वास्थ्य से संबंधित कोई बात आध्यात्मिक युद्ध है या नहीं?

12. जब मैं दूसरों के लिए प्रार्थना करता हूँ तो मुझे दुष्टात्मिक सपने और बाधाएँ क्यों मिलती हैं?

13. भविष्यदर्शी मध्यस्थता का अर्थ: भविष्यदर्शी मध्यस्थता की गहराइयों में मार्गदर्शन

14. आत्मिक युद्ध: मसीही मार्गदर्शिका: आत्मिक युद्ध के बारे में और इसे कैसे लड़ें और जीतें।

15.सपनों पर 100 प्रश्न

16. यीशु का लहू: 100 जीवन-परिवर्तनकारी प्रश्नों के उत्तर

17:स्वर्गदूतों, दुष्टात्माओं और आत्मिक अधिकार पर 100 प्रश्नों के उत्तर: परमेश्वर की व्यवस्था, गिरे हुए सामर्थ्यों और मसीह में विश्वासी की स्थिति का बाइबलीय अध्ययन

17. 40 दिन का संपूर्ण बाइबिलीय उपवास मार्गदर्शक

18. स्वर्ग की दिव्य अदालत

19. दुष्ट आत्माओं को कैसे निकाला जाए

20. स्वप्न शब्दकोश (Dream Dictionary)

21. श्रापों को कैसे तोड़ा जाए?

www.ingramcontent.com/pod-product-compliance
Lightning Source LLC
LaVergne TN
LVHW090257210926
848480LV00001B/53
* 9 7 9 8 9 0 5 4 0 7 2 0 8 *